서울과 도쿄 사이

솔직담백하게 보여주는
돌직구 한일문화 비교

당신과 나는 _____ 사이

서울과
도쿄
사이

초판 1쇄 인쇄 | 2014년 5월 25일
초판 1쇄 발행 | 2014년 5월 30일

지은이 | 영준

펴낸곳 | 도서출판 이비컴
펴낸이 | 강기원

편집 디자인 | 도연경
표지 디자인 | 진스크
마케팅 | 김동중

주소 | (130-811) 서울 동대문구 신설동 96-24 세원빌딩 402호
대표전화 | (02) 2254-0658
팩스 | (02) 2254-0634
전자우편 | bookbee@naver.com

등록번호 | 제6-0596호(2002.4.9)
ISBN | 978-89-6245-101-6 (03910)

서울과 도쿄 사이

솔직담백하게 보여주는
돌직구 한일문화 비교

영준 지음

이비락樂

Seoul ——— Tokyo

"Nice to meet you!", "Nice to meet you too!"
"My name is Seoul", "My name is Tokyo"

우리가 영어를 처음 배울 때 가장 먼저 하는 말이다.

"처음 뵙겠습니다.", "하지메마시떼(はじめまして)"
"저는 서울입니다.", "저는 도쿄입니다."

그리고 이렇게 물어볼 것이다. "서울은 어떤 도시인가요?"
라고 물어봤을 때 당신은 어떻게 대답할 것인가. "도쿄는 어떤
도시인가요?" 라고 물어봤을 때 당신은 어떻게 대답할 것인가.
'서울은 대한민국의 수도입니다.', '도쿄는 일본의 수도입니다.'라
는 말은 이 책에서 원하는 답이 아니다.

이 책은 당신에게 "객관식 답안"보다는 "주관식 답안"이
있는 책이었으면 좋겠다. 수학처럼 공식이 있는 것이 아닌 미술
과 음악에 가까운 주관적 판단의 이야기들 말이다.
좋은 그림과 좋은 음악에는 대부분의 사람들이 공감하듯
이 책을 읽는 당신이 즐겁고 유익하게 공감할 수 있는 좋은 그림
과 좋은 음악 같은 이야기들이 되었으면 좋겠다. 그리고 나는 흰
벽에 점하나 찍어놓고 '우주'라는 추상주의 순수화가식의 정의가
아닌 디자인을 하는 사람으로서의 현실적이고 객관적인 타당성
에 근거하며, 유익한 감성이 포함된 좋은 디자인과 같이 서울과
도쿄를 바라보고자 했다. 물론 당신의 다른 의견이 나올 수도 있
을 것이다. 당연한 것이다. 문화란 정의 할 수 있는 것이 아닌 복
합적인 것이기 때문이다.

나는 디자인과 음악을 하는 사람으로서 "이성"적이면서도 솔직
한 "감성"의 마음을 더해 서울과 도쿄를 바라보고자 한다. 당신
과 함께 그렇게 "우리"를 바라보고자 한다. 그렇게 이 책을 본다
면 오히려 더 큰 것들을 얻어갈 수 있을 것이다.

목차

Prologue

미국인의 마음을 바꾼 슈퍼맨과 나루토

쿵푸팬더, 황후화, 게이샤의 추억, 닌자, 드래곤볼
그 중 한국은 어디에?

처마 끝을 보면 성격이 보인다.

3국 3色의 한, 중, 일
한국의 색깔은 어디?

미국인의 마음을 바꾼 슈퍼맨과 나루토

만화 «나루토»
영화 «스파이더맨» «슈퍼맨» «배트맨»

미국에서 최근 가장 인기있는 만화는 무엇일까?
바로 «나루토(Naruto)»라는 일본만화다. 대표적인 맨 시리즈인
«슈퍼맨», «배트맨», «스파이더맨» 등의 영웅주의 캐릭터가 사랑을 받는
미국사회에서 '나루토'의 인기는 의외스럽기까지한데 그 이유는 무엇일까?

영화 «어벤저스»

　　미국의 문화평론가들은 일본만화 «나루토(Naruto)»의 인기 현상에 대해 분석한 결과 2001년 9월 11일 미국 세계무역센터 2개동 빌딩에 대한 '대테러 사건'이 큰 영향을 미쳤다고 한다. 이 사건은 미국인들의 '영웅주의 사상'에 큰 반전을 일으켰으며, 한 명의 슈퍼 영웅이 세상을 구하고 이끌어가는 것에 깊게 내재된 인식이 '대테러 사건'을 계기로 바뀌게 된 것이다. 나루토와 같은 여러 주인공들이 서로 협력하며 많은 사건들을 해결해 나가는 것을 보고 미국의 '새로운 영웅주의'에 대한 인식과 마인드가 바뀌고 있는 것이다. 개인주의가 팽배한 미국사회의 이러한 인식의 변화는 만화나 엔터테인먼트를 통해서도 작용하는 것은 놀랍고도 의미있는 이슈이다. 홍길동과 삼국지 영웅들을 보고, 듣고 자라온 우리는 어쩌면 '슈퍼맨'이나 '배트맨'보다 '드래곤볼'과 '후레쉬맨'처럼 동료들과 함께 연을 맺으며 성장하는 법을 알게 모르게 배웠을지도 모른다. 그래서 최근 인기있는 영화 «어벤져스» 또한 여러 슈퍼 영웅들이 등장하며 동료애와 함께 세계를 지켜가는 모습을 보여주는 것이 아닐까?

쿵푸팬더, 황후화, 게이샤의 추억, 닌자, 드래곤볼
그 중 한국은 어디에?

영화 «쿵푸팬더»

　유쾌한 영화 «쿵푸팬더(Kung Fu Panda)»를 보았는가? 어린이 뿐만 아니라 어른이 봐도 정말 유쾌, 상쾌, 통쾌한 재미있는 영화 쿵푸팬더. 쿵푸 하면 단연 중국이 떠오를텐데 그렇다면 이 영화는 중국에서 만들었을까? 라고 생각한다면 착각이다. 쿵푸팬더는 중국이 아닌 미국 애니메이션의 거대 자본 '드림웍스(DreamWorks)'사에서 만들어 낸 작품이다. 경제적 측면 뿐만 아니라 엔터테인먼트 부분에서도 세계적으로 큰 영향력을 갖고 있는 미국이 중국의 문화적 배경은 물론 중국의 '쿵푸'를 소재로 영화를 만들어 상품화했다는 것은 어떤 의미와 이유가 있었을까?

영화 «황후화»

450억이라는 어마어마한 제작비를 들인 영화 «황후화(花)»는 중국의 큰 스케일을 여지없이 잘 표현한 영화이다. 스토리에 관한 부분을 제외한 연출력에 관해서는 이 영화 하나로도 중국의 화려함과 색깔, 스타일, 그리고 성격까지 파악할 수 있다. 아울러 영상미만으로도 중국에서 손꼽히는 영화인 '황후화'는 한국과 일본과는 전혀 다른 모습의 중국만의 이미지를 잘 나타내고 있다.

세계 각국으로 뿌려진
«게이샤의 추억» 포스터

　　«게이샤의 추억»이란 영화 역시 미국의 콜롬비아 픽쳐스와 드림웍
스가 제작한 영화이다. '게이샤(藝者)'란 일본에서 요정이나 연회석에서 술을
따르고 전통적인 춤이나 노래로 술자리의 흥을 돋우는 직업을 가진 여성을 뜻
한다. 뒤에 나오는 «황후화»의 '중국스러움'과 달리 '일본스러움'을 표현한 이
영화는 연출과 색채미, 그리고 성격이 확연히 다르다. 이 영화는 본래 미국인
인 아서골든(Athur Golden)이 일본의 게이샤를 소재로 1997년 출간한 소설
로 출간과 동시에 50주 연속 뉴욕타임즈 베스트셀러였고 이후 32개국 언어로
번역되어 전세계 독자들에게 큰 반향을 얻은 작품이다. 세계적인 감독 '스티
븐 스필버그'와 '롭 마샬' 감독이 원작의 감동적인 러브스토리를 보고 시간과
문화적 차이를 뛰어 넘어 전세계 관객을 매료시키는 힘을 가진 작품이라 판단
하여 영화로 제작하였다. 영화의 배경은 일본이지만 영어로 제작되면서 영어
에 능통한 중국배우 '장쯔이'를 주연으로 하여 일본에서 논란이 되기도 했던
작품이기도 하다. 미국에서 일본 배경인 이 영화를 중국배우를 써가면서까지
상품화하였다는 것은 원작의 러브스토리 만큼이나 '게이샤(藝者)'의 섬세하고
간결한 이미지와 일본 배경의 여러 가지 요소 등을 복합적으로 판단하여 그
상품의 가능성을 주목했기 때문일 것이다.

그웬 스테파니의
《하라주쿠 걸》

미국의 싱어송라이터이자 패션디자이너인 '그웬 스테파니(Gwen Stefani)'의 《하라주쿠 걸(Harajuku Girl)》이라는 노래를 아시는지?

위 사진은 뮤직비디오의 한 장면이다. 도쿄 중심부 하라주쿠의 소녀들의 독특한 이미지는 외국 유명 아티스트 및 가수들에게도 욕심나는 캐릭터일 터. 최근 한국의 스모키 화장 또한 일본의 갸르(Girl을 일본식으로 발음한 것으로 패션스타일 분류 중의 하나)를 모토로 생겨남으로써 많은 연예인을 통해 유행이 전파되었다. 화려한 인형 같은 복장과 방금 만화 속에서 튀어 나온 것 같은 오버스럽기까지 한 머리띠와 구두, 옷 등은 《하라주쿠 걸》이라는 단어만으로도 머릿속에 쉽게 연상된다. 강남걸, 홍대걸, 명동걸이 아닌 '하라주쿠 걸'은 이견없이 하나의 이미지일 것이다.

어떤 브랜드의 이름을 듣고 바로 연상되는 이미지가 그 브랜드의 가치라면 '하라주쿠 걸'이라는 단어를 듣고 바로 연상되는 이 독특한 이미지는 그만큼의 충분한 상품성이 있다는 얘기가 아닐까.

Where the catwalk got its claws, all you fashion know-it-alls
캣워크의 발톱들은 어디에, 네가 아는 모든 패션 지식들과
With your underground malls in the world of Harajuku
하라주쿠 세상의 쇼핑센터
Putting on a show, when you dress up in your clothes
네가 네 옷을 차려입었을때 쇼를 해
Wild hair color and cell phones Your accessories are dead on
와일드한 머리 색깔과 핸드폰들 네 액세서리들은 죽여줘
Harajuku Girls you got the wicked style
하라주쿠 소녀들, 네 스타일은 죽여줘　　　　/ Harajuku Girl -
　　　　　　　　　　　　　　　　　　　　　　Gwen Stefani

세계로 진출한 한국의 가수이자 배우 '비(Rain)'는 «닌자 어쌔신(Ninja Assassin)»이라는 영화로 헐리우드 톱스타 '안젤리나 졸리'를 제치고 2010 MTV 최고의 액션배우상을 수상했다. 닌자라는 소재는 앞서 말한 중국의 쿵 푸처럼 일본을 대표하는 무협 아이콘의 하나인데 이것을 일본인이 아닌 한국의 연예인이 주연을 한 것은 어떤 의미일까? 영화 '지.아이.조(G. I. Joe)'의 한국인 배우 '이병헌' 역시 닌자역으로 출연한다. 이 영화도 일본이 아닌 미국에서 제작한 영화인데 닌자라는 일본의 시대적 아이콘을 영화의 소재로 선택하기까지에는 어떠한 이유들이 있었을까?

한국에서 «드래곤볼(Dragon Ball)»을 모르는 사람은 몇이나 될까? 자식들을 통해서라도 우리의 부모님들 세대조차 드래곤볼은 알고도 남을 듯 싶다. 어릴 적에 드래곤볼은 정말 최고의 인기였다. 드래곤볼에 나오는 캐릭터를 따라 그리면서 만화가를 꿈꿨던 친구들, 그리고 미술에 재능을 발견한 친구들은 도대체 셀 수가 없을 듯 하다. 나 또한 그랬으니까.

1984년에 만들어졌다는 것이 믿어지지 않을 정도로 우리에게 풍부한 상상력의 날개를 달아준 일본의 이 만화는 애니메이션, 게임, 의류, 문구제품 등 온갖 관련 상품들을 만들어내며 지금까지도 사랑받는 전후 불무한 상품이 되었다. 정말 셀 수 없이 많고 많은 상품들이 나오며 한 시대를 풍미한 이 작품은 영화로까지 나오게 된다. 방대한 원작의 스토리를 두 시간으로 압축하기엔 역부족이었는지 영화는 비록 흥행에 실패했지만 이 영화의 재미있는 점은 25년이 훨씬 지난 2009년 3월에 개봉한 «드래곤볼 에볼루션»이라는 제목으로 일본이 아닌 미국에서 만들어진 영화였다. 미국에서 세계 각국의 유명 연예인들을 섭외하여 만든 드래곤볼이라는 일본의 대표적인 상품은 미국과 일본, 그리고 우리에게 어떤 메시지를 던지는 것일까.

영화 «닌자 어쌔신»
영화 «지. 아이. 조»
만화 «드래곤볼»
영화 «드래곤볼 에볼루션»

그렇다면 왜, 미국에서는
한국의 문화 아이콘을 가지고 상품화 하는
일이 많지 않을까?
동양인이 아닌 외국인이 바라본 한국의
이미지는 어떤 것일까?

처마 끝을 보면 성격이 보인다.

세 나라를 바라보자. 중국과 한국, 일본은 역사적으로 뗄래야 뗄 수 없는 나라이다. 문화적으로도 언어적으로도 위치상으로도 가장 가까운 이 세 나라는 비슷하면서도 다른 모습이다. 세 나라를 비교하기에 앞서 각 나라 전통 양식 처마 끝의 높이와 모양을 대표적으로 비교해 보도록 하자.

건축 형태의 모습은 각 지역의 기후와 환경에 따라 영향을 받는데, 중국, 한국, 일본의 처마 끝의 높이와 형상, 색상과 마감 등은 세 나라의 특성을 잘 보여주고 있다. 중국은 처마 끝이 하늘을 찌를듯이 높고, 금 색깔로 화려하게 만들어진다. 일본은 반대로 처마 끝이 낮고 나무 색깔이 단아하고 소박한 느낌이다. 중국과 일본에 비교하면 한국의 처마 끝 높이는 중국과 일본의 중간으로 중국보다는 안정되고 일본보다는 화려한 느낌이다. 이는 중국, 한국, 일본의 국가적 성격과 국민성과도 비슷한 이미지를 풍긴다.

세 나라의 성격들은 분명 차이가 있는데 지리적 위치에서부터 중국-한국-일본을 순서로 국가적 성격과 문화의 변화에 영향력이 미쳤다고 볼 수 있다. 전통 가옥들의 기와 끝 처마 라인의 형태와 각도, 그리고 중국, 한국, 일본 사람들이 말하는 언어의 억양 차이조차 문화의 성격에 영향을 미친다.

개인주의와 공동체 의식을 만들어 주는 것은 여러 가지가 있지만 그 중 한국, 일본, 중국이 공통적으로 가지고 있는 것이 바로 '존경어'이다. 이 존경어와 평어의 적절함이 '상하관계'와 '공동체 의식', '문화' 등을 만들어 주며 사회의 모습 속에서 나타나고 있는 것이다.

한국은 중국과 일본의 중간에 위치한 정말 말 그대로 중국과 일본의 중간정도의 성격과 색깔을 지니고 있다. 삼형제가 있는 집에서도 둘째가 중간에서 이도저도 아닌 상황이 있을 때가 있는데, 세계에서 바라보는 문화적인 시선이 한국은 아시아의 중간 문화로 비춰질 수도 있다는 것이다. 물론 한국의 급변하고 빠른 시스템은 한국만의 특징이기도 하지만 우리는 좀 더 한국에 대해 이해하고 생각하며 우리의 색깔과 성격을 잘 지켜나가야 할 것이다.

위에서부터 차례로
중국, 한국, 일본의 처마

1/ 知

서울과 도쿄의
성장과정 돌아보기

가령, 나는 패션 스타일리스트이고 내가 처음보는 당신의 패션을 코디네이션 한다고 생각해보자. 당신의 얼굴 생김새와 키와 체격 등을 이리저리 보고 헤어스타일과 패션과 신발까지 코디 할 수 있을 것이다. 하지만 나는 이것은 좋은 코디네이터가 아니라고 생각한다. 더 중요하고 좋은 코디네이션은 당신과 대화해보고 당신의 말투와 성격, 그리고 지금까지 살아왔던 환경과 사고방식 등을 알고나면 나는 당신에게 더 어울리는 헤어스타일과 의상, 신발 등으로 당신의 매력을 더욱 돋보이게 할 수 있을 것이다.

당신을 알아보는 가장 정확한 모습은 당신이 어떻게 태어났고, 어떤 환경에서 자라왔는지를 알게된다면 지금의 모습에 더욱 더 신뢰하고 이해할 수 있다는 뜻이다. 누군가와 친해질 듯한 시기에 마음 속의 이야기로 서로의 공감대와 다른점을 알게되면 더 가까워지는 것처럼 말이다.

그렇게 처음 서울과 도쿄의 성장과정을 바라보고자 했다. 물론 꽤 오래 안 친구라 이런 저런 모습이야 많이 봐서 알겠지만 이제 정말 친해져보자 하는 생각이드니 이 친구의 과거 이야기도 궁금했다. 과거부터 지금까지 성장과정을 들다보면 나와 비슷한 환경, 또 다른 환경들을 공유하며 더 가까워질 수 있으니까.

서울의 역사 vs 도쿄의 역사

서울의 역사 구석기시대부터 고려시대까지의 서울

　서울의 역사는 구석기시대로 거슬러 올라간다. 서울에서 구석기시대 유물이 발견된 곳으로는 면목동, 암사동, 가락동, 역삼동, 응봉동 등이 있으며, 양재동, 개포동, 원지동, 고척동 등지에서는 청동기시대 유물인 고인돌도 산재해 있는 것으로 보아 구석기시대부터 지금까지, 서울은 한민족의 생활터전과 그 중심지로서의 모습을 형성해 온 땅이었음을 알 수 있다.

　기원전 3세기 말에서 기원전 2세기 초에는 한반도에 철기문화가 전래되어 각 지역에서 성읍국가가 성립되고 그 중 일부는 연맹왕국으로 발전하였다. 연맹왕국 사이의 정복전쟁의 결과 고구려, 백제, 신라의 삼국이 형성되었고, 삼국시대에도 한강유역은 한반도의 중심으로 중요시되는 지역이었다. 가장 먼저 한강유역을 차지한 것은 백제였으나, 고구려 장수왕의 침공으로 백제는 개로왕이 전사하고 한성이 함락됨으로써(475년) 한강유역을 상실하고 쇠락의 길을 걷게 되었다.

　신라는 진흥왕 16년(555년) 10월에 북한산 비봉에 순수비를 세운다. 이는 이 무렵 신라의 세력을 상징한 지리적 경계 표지물이라 할 수 있다. 삼국시대의 한강유역, 즉 서울은 군사적인 면에서 백제 초기의 도읍지였다는 점 이외에 삼국간의 군사적 쟁패지 또는 삼국통일 완수를 위한 당군 축출의 최후 거점이었다는 데에서 큰 의미를 찾을 수 있다.

　또한 문화적인 면에서는 고구려의 북방문화권과 백제, 신라의 남방문화권이 만나는 경계지로서 새로운 문화개발의 전초지라는 데에서도 그 의의를 찾을 수 있다.

　이어 고려시대에서 서울은 '양주(楊州)'에서 '남경(南京)'으로 뒤이어 '한양(漢陽)'으로 차례로 이름이 바뀌었다. 남경의 '경(京)'자에서, 현재 경주인 '동경(東京)'과 평양인 '서경(西京)' 등 당시의 큰 도읍지들과 어깨를 나란히 하는 주요 도시였음을 알 수 있다. 뒤이어 1308년 고려 충렬왕의 중앙과 지방제도 개편에 따라 남경을 '한양(漢陽)'으로 고침으로써 오늘날 한국인에게 익숙한 '한양(漢陽)'이라는 지명이 등장하게 된다.

도쿄의 역사 도쿄의 등장과 에도막부시대

역사 속에서 도쿄가 등장한 것은 서울에 비하면 한참 뒤라 할 수 있다. 고대부터 중세에 이르기까지 도쿄는 옛 '무사시국(武藏國 고대 일본의 행정구획)'의 일부였고, '무로마치시대(室町時代)' 중기인 1457년에 '무장(武將) 오타 도칸(太田道灌)'이 '에도성(江戸城)'을 구축하며 도쿄의 전신(前身)으로서 에도의 기초가 마련되었다. 전국시대에는 '우에스기(上杉)가문', '호죠(北条)가문' 등의 지배를 받다가, 이후 기나긴 100여 년의 전국시대를 통일하는 '도쿠가와 이에야스(德川家康)'가 1590년 에도에 입성, 뒤이어 1603년 '에도막부(江戸幕府)'를 세움으로써 본격적인 발전이 시작된다. 당시 도쿄는 '에도(江戸)'로 불리며 일본의 정치, 문화의 중심지였으며 18세기 중엽에는 인구 130만 명이 넘는 대도시가 된다. 1868년 에도막부가 무너지고 에도는 '도쿄(東京)'로 개명되었다. 이 '도쿄'라는 명칭은 1868년 9월(메이지 원년 또는 게이오 4년 7월)에 반포된 칙서인 '에도를 칭하여 도쿄라고 삼음'에 따라, 에도의 '마치부교(町奉行)'가 관할하던 지역을 관할하는 '도쿄부(東京府)'가 설치된 것에서 유래한다. 이 의미는 교토에서 볼 때 '동쪽의 도읍지'라는 의미이며, 메이지 중기까지는 '東京'으로 표기되었다고 한다(京는 京의 속자).

재미있는 것은 오늘날 일본의 수도는 두 곳으로 봐야 한다는 의견이 존재한다는 것이다. 메이지유신 당시 메이지 정부 관계자들은 에도로 천도하는 것을 검토하였으나, 교토의 귀족 및 관인들의 반발이 컸던 이유로, 일단 '에도 또한 도읍지이다'라는 선언을 하게 되었다고 전해진다. 그리고 '에도 또한 도읍지가 된 이상, 천황은 에도(도쿄)에서도 행정을 행할 필요가 있다'라는 빌미로 천황의 이동이 계획되었고, 메이지 천황은 1868년 11월(메이지 원년 10월)에 도케이 성(구 에도 성)에 들어, 그 후 한번은 교토에 돌아온다. 1869년 5월 (메이지 2년 3월)에 다시 도쿄(이 당시 도케이 성이 '황성'이 되었음)로 이동하며, 천황과 정부가 교토로 돌아오는 일은 없이, 사실상의 '도쿄 천도'가 이루어진 것이라 한다. 도쿄 천도, 위키백과 인용

즉 지금에 이르기까지 '도쿄 천도' 자체는 법령에 의해 명시되지 않고, 도쿄를 수도로 직접 정한 법령 또한 존재하지 않으나, 간토 대지진 직후에 나온 다이쇼 천황의 '칙어(勅語)' 중에 '도쿄는 제국의 수도로 하고'라는 문헌만이 남아있다. 한편 교토 어소는 지금까지 폐지되지 않고, 경내의 '시신덴(紫宸殿)'에는 천황이 있는 곳임을 나타내는 어좌가 안치되어 있어, 이에 따라 천도가 이루어지지 않았다고 보는 의견도 있으니 오늘날 일본의 수도는 두 곳이라 하여도 전부 틀린 말은 아니다.

조선시대와 일제강점기의 서울
vs 메이지시대부터 태평양 전쟁 당시의 도쿄

조선시대와 일제강점기의 서울

1392년 조선을 건국한 이성계는 즉위 3년 10월(1394)에 한양으로 천도한 후 종묘, 궁궐, 관아, 성곽 등 도성의 면모를 갖추어 나가면서 이듬해 인 1395년 한성부(漢城府)로 고쳐 불렀다. 오늘날의 구(區), 동(洞)과 같이, 조선시대 한성의 하부 행정구역은 오부(五部)와 방(坊), 계(契) 및 동(洞)으로 구성되었다. 당시 한성부의 영역은 현재의 종로구, 중구보다 좁은 지역이었고 인구는 약 10만명 정도였다. 3대 태종 때는 궁궐을 확장하고 상가를 짓는 등 도시가 크게 확장되게 된다. 1592년 임진왜란과 1636년 병자호란을 거치면서 경복궁이 불타는 등 한성은 큰 피해를 입게 되며, 이 피해의 복구와 함께 한성은 근대적 의미로서의 도시로 변모해간다.

17세기 후반부터 일어나는 상업의 발달에 따라 많은 사람들이 한양으로 이주하게 된다. 처음에는 지금의 4대문 안쪽만을 한양이라고 했으나 지방에서 올라온 사람들이 도성 안에서는 거주지를 구하지 못하고 한강변인 마포나 용산, 서강, 망원, 합정, 뚝섬 등지에서 집단적으로 거주하기 시작하면서 한양은 점차 도성 밖으로까지 확장된다. 이 지역은 당시에 한양과 전국 지방을 연결하는 수상교통의 중심지이자, 가장 급속하게 상업화된 지역으로서 이곳에서 배로 실어온 물건을 내리거나, 또는 내려진 물건을 시내로 운반하는 노동에 종사하며 생계를 꾸려가는 이들이 대부분이었다. 이러한 한양의 상업도시화에 따라 날품을 팔아 생계를 유지할 수 있는 조건이 늘어난 것이 한양에 인구가 집중된 가장 큰 원인이라 할 수 있다. 이후 한강 변뿐만 아니라 함경도로 통하는 길에 있던 우이동이나 번동, 그리고 개경과 의주를 거쳐 대륙으로 가는 의주로변인 갈현동, 불광동, 녹번동도 한양에 속하게 되어, 조선 말 한양의 인구는 20만에 이르게 된다.

조선과 대한제국의 수도였던 한성부는 1910년의 한·일 합방과 함께, 같은 해 9월 30일에 시행된 조선총독부 지방관관제에 의하여 '경성부(京城府)'로 개칭되어 수도로서의 행정조직이 아닌 경기도의 도청소재지라는 지방 행정구역이 되었다. 경성부라는 이름은 수도가 있는 서울이라는 성곽을 가리킨 뜻이지만, 그 의미의 약화를 위해서 대개 일본식 발음인 '게이조' 발음으로 불렀다. 1936년에 도시화가 진행됨에 따라 주변 지역을 병합하여 4배로 확장되었고, 1943년에는 인구 증가에 따라 구가 설치되었다. 이때 7구가 설치되고, 1944년에 주변 지역을 병합해 마포구를 추가로 설치하였다. 일제는 경술국치(1910년 8월 29일) 1개월이 지난 10월부터 한성부를 경성부로 고치고 수도로서의 행정조직이 아닌 지방 행정조직을 준용한 체제로 개편하였을 뿐 아니라, 대다수의 지명을 일본식으로 한자화하였고, 행정구역명도 정목(丁目), 통(通), 정(町) 등 일본식으로 재정비하였다. 또 총독부와 경성부청을 새로 지어 식민통치의 본거지로 삼았으며 도시계획을 핑계삼아 성벽과 성문을 헐어 내었다. 일제시대 경성부는 한반도 내에서 가장 큰 도시로서 그 인구는 90만에 육박하였으며, 명실상부한 한반도의 문화, 경제, 정치의 중심지였다. 또한 90만 인구의 20% 가량은 일본인이었는데, 이는 당시 한반도에 거주하던 일본인 약 75만 중 25%인 18만 명에 달하는 숫자이다.

메이지시대부터 태평양전쟁 당시의 도쿄

　메이지(明治)시대(1868년~1912년)의 일본은 서구 문명을 왕성하게 흡수하기 시작한다. '다이묘(大名 에도시대의 봉록 1만석 이상의 영주)'의 저택자리에는 벽돌과 석조 건물이 세워졌고 주요 거리들은 돌로 포장되었다. 1869년에는 도쿄에서 '요코하마'를 잇는 일본 최초의 전신이 개설되었으며 1872년에는 증기 기관차가 처음으로 신바시에서 요코하마 사이를 운행하게 되어, 오늘날 철도대국 일본으로 나아가는 첫 발을 떼었다. 행정구역 또한 서구화되기 시작하는데, 1871년에 '도쿄부(東京府)'가 설치되고, 뒤이어 1878년, 1880년에 이즈제도, 오가사와라제도가 편입되었으며, 다시 1893년에는 '니시타마(西多摩)', '미나미타마(南多摩)', '기타타마(北多摩)'의 3개 군(郡)이 '가나가와현(神奈川縣)'으로부터 이관되어 현재의 영역을 가지게 되었다. 1888년에는 '시제(市制)'가 시행되어 도쿄부 안에 15개 구(區)로 구성되는 '도쿄시(東京市)'가 설치되었다. 이 시기 도쿄는 거리의 모습 뿐 아니라 사람들의 생활방식마저도 놀랄만큼 빠르게 서구화된다. 남성들의 일본식 상투(촌마게)는 서구풍의 짧은 머리 스타일로 바뀌고 여성들의 최첨단 유행 패션으로는 모자와 높은 동정, 그리고 허리에 천을 덧대어 폭을 넓힌 스커트가 인기였다.

　1885년에 내각제도가 채택되어 초대 수상으로는 '이토 히로부미'가 취임한다. 1889년에는 대일본제국헌법(메이지헌법)이 발표되고 근대국가로서의 체제가 확립된다. 다이쇼(大正)시대(1912년~1926년)에는 국내 각 도시에 근로자가 늘어 나고 소비 생활의 비중이 높아진다. 또한 교육 수준도 높아져 고등여학교에 진학하는 여성도 늘어나며 연극과 오페라 등 서양식 공연문화도 대중화되어 긴자 등에는 수많은 극장들이 설립된다. 그러나 1923년 9월 간토 대지진이 도쿄를 습격하면서 도심부는 화재로 소실되고 무려 14만 명 이상이 사망, 행방불명되며 30만 채의 가옥이 소실된다. 대지진 후에는 지진 피해의 복구와 더불어 교외철도가 발달하게 되어 교외로의 시가지 확장이 한층 가속화되기 시작한다. 이는 오늘날의 도쿄 광역권(도쿄도, 치바현, 카나가와현, 시즈오카현을 포함하는 일본의 수도권)으로 발달하는 시발점이 된다.

　1926년부터 '쇼와(昭和 1926년~1989년)시대'가 시작되며 1927년에 '아사쿠사'에서 '우에노'를 잇는 최초의 지하철이 개통된다. 1931년에는 '하네다'에 도쿄공항이 완성되고 1941년에는 도쿄항이 개항되어 도쿄는 명실상부한 국제도시로 성장한다. 1935년 기준, 도쿄의 거주 인구는 무려 636만, 1940년에는 700만에 달해 뉴욕, 런던과 어깨를 나란히 하는 세계적인 대도시로 성장한다. 쇼와시대에는 오늘날의 도쿄 모습이 완성되는데, 1932년에 도쿄시의 구는 35개로 늘어났고, 1943년에 '도제(都制)'가 실시되어 '도쿄부(府)', '도쿄시(市)'라는 이중행정이 폐지되게 되었고, 기존 도쿄부 전역이 오늘날의 도쿄도가 되는 오늘날의 도쿄와 같은 행정구역이 되었다. 한편 1941년에 시작된 태평양전쟁은 도쿄에 커다란 영향을 미쳤다. 제2차 세계대전 말기 도쿄는 1945년 3월 10일의 도쿄 대공습을 비롯해 102회의 공습으로 엄청난 인명과 재산 상실을 맞게 된다. 태평양전쟁은 1945년 8월 15일 일본은 '포츠담선언'을 수락함으로써 종전을 맞이하는데, 전화에 황폐해진 도쿄는 인구가 급감하여, 1945년 10월의 인구는 약 349만 명으로서 1940년 인구의 절반에도 미치지 못하는 숫자가 되었다.

1960년대 서울 풍경

1960년대 도쿄 풍경

일본 역사의 과거와 현재의 중심, 천황(天皇)

'천황제(天皇制)'는 단일왕조와 국가로 세계에서 가장 오랜 역사를 지닌 세습 군주제이다. 일본국왕의 직계조상인 '야먀토시대(大和時代 3세기에 여왕 히미코가 다스리는 야마타이국을 중심으로 형성된 30여 개의 연합국시대를 거쳐, 4세기 초에는 긴키내의 야마토를 중심으로 통일정권을 이루었던 시대)'는 3세기 말부터 지금까지 세습왕권을 이어오고 있다. 천황이라는 칭호는 일본 통치자 칭호로 6, 7세기경 사용되어 오늘날까지 사용되고 있다. 야마토시대, 두산백과 인용

천황제는 역사, 사회, 문화 등 일본을 이해하는데 있어 매우 중요한 의미를 갖으며, '천황가(天皇家)'는 '야마토(大和)' 정권 때부터 지금까지 단 한번의 역성혁명 없이 단일혈통으로 이어진 일본의 과거와 현재의 중심에 있는 상징적인 존재라고 볼 수 있다. 천황이라는 호칭이 사용되기 전인 야마토 정권 시기의 군주의 명칭은 '오키미(大王)'였고, 천황으로 호칭된 최초의 천황은 '덴무천황(天武天皇 재위 673~ 686년)'이었다. 덴무천황은 전국적으로 통합된 율령국가체계를 완성하고 황족 중심의 정치와 중앙과 지방의 통치 기구를 정비했다. 또한 자신을 '아키쓰미카미(現御神)'라는 신과 같은 존재로 신격화하고, 천황가의 가문 신 즉, '우지가미(氏神—우지〈氏〉란 혈연을 바탕으로 한 정치·사회적 조직으로 그 고장의 수호신)'인 '아마테라스오미카미(天照大神)'를 섬기는 이세진구(伊勢神宮)'를 받들게 했다. 우지(氏)제도, 일본사, 2009 미래엔 인용

덴노천황은 669년경 국호를 '日本'으로 새롭게 정하고 천황의 절대적 권한과 '日本'의 건국을 정당화하기 위해 712년 천황가의 역사서인 「古事記(고지키)」와 720년 중국 사서의 영향을 받아 일본 최초로 국가에 의한 정식 역사서인 「日本書紀(니혼쇼키)」를 만들어 태양신인 '아마테라스오미카미'를 명시하며 '태양신'의 자손 천황가가 대대로 일본을 통치해 왔다고 기술했다.

절대권력이었던 천황제는 9세기 중앙의 귀족세력들과 지방의 무사계층이 등장하며 지위가 약화되었고, 12세기에서부터 19세기까지 '쇼군(將軍)'을 중심으로 무사정권을 지칭하는 '막부(幕府)'시대에 전국을 통합한 '오다 노부나가', '도요토미 히데요시'는 지배를 정당화하기 위해 천황의 권위를 이용했다. 하지만 가마쿠라시대부터 에도시대에 이르기까지 쇼군들이 천황제를 폐지하지 못한 이유는 각각의 선조가 천황가의 왕이었거나 천황가와 밀접한 혈연관

덴무천황(天武天皇), 출처 NHK
이세진구(伊勢神宮), 출처 이세시
관광협회

계를 가진 경우가 많았기 때문이다. 일본 최초의 무신정권을 세운 '미나모토노 요리토모'는 자신의 선조가 천황가의 왕자였고, 에도막부를 건립한 '도쿠가와 이에야스'는 '세이와 겐지' 즉, 천황의 자손이 신하의 신분으로 강등될 때 내리는 성씨 중 하나인 미나모토 성을 받은 가문으로 미나모토의 예에 따라 천황가과의 관계를 일정하게 유지했을 뿐 군주의 역할은 하지 않았다.

1853년 미국 동인도함대 사령관 M.C.페리 제독이 미국 대통령의 개국 요구 국서를 가지고 일본에 왔는데 이때 유신의 싹이 텄고, 1854년 미 · 일 화친조약에 이어 1858년 미국을 비롯하여 영국 · 러시아 · 네덜란드 · 프랑스와 통상조약을 체결하였는데 이 조약은 칙허 없이 처리한 막부의 독단적 처사로 이는 곧 메이지유신을 주도한 반막부세력이 일어나 이에 의해 에도 700여 년 간의 막부가 1866년 패배하고 근대적 통일국가가 형성되었다. 경제적으로는 자본주의가 성립되고, 정치적으로는 입헌정치가 개시되었으며, 사회 · 문화적으로는 근대화가 추진되었다. _{메이지유신, 두산백과 인용}

메이지 정부는 일본을 근대국가 체제로 개혁한 뒤 근대화와 산업화를 추진하여 일본의 구국강병을 실현하려 했다. 정부 수립 이후 이토 히로부미는 서양의 기독교에 해당하는 정신적 지주를 「古事記(고지키)」와 「日本書紀(니혼쇼키)」의 신화를 근거로 천황을 신격화하고 절대권력을 부여해 대중들에게 신성 불가침한 통치자로 이미지를 침투시킨다. 1868년에는 에도막부시대 이후 불교의 영향 속에 있던 '신도(神道)'를 분리, 독립시키고 신도에 의한 국민 교화와 천황의 신격화를 전개하였다. 청일전쟁과 러일전쟁의 승리는 태양신의 자손인 천황이 있고 일본이 '신국(神国)'이기 때문이라고 전파했으며, '식산흥업(殖産興業)'정책과 부국강병을 효율적으로 추진하는데 천황제를 이용하였다. 1930년대 이후 일본 우월주의와 함께 제국주의 시절 일본의 만행을 정당화시키기 위해 사용된 '황국사관'과 '대동아공영권'을 내세우며 자국민을 침략전쟁에 동원하였다. 제2차 세계대전의 패전으로 '쇼와천황(昭和天皇 재위 1925~1989년)'이 아라히토가미(現人神)로서의 신격을 부정한 '인간선언'을 하고 연합군의 군정하에 있을 시기 미국정부는 일본의 제국주의 침략성의 근원이 천황제에 있다고 판단, 폐지를 검토하였으나 연합군 사령관 맥아더는 천황을 국민통합의 상징적인 존재로 규정하며 천황의 지위를 '점령정책'에 이용하는 것이 유리하다 하여 폐지를 반대했다. 그 결과 천황제는 유지하되 천황 주권제를 폐지하고, 정치적 실권은 박탈한 '상징천황제'로 1947년 국민 주권과 민주주의 원칙에 따라 새로운 헌법에 규정되었다. 상징천황제는 정치적 실권을 소유하지는 않으나 현재까지 일본의 역사와 문화, 사회의 아이덴티티로서 일본국민의 의식 중심에 있는 존재로 볼 수 있다. _{일본 일본인 일본문화, 정형 저(다락원) 인용}

전쟁 후의 서울, 전쟁 후의 도쿄

전쟁 후의 서울

1945년 8월 15일 광복이후에도 1년간 서울의 명칭은 과거 일제시대의 명칭인 '경기도 경성부'를 유지하였으나, 뒤이어 1946년 9월 18일 미 군정청은 경기도 경성부를 서울시로 개칭하였다. 1946년 9월 28일에는 서울시가 경기도 관할에서 분리되어 '서울특별자유시'로 승격된다. 이에 따라 행정상의 직능과 권한이 '도(道)' 단위와 같은 오늘날의 행정구역의 모습을 띠게 된다. 당시 서울특별자유시의 관할구역은 종로구, 중구, 마포구, 성동구, 서대문구, 동대문구, 용산구, 영등포구였으며 인구는 126만 명으로 한반도 최대의 대도시였다. 1946년 10월에는 서울특별자유시의 행정기구를 개편하여 종래에 1실 4부였던 것을 8개국으로 하는 동시에 서울특별자유시 헌장 제1조에 의하여 행정구역의 명칭을 변경하였는데 구제도는 종전과 같이 8구제를 실시하였고 여기에 속한 동(洞)은 모두 267개 동이었다. 동명은 종래에 써 오던 가로명과 동명의 일본식 명칭을 바꿔 한성부 때부터 내려오는 유서깊은 동명 또는 위인들의 이름, 아호(雅號)와 고유명칭을 따서 새로 제정하였는데 정목(丁目)은 가(街)로, 통(通)은 로(路)로, 정(町)은 동으로 변경함으로서 일제 잔재 청산에 힘을 기울였다.

1948년 8월 15일 대한민국 정부 수립과 함께 서울은 대한민국의 수도가 되고, 1949년 8월 15일 서울의 명칭을 서울특별시로 결정하고, 당시 경기도 고양군의 숭인면, 뚝도면, 은평면, 연희면 일부와 시흥군의 신동면 중 구로리, 도림리, 번대방리를 서울에 편입시켜 면적의 확장은 물론, 인구는 141만 8천 명으로 크게 증가한다. 또한 숭인면과 동대문구 일부에 성북구를 설치하여 9개 구가 되었다. 1949년 8월 15일 '서울특별자유시'에서 '서울특별시'로 개칭되어 오늘날에 이르고 있다.

한국전쟁의 휴전 후 전국 각처로 피난갔던 시민들이 다시 돌아오게 되었다. 따라서 서울은 전후 복구사업에 착수하였고, 시민들의 생활도 활기를 띠게 되었다. 서울은 계속 발전하여 1960년 말에는 244만 5천만 명의 인구가 생활하고 있는 대도시로 발전하게 되었다. 그리고 1960년경 이후부터 도심지에는 많은 회사와 금융기관이 집중하게 되면서 사무실이 부족하게 되고, 지가(地價)가 급속하게 상승하면서 도심지의 토지이용에 큰 변화가 생겼다. 그래서 1960년경부터 소공동(小公洞), 명동(明洞), 서소문, 퇴계로, 충무로 1가, 회현동 등지에는 10~20층 내외의 고층건물이 들어서서 도심지의 스카이 라인

(skyline)은 높아져 갔다. 즉 서울도 근대적인 '거대도시(metropolitan)'로서의 경관을 보이게 되었다. 반면 도심지에 있었던 주택지는 점점 줄어들어 공동화 현상이 나타남으로써, 청계, 종로, 수송, 방산, 일신, 서대문 초등학교가 폐교 되었다. 한편 강남의 영동지구에는 신흥주택 단지, 여의도와 반포지구에는 아파트 단지가 들어서기 시작하였다. 1975년에는 강남구, 1977년에는 강서구, 1979년에는 은평구, 강동구, 1980년에는 구로구, 동작구가 신설되어 총 17개 구가 되었다. 이어 1988년까지 양천구, 서초구, 송파구, 중랑구, 노원구가 신설되었고 1996년 광진구, 강북구, 금천구가 신설됨으로써 서울특별시의 행정 구역은 총 25개 구로 늘어나 오늘날의 서울에 이르게 되었다. 서울의 인구는 1992년 최초로 1천만을 돌파, 이후 약한 감소세를 보이고 있다. 2012년 2월 서울의 인구는 10,251,297명으로서 대한민국 최대의 도시이자, 세계 23위 규모의 도시로서 오늘에 이르고 있다.^{서울의 역사 참고}

전쟁 후의 도쿄

종전 후 1947년 5월에 일본국헌법과 지방자치법이 시행되어 '도쿄도'에는 첫 도지사 선거가 열려, 공선에 의한 초대 도지사로는 '야스이 세이이치로'가 취임한다. 같은 해 8월에는 23구제를 실시하게 되어 오늘날 도쿄의 '도쿄 23구'가 완성된다. 이 시기 일본에서는 1953년에 TV방송이 시작되고 1956년에는 UN에도 가입해 점진적으로 부흥을 일구게 된다.

일본 경제의 고도성장을 이야기하자면, 한국전쟁에 따른 특수 경기를 빼놓을 수 없는데, 1950년부터 3년간 계속되는 한국전쟁 당시 일본 경제는 많은 회복을 이루며 이는 1960년대의 고도 경제성장시대에 돌입하는 원동력이 된다. 이 시기에는 기술 혁신과 새로운 산업 및 기술의 도입에 따라 화학 섬유와 TV, 냉장고, 세탁기 등 가전 제품의 대량 생산이 시작되어 일본 국민들의 생활도 크게 변화한다.

1962년에는 도쿄도의 인구가 1,000만 명을 돌파하였고, 1964년에는 도쿄올림픽이 개최되어 신칸센, 수도고속도로 등이 개통된다. 이들 고속교통수단들은 당연히 수도인 도쿄를 중심으로 개통되었으므로 도쿄의 개발은 한층 가속화된다. 하지만 이러한 도시발달은 필연적으로 도심과밀화에 따른 인구 공동화를 불러일으키는데, '치요다구(千代田區)', '츄오구(中央區)' 등의 도쿄 도심부가 '오피스 타운화'됨에 따라 도쿄 도심부의 야간 인구가 점차 감소하기 시작하여, 현재에는 인구의 '공동화 현상'이 매우 현저하다.

1980년대에는 국제화, 정보화에 따른 비약적인 경제성장을 이루며 뛰어난 치안성과 동시에 최첨단 기술, 정보, 문화, 패션 등을 자랑하는 활력과 매력에 넘치는 세계 굴지의 대도시가 된다. 반면 급속한 발전에 따른 환경 악화와 교통 정체, 재해 방지 문제 등 많은 도시 문제도 산적하게 된다.

1986년 이후에는 토지와 주식이 폭등하면서 이른바 '버블경제' 현상을 보인다. 버블이 최고 전성기를 보인 1990년 당시 도쿄 23구의 총 토지 매각액이 미국의 총 국토의 전체 토지 매각액보다 많았을 정도로 비쌌으며, 물가도 하늘 높은 줄 모르고 뛰어올랐다.

1990년대에 들어서면서 거품경제는 붕괴되고 불경기가 장기간 지속됨으로 인해 세수입이 줄게 되며 도쿄도 재정도 위기적 상황에 직면했다. 2000년대의 도쿄는 기존의 거대소비도시, '편리'는 하나 '안전하고 쾌적하지는 않은 도시'라는 이미지에서 탈피, 문화도시와 첨단도시로의 도약을 바라보며 성장해 나아갔다. 도쿄의 인구는 도쿄도 23구 만으로 852만, 도쿄도 전체가 1268만, 도쿄권 전체로는 3461만으로 단일 생활권으로는 세계 최대의 인구 수를 자랑하고 있다. 도쿄도 홈페이지 참고

2/敵

なぜ開発したか？
Why Did the U.S.
Develop the Bomb?

서울과 도쿄의
전쟁이야기

빠르게 발전된 서울의 모습 속에는 전쟁이라는 아픈 기억과 흔적이 남아있다. 이웃나라인 한국과 일본이 왜 역사적으로 이러한 문제에 현시대까지 대립과 갈등을 빚고 있는 것일까? 이웃나라이기 때문에 더 좋은 관계로 협력하며 사이좋게 지낼 수 있었을텐데 왜 총을 겨누었을까?

왜 일본은 전쟁을 일으켰는가? 왜 조선은 일본에게 식민지화 당했는가? 우리가 알고 있는 지식과 선입견과 다르게 일본인들이 말하고 있는 구체적인 근거와 고백들은 어떤지 알아보는 것도 중요하겠다.

2011년 일본방송국 NHK에서는 5부작 '일본인은 왜 전쟁으로 향했는가(日本人はなぜ戦争へと向かったのか)'를 방송했다. 일본인들도 큰 관심을 보였던 이 방송은 제1부 "외교패전" 고립으로의 길, 제 2부 거대조직 "육군" 폭주의 메커니즘, 제3부 "열광"은 이렇게 만들어졌다. 제4부 개전, 리더들의 역주행, 제5부 전중편. 끝없는 전선확대의 비극으로 구성되었다. 방송은 1933년, 국제연맹을 탈퇴한 후 세상을 적으로 돌리기 시작한 '일독방공협정(日獨防共協定)' 체결, 외무성과 육군의 실패한 이중외교, 최대 550만 명의 거대한 관료조직이었던 일본 엘리트 관료집단 '육군'의 폭주, 미디어의 영향, 미국과의 전쟁에서 승산이 없다는 것을 알고 있었으면서도 대국적인 시야에 서는 것이 아닌, 조직 이해의 조정에 일관하여 전쟁을 시작한 것임을 이야기하면서, 결국 태평양전쟁은 일원화되지 않은 전쟁 방침, 점령지의 이권을 둘러싼 혼란 등으로 300만 명이 넘는 희생자를 낳았다 _{일제강제동원 평화연구회, 이대화 참고}고 전한다. 물론 일본의 입장에서 밝힌 내용이지만 앞으로도 역사의 증언과 자료에 관한 여러 부분에서의 검토와 연구가 필요하다고 보인다.

6 · 25 직후 점령 전 서울의 모습
멀리 세종로에 시청과 중앙청이 보인다.

히로시마 원폭 투하 후
폐허가 된 히로시마 시가지 모습

일본은 1868년 메이지유신(明治維新)으로 막부정치가 끝나고 천황 중심의 중앙집권적 통치제도를 확립, 근대자본주의를 본격적으로 도입하기 시작하였다. 1889년 제국헌법을 공포하여, 입헌군주제의 기틀을 마련하였으며, 1890년 7월 제국의회가 성립되어 아시아 최초로 의회제도를 확립하였다.

그후 대륙으로의 진출, 청일전쟁(1894~1895)과 러일전쟁(1904~1905)에서 승리함으로써 급격히 자본주의 발전의 길을 달려 제국주의정책을 노골화하고 약소국을 침략하였고, 대만과 남사할린을 차지했다. 일본은 조선을 만주와 중국 진출의 거점과 자국의 산업화와 분열을 막기 위해서 조선을 이용하려고 했는데, 1876년 강화도에서 '운요호 사건'이 일어나면서 '강화도조약(조·일 수호조규)'을 맺게 되었다. 이후 '임오군란(1882)' 때의 제물포조약, '갑신정변(1884)'을 구실로 한성조약 체결 등은 동학농민운동(1894) 불러오게 되고 갑오개혁을 계기로 근대화에 접어들게 된다. 일본은 청일전쟁과 러일전쟁의 연이은 승리와 함께 조선의 국모인 명성황후가 시해되는 비극의 사건, 을미사변(1895)을 일으킨다. 이후 '독립협회'가 만들어지고 '대한제국(1897~1910)'이 수립되면서, 일본은 조선과 을사늑약(1905)을 체결해 조선의 외교권을 박탈, 통감정치를 시작하는데 정미7조약을 통해 군대 해산, 고종을 퇴위시키면서 완전한 식민정치의 기반을 마련한다. 1909년 안중근 의사의 이토 히로부미 총살을 계기로 1910년~1945년 한일합방이 되었다. 제2차 세계대전에서 미국, 중국, 소련 등 연합군에게 패한 일본에게서 1945년 8월 15일 한국은 일제강점기를 끝내고 광복을 맞게 된다. 이후 연합군의 일본의 무장해제를 위해 소련은 북한을 미국은 남한을 개입하며 북위 38도선을 경계로 한반도를 나누게 되고 사상적인 문제로 1950년 6월 25일 남한과 북한이 1953년까지 전쟁을 하게된다. 이때 나뉜 한반도는 현재까지 남과 북으로 분단국가가 되어 있다. 이처럼 한국은 수많은 역사의 기록과 전쟁, 그리고 자주적인 독립과 분단국가로까지 마치 영화같은 스토리를 품고 있는 나라이다.

전쟁 후의 한국은행 모습.
한국사람이라면 누구나 가슴에
뭔가에 맞은 듯한 느낌이
들 것이다. 마치 총맞은 것처럼...

2. 敵

나와 친구들, 그리고 우리의 부모님 세대는 이러한 한국의 급속한 발전을 직간접적으로 겪으며 자랐다. 아날로그와 디지털을 함께 경험한 특별한 세대이기도 하다. 할아버지, 할머니 세대는 직접적으로 전쟁을 겪은 시대였고, 우리의 부모님에게도 그 영향이 미쳤다. 한 예로 우리의 할머니, 어머니 세대의 이름 중에는 미자, 옥자, 숙자 등 소위 '자(子)'로 끝나는 이름이 많은데 이 또한 일본식 이름의 '코(子)'자로 끝나는 이름이 많은 것에서 영향을 받기도 하였다. 이는 식민지 시절 일본식 성과 이름을 강요받은 '창씨개명(創氏改名)'의 영향임을 알 수 있다. 이렇게 우리 부모님 이상의 세대들은 전쟁 등으로 인한 일본의 잔재들이 남아 있지만, 지금의 또래들은 억압받으며 강압에 의해 들어온 것이 아닌 엔터테인먼트의 일본만화와 게임, 음악 등을 경험하며 자라게 되었다. 이는 최근 일본에 미치고 있는 한국 대중문화의 열풍인 '한류(韓流)'와 마찬가지일 것이다.

2008년 또래인 일본인 남자친구 두 명과 술자리를 함께 한 적이 있다. 그중 한 명은 한국인 여자친구가 있었던 친구였고, 다른 한 명은 한국에 한 번도 가보지 않았었지만 한국의 아이돌 가수 '카라'를 좋아하던 친구였다. 서울에 관심이 많았던 친구들이었던 터라 우리의 주된 대화는 역시나 서울과 도쿄의 이야기들이었다. 전쟁에 관한 이야기부터 한국의 인기 여자 아이돌 이야기, 직장생활에 관한 것까지 많은 대화들이 오갔었다. 그 이야기 중에 기억에 남는 것 하나가 바로 전쟁에 관한 것이었다. 일본친구의 말로는 우리가 일본과의 전쟁 후 독립하여 불굴의 기지로 경제성장을 한 것처럼 일본도 급속도로 경제성장을 이루었는데, 그것은 미·일 전쟁 중 미국으로부터 당했던 히로시마 원자폭탄 피폭을 계기로 자기 할아버지 세대와 아버지 세대가 열심히 힘써 일구워 놓은 나라가 바로 일본임을 말하는 것이다. 두려울 것 없이 승승장구하던 일본에게 미국의 원자폭탄은 굉장한 충격이었다고 한다.

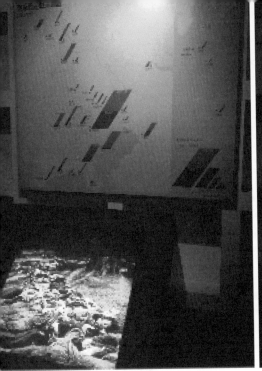
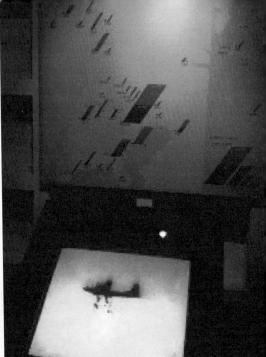

도쿄 료고쿠
현대박물관에 있는
미 · 일 전쟁 자료들

왜 개발했을까?

원자폭탄으로 인해 폐허가 된
히로시마 나카시마 혼마치 지역.
출처 도쿄 료고쿠 현대박물관

　　일본은 미국, 중국 다음의 세계 경제
대국 3위로(2012년 이전 일본 2위) 한국에
게는 전쟁의 적대국이기도 하였지만 지금
은 이웃나라이면서 상호 협력관계에 있고,
우리나라보다 먼저 경제성장을 이룩한 선
진국으로서 객관적인 지표로 삼는 부분이
많다. 비록 중국의 경제 발전으로 일본 경
제 순위가 역전 되긴 했지만 세계에서 경제
대국 일본을 적대시하는 나라는 아마도 전
쟁의 영향을 받은 한국과 중국밖에는 없지
않을까. 최근 일본의 역사왜곡과 영토문제
등은 반일 감정을 더욱 야기시키기도 하지
만 아직 반일감정이 남아있는 기성세대들
과 요즘 젊은 친구들에게는 일본을 가까이
하고 싶어도 어려운 부분이 많은 것은 사실
이니까 말이다.

被爆後の爆心地一帯（1945年[昭和20年]10月中旬）Hypoce 原子弹爆炸

城山国民学校（現在の城山小学校）
Shiroyama National School
(present day, Shiroyama Elementary School)
城山国民学校 現在的城山小学
시로야마 국민학교（현 시로야마초등학교）

爆心地
Hypocenter 爆作中心地 한 폭낙하중심지

원폭 후의 나가사키의 모습(하)과
현재의 나가사키 모습(상)

제2차 세계대전에서 미국은 전쟁을 끝내기 위해 '히로시마'와 '나사사키' 두 곳에 원자폭탄을 투하했다. 왜 장소가 수도 도쿄가 아닌 히로시마와 나가사키였을까? 미국은 군부대 시설 집중지였던 히로시마와 '고쿠라(小倉)'에 핵을 투하하기로 했으나 기상조건의 문제로 고쿠라가 아닌 나가사키에 투하한 것이다.

일본 큐슈지역의 나가사키에 투하된 원자폭탄으로 폐허로 변했던 1945년의 사진과 2013년의 현재 나가사키의 모습이다. 현재 나가사키는 전쟁으로 인해 피해입었던 이 장소를 기념하며 아픔을 딛고 많은 발전을 했고 항상 이날을 잊지않고 앞으로 나아가고 있음을 볼 수 있었다. 전쟁은 한국, 일본, 미국 그 외에 수많은 나라에 아픔을 주었다.

이 장면을
보면서 당신은
어떤 생각이
드는가?
전쟁, 고통, 아픔,
시간, 발전, 기억….

나가사키에 투하된 원자폭탄으로
폐허로 변한 신사와
현재 남아있는 신사의 도리아

2. 敵

나가사키에서 무엇보다 내 마음을 움직인건 '원폭자료관'이었습니다.

히로시마에 이어 두번째로 떨어진 이 원자폭탄은 단 한순간에
모든 것이 없어진…. 정말 이 세상에 이런 끔찍한 일은 두 번 다시
일어나지 말아야 한다고 보고 만지고 느꼈습니다.

'세계 新3대 야경'으로 유명해진 나가사키의 그 수많은 불빛들이
이때 타버린 사람들처럼 다시 느껴졌습니다. 나가사키의 많은 것이
가슴 속에 들어왔습니다. 전쟁의 아픔은 우리뿐만이 아닌 일본인들도
잘 알고 기억하고 있었습니다. 일본이 경험했던 아픔만큼 한국도
전쟁이 큰 상처였다는 것을 일본사람들이 함께 알아주었으면 좋겠다고
생각했습니다.

2013.10.5 나가사키에서.

3/ 化

서울과 도쿄의
문화이야기

생활양식을 보면 서울과 도쿄가 보인다. 백문이 불여일견!
보고, 듣고, 가보고, 먹어보고, 만져보니 '왜?'라는 물음이 따라왔다.
문화를 체험하며 따라오는 호기심 섞인 의문들은 일본 문화를 더 이해하고
한국과 다름을 인정하며 즐기게 되었다. 우리의 일상에서 보여지는 한국과
일본의 비슷하고도 다른 모습들을 만나보자.

전통행사

일본이 마쯔리에 열광하는 이유

　　자국이 가지고 있는 전통문화를 꾸준히 지켜간다는 것은 개개인의 존재성과 그룹의 일체성, 나아가 단합에 의한 힘과 결속력을 만들어낸다. 하나의 목적과 의도를 가지고 모여 연례행사를 지켜나간다는 것은 결코 쉬운 일이 아닐텐데, 정말 흥미롭고 부러웠던 한가지가 일본의 전통 '마쯔리'였다. 마쯔리란 신의 강림에 의해 신을 받들고 신에게 봉사하는 것에서 유래한 행사로 신이나 부처님을 받들어 모셔 풍작을 기원하기도 하고 죽은 사람의 영혼을 인간 세상으로 맞이하며 향응하는 의미가 있는 매년 각 지역마다 열리는 행사이다. 마쯔리의 3요소에는 모노이미(物忌), 구모츠(供物), 나오라이(直会)이다.

　　'모노이미'란 마쯔리 참가자가 일정 기간 특정 음식을 삼가는 것이고, '구모츠'란 축제 때 신에게 바치는 쌀, 술, 과일 등이다. '나오라이'란 마쯔리 참가자가 공물로 바친 음식을 신(神)과 함께 먹는 일이다. 일본의 마쯔리는 문화인류학에서 공통적으로 제시되는 축제의 정의인 성성(聖性), 일상성(日常性)에서의 탈출, 주기성, 집단관여의 요소를 가지고 있는 일본의 오랜 전통문화이다.

하카타 기온
야마카타 마쯔리

나카노 지역주민들의
마쯔리 행사

세계적으로 일본의 유명한 3대 마쯔리는 오사카의 텐진 마쯔리, 교토의 기온마쯔리, 도쿄의 간타 마쯔리가 있고, 전국적으로는 각 지역에서 매년 열리는 마쯔리가 있다. 마쯔리가 세대와 계층을 잇는 연속성을 가지고 숙성되는 것에는 주민의 자발적 참여가 무엇보다 큰 힘이다. 기온 마쯔리는 지역 상공인이 중심이 되어 철저하게 주민주도형으로 치러지고 있다. 우리의 동단위와 비슷한 정(町)별로 모든 준비와 집행이 이루어진다. 위의 오른쪽 사진은 신주쿠 주변 나카노에서 살 때, 집 앞에서 달콤한 주말 아침 잠을 깨우던 마쯔리 행사의 모습이다. 큰 울림소리에 지진이 일어난 줄 알고 일어났는데 집 앞에서 수십 명의 사람들이 꽃가마와 깃발, 그리고 북소리 박자에 맞춰 이동하는 것을 보고 잠이 확 깼던, 일본에서 처음 본 마쯔리였다.

서울의 전통행사에는 어떤 것들이 있을까? 주변 사람들에게 물어보았지만 결국 거의 없다는 답변이 대부분이었다. 왜 서울에는 이런 지역축제가 활성화되지 않았을까? 서울에서는 추석이나 설 명절에 궁궐 등에서 하는 형식적인 연례행사나 석가탄신일의 연등회, 구청후원 등의 벼룩시장 형태의 장터 행사로 재활용 제품들을 사고 팔거나, 먹거리, 어린이 체험프로그램 등이 있지만 이는 일본 마쯔리가 가지고 있는 종교적 성격과는 다른 취지의 축제이다. 서울과 도쿄사람들은 하루하루 바쁜 일상으로 둘째가라면 서러운 비슷한 도시들인데 지역구민들의 결속과 화합을 지속적으로 이어주는 전통행사의 있고, 없음의 같은 대도시지만 다르다.

치바 모토야와타
지역주민들의 마쯔리 행사

치바 이치카와
지역주민들의 마쯔리 행사

　　　치바 모토야와타 집 근처에서 열렸던, 마쯔리 행사. 퇴근하고 집으로 가는 길에 만나는 이런 풍경들은 가끔 정겹고 즐거운 모습이다. 나이 많으신 할아버지 할머니부터 작은 어린 아이들까지 마을 주민들이 함께 모여 만드는 이러한 행사는 지역사회의 문화발전에도 기여하는 등 여러 모로 뜻 깊은 일이라고 생각한다. 어릴 적부터 마쯔리 행사를 참여한 아이들이 커서도 이런 전통행사를 지키며 나아간다는 것은 자기 살기도 바쁜 서울에서는 상상하기 힘든 모습 중 하나이다.

3. 化

나에게 복을 달라!

福!

니가타의 하다카오시아이 마쯔리. 커다란 촛불을 하나씩 들고 열정적
으로 소리치고 밀치며 뛰던 남자들의 모습이 참 인상적이었다. 이 젊은 청년
들은 엄동설한 추웠던 이 겨울날 무엇 때문에, 그리고 무엇을 위해서 이렇게
열정을 바치는 것일까?

비슷한 또래의 이 친구들이 가족들과 친구들, 선후배의 응원을 받으며
해마다 이런 행사를 한다는 것이 그저 신기할 뿐이다. 춥다고 움추리는 것이
아니고 오히려 찬물에 들어가서 복을 기원하고 일부로 촛농을 몸에 묻히며,
춤을 추고 뛰어다니는 모습을 보면서 마치 다른 세상에 와 있는 착각이 들
정도였으니까.

행복에 젖게하는 도쿄 하나비(花火)와 서울 불꽃놀이

　　이탈리아 피렌체에서 시작된 화약을 사용한 근대적 불꽃놀이는 경제적인 여유와 더불어 환상적인 삶을 위한 문화적인 욕구에서 비롯되며 특히 영국에서 활발하였다.

　　일본의 '하나비'는 1543년 타네가섬에 포르투칼인이 내항하여 철포를 전한 것이 그 기원이라고 한다. 화약은 전국시대에 무기로 사용되었으나 에도시대에 들어오면서 평화와 번영을 기원하는 오락으로서 시작되었는데, 1613년 영국왕 제임스 1세의 사신인 존 셀리스가 도쿠가와 이에야스 앞에서 펼쳐 보인 것을 기점으로 도쿠가와 가문과 전국의 제후들, 그리고 전문 장인인 '하나비시(花火師)'를 스미다가와에 집결시켜 후원자의 명예를 걸고 솜씨를 겨루게 하였다고 한다. 한때 화재를 이유로 6차례의 금지령이 있었지만, 1733년 8대 쇼군이었던 요시무네(吉宗)가 전년의 흉년과 전염병으로 숨진 사람들을 위한 위령제에서 불꽃놀이를 다시 시작하게 된 후 금지령이 해제되며 현재의 수많은 하나비 대회까지 발전하였다. 네이트, 우리 문화 사랑방 참고

　　일본은 습하고 눅눅한 여름 기온에서 발생된 일본의 건축특성인 '다다미(疊)'가 생기게 되었고, 그에 맞는 유카타 복장 문화와 각 지역마다의 전통 마쯔리 행사는 유카타와 함께 하나비를 포함하여 로맨틱한 놀이문화로 자리잡으며 일본인들의 많은 사랑을 받게 되었다. 여기에 전통장인들의 기술과 노하우가 빛을 발하며 일본의 하나비 기술은 세계 정상의 기술을 갖게 되었다고 할 수 있다. 그래서 일본의 여름인 7월, 8월은 하나비축제로 가득하다. 특히 1733년부터 시작된 도쿄의 대표적인 '스미다가와 하나비대회(隅田川花火大会)'는 해마다 90만 명의 관람객과 2만 3천 발 이상의 폭죽으로 일본 전국이 열광하는 여름 최고의 하이라이트 축제이다. 일본의 수많은 연인들과 친구들, 가족들은 유카타를 입고 하나비와 함께 매년 여름 아름다운 추억들을 만들고 있다. 도쿄의 여름은 이렇게 '하나비'를 빼고 얘기할 수 없다.

도쿄 스미다가와 하나비대회

서울세계불꽃축제, 출처 Hanhwa life fire works

      2000년부터 시작된 서울의 '세계불꽃축제'는 기업체인 한화그룹의 주최로서 부산국제불꽃축제, 포항국제불빛축제 등의 지방자치단체 및 공공기관 주최로 개최되는 것과 성격이 조금 다르지만, 규모면에서는 공영방송에 생중계되는 도쿄의 전국민적인 하나비축제 '스미다가와 하나비대회'와 맞먹는 큰 불꽃축제이다. 특히 한국, 일본, 중국, 미국, 이태리, 프랑스 등 여러 나라의 10만 발 이상의 불꽃 향연을 함께 볼 수 있는 것이 특징이고, 100만 명 이상의 관람객들이 여의도 한강둔치에 모여 즐기는 서울의 대표적인 축제로 자리잡았다.

씨름과 스모가 맞대결을 한다면?

스모는 일본을 대표하는 국기 스포츠로서 몽골과 한국의 씨름의 영향을 받아 토착화된 300년이 넘는 전통스포츠이자 일본인들에게 사랑받는 인기 격투기이다.

스모는 너비 4.6미터의 경기장 밖으로 밀어내거나 넘어뜨리면 승리하는 경기로서, 꾸준한 스타 양성 시스템과 후원사, 매스컴 등의 지원으로 일본인 뿐만이 아닌 외국 관광객들에게도 큰 재미거리를 선사하고 있다. 스모는 복장과 의식 등이 일본의 전통적인 요소를 잘 고수하고 있는데 이런 문화상품을 CF, 드라마, 영화 등 어디에서든지 자주 볼 수 있다는 것은 외국인으로서도 즐거운 볼거리이다. 현재 등록된 스모선수들 중에는 몽골, 하와이 등의 외국인 출신 스모선수도 많은데 최근 상위 30%의 성적을 외국 출신의 스모선수들이 차지하며 일본 스모의 역사를 다시 쓰고 있다.

일본에 스모가 있다면 한국에는 씨름이 있다. 한국의 국기 스포츠로는 태권도가 있지만 스모와 비슷한 형태의 운동인 씨름을 비교해보자면, 씨름은 스모와 다르게 서로 맞잡고 일어나 힘과 기술을 이용하여 상대방을 넘어뜨리는 매우 박진감이 넘치는 경기이다. 어릴 적만 하더라도 큰 인기를 자랑하던 전통 스포츠였지만, 아쉽게도 지금의 씨름은 화려한 기술씨름의 부재와 씨름산업 시스템 및 마케팅의 실패로 'K1'이나 'UFC' 등 다른 격투기 경기에 비해 그 인기가 많이 하락한 상태에 놓여있다. 유명 씨름선수 출신의 MC 강호동이라는 연예인을 통해 씨름의 인식을 가끔씩 되새기곤 하지만 자국 전통 스포츠의 문화를 지키고 계승해 나간다는 것은 정말 중요한 일임을 일본의 스모를 보며 더욱 되새기게 되었다. 자국이 가진 문화 콘텐츠를 상품화하여 오랫동안 계승해 나간다는 것은 국가적, 경제적, 외교적인 측면에서도 매우 중요한 일이다.

좌. 한국의 전통 운동경기 씨름
우. 일본의 전통 운동경기 스모

구청에서 대기시간에
스모 방송을 켜 놓은 모습

도쿄 료고쿠에 있는 스모 경기장.
실제로 가보니 굉장히 박진감
넘치고 전통있는 스포츠라는 것을
직접 느낄 수 있었다.

CF속 스모 선수

쇼핑센터의 스모 조형물

눈 치우는 스모 선수

결혼문화

비슷한 듯 다른 한국과 일본의 결혼문화

한국과 일본의 결혼식을 살펴보자. 한국의 전통혼례 형식의 결혼식은 어릴 적 시골에서, 혹은 영화나 드라마에서 한번쯤은 본 적이 있을 것이다. 일본 전통혼례는 일본에 간지 얼마되지 않아 운좋게 메이지신사에서 지켜본 적이 있었다. 신랑 신부를 비롯해 혼례식을 진행하는 사람들의 전통 의상과 기모노 등은 신사에서의 결혼식이라서 그런지 차분한 느낌이 들었고, 하객들의 양복들과 어우러져 행진하는 모습이 인상 깊었다.

최근 일본에도 기독교식의 결혼이 일반적인데, 이는 1900년에 황태자(후의 다이쇼천황)가 신도(神道)로 혼례의식을 치르자 일반에도 신도 결혼식이 유행하게 되어 불교식보다 일반화 되었다. 결혼식은 예식, 피로연, 2차 파티로 구성되는데, 예식은 교회에서 하는 기독교식, 신사 신전식, 신랑 신부가 결혼을 선포하는 인전식 등 세 가지 형식이 있다. 1980년대 까지만해도 신사에서 결혼하는 전통식의 신전식이 유행이었지만, 최근에는 교회에서 하는 기독교식이 늘고 있는 추세이다. 일본 일본인 일본문화, 정형 저(다락원) 인용

한때 결혼식 뷔페 서빙 아르바이트를 잠시 해 본 적이 있다. 일본어를 막 배우는 시기에 결혼식장 뷔페 서빙 아르바이트는 시급 1000엔 이상에 시간도 유동적으로 조절가능한 아르바이트였다. 일본친구 중에는 결혼식을 올리던 친구가 없어서 결혼식에 직접 참석해 본 적은 없지만 아르바이트를 통해 결혼식 준비부터 끝날 때까지 오히려 일반인들보다 그 준비와 진행과정을 자세히 볼 수 있었다. 테이블 배치부터 진행순서, 그리고 전 하객 퇴장까지 말이다. 한국과 일본의 결혼식에서 비슷한 점과 다른점은 무엇일까.

일본의 예식에는 가족과 아주 가까운 사람들만 초대하고 피로연에는 직장동료 및 대학은사, 친척, 친구들을 모시고 결혼을 정식으로 알리는 파티를 연다. 피로연 장소는 호텔 피로연장, 레스토랑 등에서 이루어지는데 약 두세시간 정도 진행되며 '신랑 신부 입장 - 신랑의 감사 인사 - 상사의 축하 인사 - 건배 - 신랑 신부 퇴장 - 드레스 갈아입기 - 신랑 신부 비디오 감상 - 신랑 신부 재입장 - 친구들의 장기자랑 - 신부의 편지읽기 - 부모님께 선물증정 - 신랑 신부 퇴장 - 하객 퇴장' 순으로 이루어진다. 피로연에도 초청된 사람만 참여할 수 있기 때문에 미처 피로연에 초대되지 못한 사람들은 2차 파티에 초대하여 피로연장에서 가까운 레스토랑이나 선술집에서 별도의 회비를 걷어 밤늦게까지 놀이를 하며 술을 마신다.

메이지신사에서 우연히
보게 된 일본 전통 혼례식

　　　한국의 최근 결혼식은 어떠할까? 일반적으로 한국은 한 두 곡 정도의
축가와 주례사, 그리고 짤막한 이벤트성 만세삼창 후 기념사진 촬영, 폐백 등
으로 1시간 남짓이면 끝난다. 그리고 식이 끝난 후에 신랑 신부가 하객들이
자유롭게 식사하는 중에 간단하게 인사를 하러 다니면서 막을 내린다. 요즘
결혼식에는 한번뿐인 결혼식에 재미있는 퍼포먼스를 곁들이기도 한다. 한국
에 유학중인 일본친구가 한국인 친구의 결혼식에 참석한 적이 있다고 했는데,
우리나라 결혼식에서 일련의 순서처럼 되어버린 신랑의 팔굽혀펴기를 보고
너무 신기하고 재미있다며 일본에서는 쉽게 볼 수 없는 풍경이라고 얘기한 적
이 있었다.

　　　반면, 내가 보았던 도쿄의 결혼식장에서도 재미있는 풍경들이 많았다.
결혼하는 친구에게 편지와 선물을 정성스레 준비하여 직접 주기도 하고 사진
을 자유스럽게 찍으며 많은 대화를 나눈다. 신부는 세 벌의 드레스를 바꿔 입
으며 하객들과 얘기도 나누고 사진도 찍고 노래도 같이 부른다. 신랑 신부는
하객들과 마이크를 들고 인터뷰 비슷한 대화의 시간도 가진다. 한국의 형식적
이고 딱딱한 결혼식에 익숙했던 내게 이런 일본의 결혼식은 오히려 좀 더 자
유로워 보였다.

좌, 한국 전통 혼례식
우, 한국의 결혼식 중
신랑이 팔굽허펴기하는 모습

누구를 위한 결혼식인가?

하루는 일본 방송 중 '외국의 특별한 아르바이트'라는 코너에서, 한국의 결혼식 대행 참석 아르바이트가 소개된 적이 있다. 일본인들은 한국의 결혼식 풍경을 보고 굉장히 놀라워하며 신기해 했다. 한국은 결혼식에 오는 하객이 많고 적음에 따라 신랑 신부의 인맥이나 사람관리의 됨됨이를 보여주는 자리라고 인식하곤 하는데, 하객이 적으면 부끄러워 돈을 주고 신랑 신부의 친구인 것처럼 행세하는 아르바이트까지 생겨난 것이다.

결혼식은 일생의 가장 기억에 남고 행복한 일이다. 오랜 친구와 지인들에게 함께 축하하는 사람도 축하받는 사람도 생애에 잊지못할 기념일이다. 하지만 이런 특별한 날에 타인의 시선을 의식해 아르바이트를 고용하는 한국의 결혼식 문화는 누구를 위한 결혼식인지 다시 한번 생각해 볼 필요가 있는 것 같다.

또한 일본처럼 정해진 하객들을 초대하여 식을 치르는 것이 아닌 말 그대로 뿌린대로 거두려는 한국의 축의금 문화도 큰 영향을 미치고 있다. 결혼식이 있다고 초대장을 받으면 친한 친분이 아닌 이상 되려 얼마의 축의금을 해야 할지부터 고민하게 되는게 현실이다. 물론 평소에도 친분이 있다거나 특별한 사이라면 모르겠지만 오랫동안 연락이 없다가 결혼식이 가까워 갑자기 연락이 온다거나 한달이 멀다하고 주말이 되면 결혼식에 찾아다니는 부모님들을 보면서 여러 가지를 느낄 수 있었다. 내 자식의 결혼식을 대비한 투자랄까. 이건 자식을 가진 모든 부모님들의 같은 마음이 아닐까 싶다. 물론 부모님을 비롯한 많은 사람들이 진심으로 축하하러 가는 것은 당연지사 두말하면 잔소리겠지만 앞으로 있을 자기 자식의 결혼식을 위한 투자 아닌 투자(?)에 대한 의무감과 부담감이 느껴진다면 한번쯤 결혼식에 대해 생각해 볼 문제가 아닌가 싶다. 한국 대부분의 결혼식 문화는 지금 그런 일련의 과정들을 되풀이하고 있음은 부인할 수 없다.

물론 개인마다 다르겠지만 요즘 한국의 축의금은 기본 5만원에 어느 정도 친분이 있으면 10만원이다. 축의금으로 결혼식을 대신한다고 해도 과언이 아닐지도 모르겠다. 비싼 결혼식 비용에 하객들의 축의금은 신랑 신부에게 큰 힘이 된다. 하지만 이것도 평생 한번의 결혼식을 위해 그 동안 뿌려 놓았던 내 축의금을 거둬들이는 것일지도 모르겠다. 특히 부모님들은 그렇다. 이것도 한국인의 오고 가는 '정(情)'일까. 한국의 한 회사 선배는 결혼을 할거면 일찍할수록 좋다는 얘기를 한 적이 있다. 젊었을 때는 친구들의 결혼이 덩달아 설레고 좋아 여기저기 결혼식에 잘 참석하지만 나이가 들어 결혼하면 자기 또래들은 가정이 있거나 바빠서 정작 자신의 결혼식에는 잘 오지

좌, 한국의 결혼식 축의금 봉투
우, 일본의 결혼식 축의금 봉투

않는다는 것이다. 이야기의 핵심은 그만큼 축의금도 적어진다는 얘기다. 축의금부터 생각하는 결혼식이 조금은 씁쓸하다.

일본에도 축의금이 있다. 보통 친구들에게는 3만엔 정도로 우리돈으로 40만원 정도 축의금을 내는게 일반적이고 친구가 아닌 직장 상사의 경우에는 5만엔 정도 한다고 한다. 그래서 한달에 두세번 결혼식이 있는 달은 지출이 크다며 걱정 일이 다반사다. 그 외 한국의 결혼식과 크게 다른점은 바로 하객들의 좌석이다. 한국은 보통 축의금을 내고 빈 자리 등을 찾아 앉아 결혼식을 보고 식사를 하러 가는 경우가 일반적인데, 일본은 일단 결혼식에 초대를 받아서 가게 되면 테이블 위에 초대받은 사람의 좌석이 지정되어 있다. 한국의 결혼식처럼 한동안 연락이 뜸했던 사람들까지도 중구남방 청첩장을 보내는 것과는 다르게 인원을 미리 파악하고 지정하여 결혼식에 초대한다. 결혼식을 준비하는 사람도 축하해주러 가는 사람도 한번 더 마음의 준비를 하게 되는 것이다.

일본친구들의 자유로운
분위기의 결혼식

한국친구의 결혼기념 촬영
특별한 날이라 특별하게 빨간자켓을
입고 갔는데 너무 튀나?

한번은 시부야에서 일본친구를 만났는데 그 친구가 멋진 파티복 같은 드레스를 입고 나타난 것이다. 당장이라도 파티에 참석할 복장이었는데 알고 보니 친구 결혼식을 참서하고 온 것이었다. 한국은 농담 삼아 "신랑 신부보다 예뻐보이고 튀면 안되지"라는 예의 아닌 예의가 있다. 그래서 신부의 흰색 드레스를 위해 흰옷보다 다른 색상의 옷들과 검정색 옷을 많이 입기도 한다.

일본의 결혼식은 신부의 친구들마저도 파티다. 특히 신부의 친구들은 그 어떤날 보다도 예쁘게 꾸미고 멋진 드레스와 함께 결혼식에 참석한다. 결혼식에 다녀온 이 친구는 결혼식 중에 신부가 친구들 모두에게 감사카드를 줬고, 친구는 그 카드를 읽고 감동을 받아서 너무 많이 울었다는 것이다. 그동안 친구와 함께했던 소중한 시간들이 다시 떠오르고 결혼식을 함께 기념하며 기뻐하는 시간이었다고 했다. 친구들 한명 한명 신부와 함께 찍었었던 결혼식 사진들을 보며 덩달아 마음이 찡했던 적이 있었다. 정말 일본 결혼식장의 풍경들은 스토리가 있고 개개인의 색깔이 있던 결혼식이었다. 평소 수수하고 네츄럴한 빈티지 스타일을 고수하던 친구가 친구의 결혼식날 파티 복장의 드레스를 입고 찍은 모습들이 신기하고 달리 보였다.

행복한 결혼식에 뭐가 좋고 나쁘겠냐 하겠지만 서울과 도쿄의 결혼식을 보면서 느낀 점은 '한번뿐인 결혼식에 형식적인 모습보다는 좀 더 즐겁고 스토리가 있는 결혼식도 의미가 있지 않겠나'라는 것이다. 순서와 형식은 같을지 몰라도 두 사람과 그 주변 사람들의 스토리가 담겨진 결혼식이라면 초대하는 사람도 초대받는 사람도 더 큰 의미가 있지 않을까? 그러면 획일적이고 남에게 보여지는 것이 중시되는 한국의 결혼문화도 더 다양하게 바뀔 수 있다고 생각한다. 나도 몇 년 후에 결혼을 하겠지만 지금 마음 같아서는 더 자유롭고 스토리가 있는 결혼식을 하고 싶다. 나도 신부도 가족과 친척들, 그리고 친구들 모두 자유롭게 대화하며 사진찍고, 축가도 자유롭게 부를 수 있는 분위기와 일본의 친한 친구들도 초청해 한국의 친구들도 소개시켜주며 한국의 멋진 결혼식을 자랑하고 싶다. 신랑 신부만 당연히 축하받아야 하는 날이 아닌 결혼하기 전까지의 주변의 많은 분들, 그리고 축복해주러 오신 분들에게 감사한 마음을 여러 가지로 나누고 기념하는 모두에게 더 의미있고 특별한 그런 결혼식이 더 많아졌으면 좋겠다.

한국 결혼식은 부모님이 맨 앞에
일본 결혼식은 부모님이 맨 뒤에!

한국에서는 부모님이 결혼식장의 맨 앞자리에 앉는 것이 당연한 것이라고 생각되겠지만 일본 결혼식장에서 부모님의 자리는 맨 뒤에 있다. 왜 다를까? 한국은 주례와 축가가 끝나고 양가 부모님에게 그동안 낳아주시고 길러주신 것에 감사하며 신랑은 큰 절을 올리고, 부모님은 신랑 신부를 안아주며 서로에게 감사와 축하의 인사를 나눈다. 한국의 결혼식에는 신랑 신부가 주인공이기도 하지만 이 둘을 키워주신 부모님도 빼놓을 수 없는 주인공이다. 그 이면을 살펴보면 한국은 지극한 '효(孝)사상'이, 일본은 철저한 '충(忠)사상'에 입각한 것에 있음을 알 수 있다. 이는 오래전부터 그 역사적인 제도와 문화, 환경 등의 영향을 받아 정착되었는데 이 두 가지의 큰 차이점이 결혼식장에서의 부모님 위치까지 다르게 나타난다.

한국과 일본은 주자학의 '충효사상'을 통치이념으로 받아들였는데, 두 나라의 각기 다른 사회적, 정치적인 여건은 주자학을 각기 다른 방향에서 받아들이는 결과를 낳았다. 즉, 우리나라는 '효'의 이념에, 일본은 '충'의 이념에 더 많은 가치를 두게 되었다. 그 결과 조선의 지배계층이나 지식인 사회에서는 '효(孝)'와 '문(文)'을 숭상하는 '선비사상'이 강조된 반면, 일본에서는 주군에 대한 '충성(忠誠)'과 '무(武)'를 중시하는 '사무라이 정신'이 강조되었다. 선비와 사무라이는 같은 유교사회의 지배 계급이자 엘리트였음에도, 선비는 유교적 덕치(德治), 인정주의(仁政主義)에 바탕을 둔 정적(靜的)이고 방어적인 성향, 사무라이는 충군애국(忠君愛國)에 바탕을 둔 동적(動的)이고 호전적인 성향으로 대비되었다. 일본문화의 산책, 김태영(보고사) 인용

이러한 한국의 '효(孝)사상'과 일본의 '충(忠)사상'은 가족문화에서도 보여진다. 한국과 일본의 가족문화의 차이점을 알게되면 결혼식의 문화까지도 이해할 수 있게 된다.

좌, 한국의 일반적인 결혼식 초대장
우, 일본의 일반적인 결혼식 초대장. (좌석이 지정되어 있는데
일반적으로 직장동료들과 친구들 순서로 앉으며 부모님은 맨 뒤에 있다.)

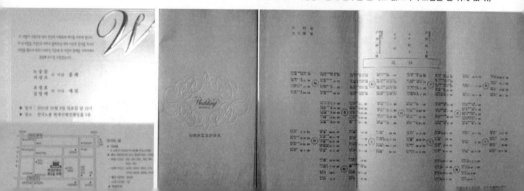

한국과 일본의 가족문화

가족문화가 한 사회의 문화에서 차지하는 비중은 그것의 역사적 중요성만큼이나 크다. 일본의 가족제도는 헤이안시대부터 지배계층을 중심으로 일정한 형태의 가족제도가 등장했는데, 이때에는 하나의 가족 중에서 가장 유능한 자손을 본가(本家)의 양자(養子)로 하여 '가독(家督)'을 계승하게 했다. 가독(家督)이란 장남, 장자, 호주의 신분에 따르는 모든 권리와 의무를 뜻하는데 즉, 한국처럼 태어난 순서대로 상속이 결정되던 혈연중심이 아닌 능력제로 가족의 가장을 결정하는 것이었다. 무사계층이 지배계급으로 등장하는 가마쿠라 막부시대에는 무가(武家)의 경우 헤이안시대와 같이 장자 또는 적자의 구별 없이 가장 유능한 자손을 가독으로 임명했다. 일본 일본인 일본문화, 정형 저(다락원) 인용

우리는 한국의 문화를 '가족주의 문화'라고 말한다. 여기서 말하는 가족주의란 개인이 가족에서 독립하지 못하고 개개인의 가족 구성원보다 '집(家)'이 중시되는 경우, 그와 같은 가족적 인간관계가 가족 외의 모든 사회에까지 확대되는 경우에 보이는 행동양식·사회관계·가치체계를 통칭한다. 한국은 가족관계에 있어 부자로부터 시작되는 '촌수(寸數)'의 항렬이며, 신분 차등 서열로서 요즘 많이 논의되고 있는 관료적 권위주의의 성격을 가진다. 독서신문 중 한국인의 사회생활 인용

한국사회의 구조적 원리도 한국 전통사회에서 가족 혹은 집의 중요성과 가족구조의 원리가 결합해 형성되었는지도 모른다. 우리 선조들이 창조한 이러한 문화적 문법은 오늘날까지 우리의 행동양식·사회관계, 나아가 사회구조로 재생산되고 있다. 예컨대, 우리의 인사규범은 초면의 타인에게 자기의 집안이나 가문 혹은 부모를 포함한 조상들, 그리고 가족사항에 관한 정보로 자신의 존재를 밝힌다. 보다 구체적으로 알고자 할 때는 '관향(貫鄕)'과 고향을 이야기한다. 오늘날 향우회·동창회·친목계 등은 이러한 원리에 뿌리를 두고 있는 대표적인 모임이다. 한국민족문화대백과 참조

이렇게 가족중심, 즉 혈연중심으로 오랜시간 문화가 잡혀온 한국에서 결혼문화라는 것은 단지 개인과 개인간의 결혼이 아닌 가족과 가족의 만남이라고 할 수 있다. 그래서 어느 나라보다도 결혼의 중요한 통과의례가 양가 부모님의 승낙인 것이다. 한국과 일본 두 나라 모두에게 가족이라는 것은 작게는 하나의 울타리로, 크게는 사회와 국가의 성격에까지 영향을 미치고 있다. 하지만 현대사회에서 보여지고 느껴지는 여러 면에서 일본보다는 한국이 가족중심과 혈연중심의 문화와 사회로 얽혀있다고 할 수 있다. 최근 한류의 붐으로 일본인들이 한국의 드라마를 보며 놀라는 점 중의 하나가 한국의 가족문화와 부모님을 공경하는 부분이라고 한다.

종교 문화

한국과 일본의 종교

일본에는 종교가 셀 수 없을 정도로 많다. 토착신앙과 관련된 '신(神)'을 모시며 그 신의 종류는 2,000여 종류 이상이다. 일본의 주요 종교는 크게 신도(神道), 불교, 기독교, 신흥종교 등으로 분류할 수 있다. 신도는 원시시대이래 일본 민족의 생활체험 가운데서 생성되고 형성되어 온 애니미즘 자연종교로서 일본인들의 자연관이나 조상숭배 사상의 핵심이라 할 수 있다. 또한 오랜 기간동안 형성되어 오면서 불교와 유교의 영향을 받은 부분도 많다. 신도는 기본적으로 다신교이며 모든 삼라만상은 신이 낳고 주관하며 모든 자연물에 신이 내려있다고 믿는다. 일반적으로 일본인들은 종교에 대해 관대한 경향을 보이는 한편, 동시에 여러 종교를 수용하는 모순적 양상을 띈다. 이것은 일본인이 종교에 관대하다기 보다는 다신교적인 신도가 외국에서 들어온 종교에 관대하다는 것을 의미한다. 대다수의 일본인들은 출생이나 결혼의식은 신도로 하고 장례는 불교식으로 치른다. 신사에 가서 '하쓰모데(初詣 새해 첫 참배)'를 올리고 '오본(お盆 음력 7월 15일을 중심으로 조상의 영혼을 추모하는 일련의 행사)'에는 절에 가서 참배하며, 크리스마스에는 아기예수의 탄생을 축하하며 캐롤송을 부르는 것이다. 일본 일본인 일본문화. 정형 저(다락원) 인용

신사는 동네 한 가운데나 대도시의 한복판에 자리잡고 있어서 아침, 저녁으로 남녀노소의 일반인들이 부담 없이 찾아간다. 그리고 주로 사업번창, 결혼과 애정, 시험, 안전한 출산 등의 현세의 문제들을 가지고 소원을 빌고 점을 친다. 신사에는 신전(神殿), 배전(拜殿), 도리이(鳥居), 고마이누(狛犬)가 갖추어져야 하고 일정한 넓은 경내의 토지가 확보되어 있어야 한다.

한국은 조상숭배 사상에 불교와 유일신을 모시는 개신교, 천주교 등 많은 종교가 공존하고 있다. 한문 문화와 유교 문화권에서 조상신을 경배하는 사상의 비중이 높은데 조상신을 모시는 '장례(葬禮 죽은 사람의 시신을 처리하는 과정과 절차)'와 '제례(祭禮 조상에 대해 올리는 제사 예절)'는 우리의 전통문화이기도 하다.

배전(拜殿), 도리이(鳥居), 고마이누(狛犬)

동북아시아의 중국, 한국, 일본 중에서 한국의 특별한 점은 개신교와 천주교가 정착한 나라라는 점이다. 기독교는 여러 가지 갈래로 나뉘는데, 크게 로마 가톨릭교회(천주교), 정교회(正敎會), 개신교(改新敎)로 구분한다. 로마 가톨릭교회의 경우 옮겨 세워지는 다른 나라와 달리 한민족은 가톨릭을 서학, 천주학이라고 이해하면서 자생적으로 도입하였으며, 개신교는 미국, 캐나다, 호주 등에서 온 기독교 근본주의 전통의 장로교, 감리교, 침례교 선교사들에 의해 전래되었다.

이후에 한국은 기독교인의 수가 많아지고 한국의 전통신앙인 조상숭배 사상에 혼돈이 왔는데 당시 한국의 전통사회가 지닌 '척사위정(斥邪衛正 사악한 것을 배척하고 정의를 지킨다)'의 유교적 가치관 또한 강력하여 두 사상과 종교의 만남은 갈등과 위기의 국면으로 전개되기도 하였다. 한국교회의 역사. 서정민(살림) 인용

현재는 한국에서 정착되어 자리잡힌 기독교에 비해 일본은 기독교에 대해 잘 모르는 친구들이 많았고 종교를 갖지 않고 지내는 친구들이 대부분이었다. 또한 한국은 성탄절이 공휴일인데 반해 일본은 공휴일이 아니어서인지 일본인들은 '크리스마스'라 하면 '크리스트' 즉, 예수가 태어난 날이라는 것 외에는 한국에 비해 종교적인 측면에서 크게 관심을 보이지 않는 편이다.

삶 속에 자리잡은 한국 기독교와 일본의 신사

대한민국의 경제성장 속도는 세계에서 손꼽히는 초고속 성장이다. 예전 미군 군인들에게 사탕과 초콜렛, 밀가루 등을 받아먹으며 성장한 대한민국이 이제는 해외 수많은 기아 국가들을 돕는다. 특히 한국의 기독교는 선교를 비롯한 국제활동에 많은 움직임을 보이고 있는데 한국세계선교협의회(KWMA)가 2013년 발표한 자료에 따르면, 한국 선교사는 169개국에 2만 5,745명으로 세계적으로 선교를 많이 하는 나라로 손꼽힌다. 한국이 이렇게 개신교의 본토인 미국만큼이나 세계 선교를 많이 하는 선교 국가라는 신기하고도 놀라운 타이틀을 가지게 된 이유는 무엇일까? 유교사상과 불교문화였던 우리나라에 기독교의 확산의 이유는 무엇일까?

좌, 도쿄의 메이지신사, 우, 서울의 한 대형교회

한국 교회는 처음에 어떻게 시작되었을까?

한국의 교회는 1865년 영국인 토마스 선교사의 중국 '즈푸'를 방문한 조선 천주교인들을 만남을 계기로 시작되었다. 다음 해 평양으로 선교를 하러 오던 중 대동강에서 성경을 가지고 들어오다 순교하게 되었는데 이후 한국 최초의 복음선교사로 명명되는 장로교회의 미국인 '언더우드'와 감리교회의 '아펜젤러'는 1885년 4월 제물포에 교육선교사 즉, 교사 신분으로 내한했다. 아펜젤러는 영어를 배우기 원하는 학생을 모아 서울 정동에서 학교를 시작하였는데, 이것이 배재학당(현재의 배재 중·고등학교)이다. 같은 시기에 활동을 시작한 여선교사 메리 스크랜톤은 여학교 이화학당(현재 이화여대의 전신)을 창설했고, 언더우드는 고아를 모아 기숙학교를 열었는데, 한국 최초의 실업교육을 실시하며 경신학교(현재 경신 중·고등학교)를 세우게 된다. 이들 선교사들의 활동이 궤도에 오르며, 각 교파별로 많은 수의 선교사들이 내한하여 한국 전역에서 활동하였고 1895년 7월 한국 최초의 교회인 소래교회가 한국인에 의해 설립되었다.

1945년 8월 15일 광복 이후 한국에서 철수하였던 각 교파 선교사들이 새로운 선교방법과 패러다임으로 다시 복귀하였고, 특히 남한 지역에서는 미군정의 실시로 기독교 사업의 큰 수월성을 확보한 선교사와 한국 기독교 지도자들이 활발하게 활동했다. 이후 한국전쟁 발발로 활동이 잠시 위축되기도 했으나, 오히려 전쟁의 위기상황은 기독교 활동, 사회구제와 교육, 전쟁지원 활동 모두가 새로운 선교 프로그램으로 정착되고, 미국을 비롯한 세계 기독교회도 전쟁 중의 한국교회와 한국 상황에 대해 더욱 큰 관심을 갖고 적극적인 지원을 하기에 이르렀다. 1·4 후퇴 당시 국군과 유엔군을 따라 남하한 북한지역 주민들의 수는 수백만 명에 이르렀고, 거기에 다수의 기독교인들이 포함되었는데 이는 생존의 위협, 가치관의 혼란, 미래에 대한 불투명 속에 놓여 있던 다수 한국인들은 교세의 성장과 부흥에 큰 자극이 되었다.

또한, 해외의 기독교 자선기관들이 한국전쟁 와중의 한국인들에게 다가와 선교와 구제에 적극적이었던 사실과 한국전쟁 시기를 시작으로 1965년 전국을 휩쓴 '복음화운동'에 이르는 기간에 10%대의 크리스천 비율을 형성한 것이다. 한국교회의 역사, 서정민 (살림) 인용

10년마다 시행되는 정부의 공식적인 인구조사에 의한 개신교인 숫자는 1970년 320만 명에서 15년 동안에 두 배 정도 늘어난 1985년 약 650만 명으로 우리나라 전체 인구의 15.9%였다고 한다. 1995년에는 개신교인이 876만 명으로 조사되어 10년간 35%의 커다란 증가율을 보였다.

이렇게 한국의 기독교는 한국 전쟁기와 역사적으로 깊은 관련이 있으

며 헌신적으로 참여한 모습을 지녔다고 볼 수 있다. 전쟁이 끝나고 대한민국은 잠을 잘 수 있는 장소와 먹을 것을 걱정하는 세계에서 가장 못사는 나라 중의 하나였지만, 살아야 한다는 '소망'과 이겨낼 수 있다는 '믿음'으로 다시 시작하는 나라였다.

재난 국가에서 선교 자선국가로 변한 한국은 이렇게 '믿음'과 '소망'에서 만들어진 도시라고 볼 수 있다. 잘 생각해보고 한번 바라보자. 지금 서울 야경에서 가장 많이 볼 수 있는 것 중에 하나가 교회 십자가이다. 서울에 세워진 많은 건물들과 함께 빨간 네온 십자가들은 건물 수에 비례하듯이 어디서든 쉽게 볼 수 있을 만큼 많이 늘어나게 되었다. 기독교의 사상은 그렇게 우리 한국의 역사적 발전과 함께 성장하고 내재적으로 함께 커왔다. 그래서 한국 기독교의 정착은 역사적인 부분과 사회적인 부분, 그리고 사상적인 부분까지 우리의 생활 속에서 바라봐야 한다. 주변에는 누구나 쉽게 기독교를 믿는 가족, 친척, 친구들을 찾아볼 수 있다. 학교나 회사, 하물며 작은 술자리까지에도 기독교는 우리 사회 어디든 함께 자리하고 있다. 한국의 많은 기독교인들은 일주일에 한번 교회의 목회자 설교를 통해 좋은 일과 나쁜 일, 선과 악, 좋은 사람, 나쁜 사람의 인식이 알게 모르게 나뉘어지게 되고 이러한 교육 속에서 우리에게 편견과 선입견들이 조금씩 자리를 잡게 되었다. 마치 착한 남자와 나쁜 남자를 구별하는 것처럼, 어쩌면 영화 8마일에서 에미넴이 말한 '일주일 동안 죄를 지었으니 회개하러 교회를 간다'는 대사처럼 기독교 사상은 한국 문화에 보이지 않는 선을 만들었다. 결국 한국인의들의 전체적인 사회 분위기와 사상적인 부분에서 영향을 미쳤다고 볼 수 있는데 자신보다는 남을 의식하고 내가 남에게 어떻게 보여지는지가 나의 행복의 척도보다 중요하게 되었다. 이는 곧 결혼과 이혼률, 스펙과 학벌중심의 대기업 현상, 외모 지상주의의 모습에도 영향을 끼쳤다고 볼 수 있다. 또한 미래에 대한 희망과 비전을 키우는 기독교적 사상을 통해 현재의 행복보다는 미래의 행복에 대해 준비하며 더 힘을 쏟는 사회적 분위기가 형성되었다. '지금은 힘들어도 조금만 더 참으면 곧 행복해질거야, 먹고싶은 거, 사고싶은 거 다 사고, 가고싶은 곳 다가서 언제 어떻게 내 집을 장만해?' 이렇게 한국은 인내하고 기도하며 미래의 행복과 희망을 긍정적으로 견뎌낸다.

반면에 일본의 기독교는 1571년 나가사키에 포르투갈과 무역을 시작으로 기독교가 들어왔으나 이를 안 도요토미 히데요시는 금교정책을 추진했고 후에 에도 막부도 그 방침을 받아 1613년에 일본 전국에 금교를 선포하며 탄압에 이르렀다. 도쿠가와 이에야스는 전국통일 이후 기독교의 세력에 위기감을 느껴 '크리스트교 금제'를 내리고 기독교는 약 250년간 사회적 금지를 받게 되었다. 이렇게 오랜 기간에 걸친 기독교 탄압은 사람들의 머릿속에 기독교를 기피하는 현상과 인식이 자리잡았고, 에도시대의 삶의 방식은 선과 악, 천당과 지옥이라는 사후세계에 대한 두려움과 걱정보다는 쾌락, 현실의 삶을 향유하길 원했던 현세 긍정적인 조닌문화(町人文化 17세기 등장하여 도쿠가와 시대의 경제적 번영을 토대로 크게 성장한 상인 및 수공업자 계급, 문학과 연극, 그림 등의 예술을 즐겼으며 때로는 부를 과시하는 형태를 띰)는 스스로를 구속하는 기독교의 계율로부터 자유로워지고자 했다. 일본 일본인 일본문화. 정형 저(다락원) 인용 또한 일본은 모든 자연에 신이 내려져있다고 믿는 다신교적인 신도와 지진 등의 영향으로 현재의 안정과 행복에 대한 것을 더욱 중요하게 여기는 성향이 있어, 이는 곧 사회적 분위기와 개개인의 성향에도 많은 영향을 미쳤는데 개방적인 성(性)문화와 남에게 피해를 끼치지 않는 한에서 남의 시선을 의식하지 않으며 자신의 행복을 찾는 부분이 한국의 기독교적 사상에 의한 현상과 다른 점이라고 볼 수 있다.

20여 년 전의 한국 개신교의 성장세는 세계 기독교사에 유래가 없는 것으로 평가되며 신학자들의 연구의 대상이 되기도 하였으나, 2005년에 한국의 기독교 신도 수는 862만 명으로 조사되어 1995년 이후 10년간 14만명이 감소되었다. 지금 한국의 기독교 사상은 전쟁시기의 모습과 같을까? 한국은 풍요로워졌고 교회는 많아졌다. 너무나 풍요로워진걸까. 과식하면 탈이 나듯이 교회도 너무 많아져 탈이 난 걸까. 필요할 때, 부족할 때, 간절할 때 하나님을 찾았는데 지금은 전쟁 후의 찢어지게 가난했던 '소망'과 '믿음'의 기도들이 아닌 배가 부른 후의 간식거리와 탈난 것에 대한 기도를 하는 것일지도 모르겠다. 서울에는 사방 몇 미터 안팎으로 교회가 있다. 요즘 한국교회는 없는 중의 감사함과는 달리 더 크게 운영해야 하고 관리해야 하는, 마치 발전된 서울처럼 교회들도 더 발전하고 싶어하는 것 같다. 좀 더 크고 화려하게 많은 성도들 앞에서 함께 하나님의 영광을 이야기기 하고 싶고, 주변의 타 교회들의 새빨간 십자가 조명들을 보며 더 빨갛게 보이려 하는 것 같다. 최근 한국의 몇몇 대형교회의 문제점과 성직자들의 비도덕적인 문제들은 사회적으로도 큰 지탄과 함께 한국 기독교(개신교)의 이면적인 부분들에 우려섞인 견해들이 나오고 있다. 시대가 변하는 만큼 교회도 변하겠지만 신앙의 중심은 변하지 않았으면 좋겠다. 한국과 함께 발전한 기독교는 이제 양보다 질로서 진정한 신앙에 대해 다시 한번 뒤돌아 보며 개개인에게도 사회와 국가에도 유익한 모습으로 나아갔으면 한다.

2007년도 겨울, 도쿄에 처음 도착해서 룸메이트들과 함께 처음 숙소를 찾던 그날을 잊을 수 없다. 집에 가는 중에 만났던 이름 모를 작은 신사. 10

한국의 기도하는 손, 일본의 기도하는 손.
신사의 소원이 적힌 '에마(絵馬)'

시가 넘던 그 밤에 신사의 어둑하고 침침했던 그 느낌은 서울에서 보고 느낄수 없던 마치 전설의 고향을 체험하고 있는 듯한 느낌이 생생했다. 이튿날 아침에 어젯 밤의 그 신사를 지나쳤는데, 어제와는 또 다른 느낌의 소소한 전통적인 일식 건축물로 느껴지는 것이 아닌가. 여러 불상들과 동상들 사이에 일본어로 소원이 적힌 '에마(絵馬)' 종이들이 걸려 있었는데 '아 여기가 일본이구나' 라는 생각이 들었다. 일본은 이렇게 동네 여기저기에 많은 신사들이 있다. 마을 주민들이 언제든지 시간이 날 때마다 발길 닿는 신사에 와서 손을 모으고 기도를 하는 모습을 볼 수 있다. 내가 다니던 일본어 학교는 집에서 도보로 15분정도 되는 거리였는데, 그 사이에 이런 신사를 두군데나 지나쳐서 갔었다. 지금 생각해보니 서울의 교회를 지나치듯 도쿄에는 이런 신사들이 많았던 것 같다. 나이드신 일본 분들도 자주 볼 수 있었고, 잘 꾸며진 신사의 정원들은 외국인이었던 나에게는 좋은 볼거리 중의 하나였다. 외국인들의 눈에 한국의 교회들은 어떤 모습으로 보여질까? 한국과 서울의 풍경 속에 자리잡은 교회에 대해 우리는 다시 한 번 생각하며 바라봤으면 한다.

일본은 한국과 마찬가지로 국교를 인정하지 않고 종교의 자유가 보장되는데, 특히 종교법인에 많은 특혜와 예외가 인정되어 다양한 종파와 신흥종교들이 생겨나고 있는 현실이다. 이는 1945년 2차대전의 패전을 계기로 신의 존재로까지 떠받들던 일왕이 1946년 1월 1일 '천황의 인간선언'을 통해 인간으로 내려오고, 정교분리 원칙에 따라 국가신도가 해체되며 전쟁 때 통제하던 종교단체법이 폐지되고 종교법인령이 제정된 것이 발단이 되었다. 재미있는 점은 2002년 12월 기준으로 일본 종교 신도 1억 777만, 불교 9555만, 기독교 191만, 기타 종교 1071만을 합치면 일본 인구수 1억 2710만 명의 두 배 가까이 된다는 것인데, 그만큼 중복된 종교활동을 하고 있는 다신교인이 많다는 것을 보여주는 것이다. 이는 다른 나라에서는 찾아보기 힘든 일본의 종교관의 모습이라 할 수 있다.

언어문화

가장 가까운 언어 한글과 일본어

한국어와 일본어는 같은 어족의 우랄 알타이어이기 때문에 같은 어원이 많을 것이다. 고대로 거슬러 올라가면, 4~5세기의 야마토(大和) 조정시대와 한반도 언어가 상당 부분 비슷했던 것 같다. 이를테면, 신라의 사신이 일본(奈良朝廷 나라조정)에 갔을 때 통역이 없었다는 이야기를 비롯해서 만엽집(万葉集 630~760년에 쓰여진 일본에서 가장 오래된 시가집)의 상당 부분은 한반도 언어(특히 '이두=吏讀' 식의 경상도 방언)으로 읽어야만 해석이 가능하다고 주장하는 학자도 있다. 에가미 나미오(江上波夫) 박사의 기마민족정복왕조설도 있지만, 부족국가시대나 초기 율령국가 시기까지만 해도 고대의 한·일관계는 국경이나 언어라는 것이 오늘날처럼 명확하게 구분되어 있지 않았기 때문에 설득력이 있는 주장이라고 한다.

한국어와 일본어가 닮았다는 것을 간단한 음운론과 의미론적 측면에서 살펴보면 일본어에서 1인칭과 2인칭의 구분이 명확하지 않은 것과 지시대명사를 나타내는 '이, 그, 저'의 용법은 한국어와 비슷하다. 그리고 일본어의 '우치(內=Uchi)'는 한국어의 '우리(Uri)'와 같은 어원이다. 일본어의 '우치(內=Uchi)'는 동물을 가두어 두는 현재 한국어의 '우리', 현재 일본어의 '오리(檻=Ori)'의 같은 어원이다. 이는 한국어의 1인칭 복수를 나타내는 '우리(Uri)'가 축사(畜舍)의 '우리'의 같은 어원의 동음이어라 할 수 있다. 음소변화에서 양성모음 '우(U)'가 음성모음 '오(O)'로 바뀌는 경우는 허다하다. 한국어의 '곰(Gom, Kom)'과 일본어의 '쿠마(Kuma)'는 같은 어원이고, 한국어의 자음 'ㄹ(L, R)'은 일본어의 '치(Chi, ch)'와 같은 어원이다. 예를 들면, 한국어의 일(一 Il), 칠(七 Chil, Cil), 팔(八 Pal), 마을(말 Maul)은 일본어의 이치(Ichi), 시치(Sichi, Cichi), 하치(Hachi), 마치(Machi)이다.

비교연구는 신중해야 하고 연구방법의 객관성 유지는 중요한데, 연구방법의 객관성 유지를 위해서 자연과학, 사회과학, 인문과학 구분 없이 관능검사에서부터 역사적 검증, 수량화, 의학적·생물학적(DNA 검사) 방법 등을 동원하고 있다고 한다. 그런 측면에서도 언어의 비교연구에 있어서 단순히 지리적인 근접성을 이유로 해서 같은 어족으로 생각해서는 안 된다. 중국어는 한국어, 몽골어, 일본어와 다른 어족이다. 다만, 시대적 필요에 따라 한자라는 문자를 차용한 것은 사실이다. 마치 오늘날 라틴어의 로마자를 차용하고 있는 것과 마찬가지이다.

한국과 중국은 지리적으로 인접해 있으면서도 다른 어족을 유지하는 것은 근본적으로 민족이 다르기 때문이다. 그리고 언어의 비교연구에 있어서 지리적 근접성은 전쟁, 교역, 자연재해 등에 의한 민족의 이동성을 고려해야 할 것이다. 이러한 측면에서도 만엽집(萬葉集)의 해독에는 신중해야 할 것이다. 그러나 한국(한반도)과 일본은 지리적 근접성뿐만 아니라, 생물학, 인종, 역사적 교류 등을 고려하면 만엽집은 고대 조선어의 영향이 없었다고는 말할 수 없을 것이다.

한국어는 중국어와 다르고 일본어와 같은 교착어이다. 일반적으로 언어를 유형(형태)적으로 몽골어 · 한국어 · 일본어 · 터키어 · 헝가리어와 같은 알타이어 계통을 교착어, 중국어를 고립어, 라틴어계를 굴절어로 구분한다. 영어는 고립어와 굴절어의 혼합형이라고 할 수 있다.

한국어와 일본어가 교착어라는 사실에는 동의하는 연구자들도 있지만, 형태소의 구조적 특징에 대해서 이의를 제기하는 경우도 있다. 예들 들면, 형태소의 분석에 있어서 한국어의 「먹(동사의 어간)+었(과거형 어미)+습니다(정중형 종결어미)」가 일본어의 「食べ(어간)+まし(정중형 어미)+た(과거종지형)」로 형태소의 위치가 다르다는 것인데, 그것은 현대 일본어와 한국어의 차이점으로 이해할 수 있을 것 같다. 일본어는 구문적으로 알타이어 계통에 속하지만, 선사시대 어느 시기의 어휘와 어형에 있어 남방의 말레이 폴리네시아어의 영향을 받은 것으로 보는 의견도 있다. 한글과 일본어. 네이버 오픈백과 nobopark님 인용

한국어와 일본어는
같은 원형의 어족
좌, 훈민정음
우, 만연집(万葉集)

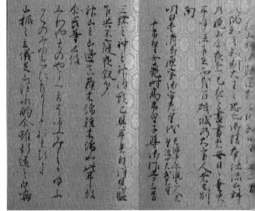

한글	Hangeul
구조	The Placement

 가

 고

과

갈

골

괄

감

곰

곲

초성 / The initial

ㄱ g	ㄲ kk	ㅋ k
ㄴ n		
ㄷ d	ㄸ tt	ㅌ t
ㄹ r,l		
ㅁ m		
ㅂ b	ㅃ pp	ㅍ p
ㅅ s	ㅆ ss	
ㅇ no sound		
ㅈ j	ㅉ jj	ㅊ ch
ㅎ h		

중성 / The medial

ㅏ a	ㅑ ya	ㅘ wa
ㅓ eo	ㅕ yeo	ㅝ wo
ㅗ o	ㅛ yo	
ㅜ u	ㅠ yu	
ㅡ eu		
ㅣ i		
ㅐ ae	ㅒ yae	ㅙ wae
ㅔ e	ㅖ ye	ㅞ we
ㅚ oe		
ㅟ wi		
ㅢ ui		

종성 / The final

ㄱ ㄲ ㅋ	k
ㄴ ㄵ ㄶ	n
ㄷ ㅌ	t
ㄹ ㄼ	l
ㄺ ㄻ ㄿ	ㄺ k ㄻ m ㄿ p
ㅁ	m
ㅂ ㅍ ㅄ	p
ㅅ ㅆ	t
ㅇ	nh
ㅈ ㅉ	t
ㅎ	t

일본어 Japanese
구조 The Placement

모음 / Vowels

あ ア a	い イ i	う ウ u	え エ e	お オ o				
か カ Ka	き キ Ki	く ク Ku	け ケ Ke	こ コ Ko				
さ サ Sa	し シ Si	す ス Su	せ セ Se	そ ソ So				
た タ Ta	ち チ Ti	つ ツ Tu	て テ Te	と ト To	や ヤ Ya	ゆ ユ Yu	よ ヨ Yo	
な ナ Na	に ニ Ni	ぬ ヌ Nu	ね ネ Ne	の ノ No	ら ラ Ra	り リ Ri	る ル Ru	れ レ Re	ろ ロ Ro
は ハ Ha	ひ ヒ Hi	ふ フ Hu	へ ヘ He	ほ ホ Ho	わ ワ Wa		を ヲ Wo	
ま マ Ma	み ミ Mi	む ム Mu	め メ Me	も モ Mo			ん ン n/nn	

요음 / Youon

きゃ キャ Kya	きゅ キュ Kyu	きょ キョ Kyo			
しゃ シャ Sha	しゅ シュ Shu	しょ ショ Sho			
ちゃ チャ Cha	ちゅ チュ Chu	ちょ チョ Cho	りゃ リャ Rya	りゅ リュ Ryu	りょ リョ Ryo
にゃ ニャ Nya	にゅ ニュ Nyu	にょ ニョ Nyo			
ひゃ ヒャ Hya	ひゅ ヒュ Hyu	ひょ ヒョ Hyo			
みゃ ミャ Mya	みゅ ミュ Myu	みょ ミョ Myo			

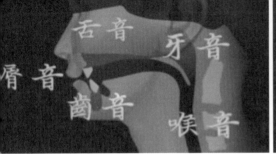

정확한 음성 지식과 발음 작용에 대한 지식을
바탕으로 만들어진 문자 한글. 출처 KBS 역사 스페셜

　　이처럼 일본어는 오랜시간 전해지고 변화되면서 정착된 언어로 된 반면에 한글은 탄생 기록을 갖고 있는 유일한 문자이다. 한글은 "是月 上親制諺文 二十八字……是謂訓民正音(이 달에 세종대왕이 손수 언문 28자를 만들었으며, 그 문자의 이름이 '훈민정음'이다.)"이라는 기록이 '세종실록'에 드러나 있다.

　　한글은 세계적으로 인정받은 제자원리가 매우 과학적이고 체계적인 문자이다. 한글 자모 28자는 제각각 만들어진 것이 아니라 몇 개의 기본자를 먼저 만든 다음, 나머지는 이것들로부터 파생시켜나가는 이원적인 체계로 만들어졌다. 자음 17자는 발음 기관의 모양을 본떠서 'ㄱ, ㄴ, ㅁ, ㅅ, ㅇ'의 기본자 다섯 자를 만들고, 이 기본자에 획을 더해 나머지 자음을 만들었는데, 이는 한글이 치밀한 관찰과 분석을 바탕으로 이루어져 있음을 보여 준다. 모음 11자 역시 천(天), 지(地), 인(人)을 본떠서 'ㆍ, ㅡ, ㅣ'의 기본자 세 자를 만든 다음, 나머지는 그것들을 조합해서 만들었다. 또한 한글은 문자의 활용성을 극대화할 수 있는 음소 문자이다. 한글을 창제할 당시에는 한자 문화권이었는데도, 중국어와 같은 음절 문자를 만들지 않고 음소 문자를 만든 것은 매우 독창적인 창제 방식이라 할 수 있다. 일본어도 음절 단위로만 적을 수 있을 뿐, 음소 단위로는 표기할 수 없다는 점에 비추어 보면 더욱 그러하다. 그러면서도 한글은 초성, 중성, 종성을 모아 쓰는 음절 방식의 표기 체제를 가진다. 즉, 한글은 자음과 모음의 음소를 음절 단위로 묶어 다시 한 글자로 만들어 쓴다. 예를 들어, 'ㅂㅗㅁ'이라 쓰지 않고 '봄'처럼 묶어서 쓰는 독창적인 방식을 취하고 있는 것이다. 그리고 모음은 언제나 일정한 소리를 가지고 있다. 영어의 모음은 호나경에 따라 소리값이 달라진다. 가령, 같은 'a'라도 위치나 쓰임에 따라 /아[a]/, /어[eo]/, /에이[ei]/, /애[æ]/ 등으로 소리가 달라지지만, 한글은 항상 같은 소리로 발음된다. 이러한 특징 때문에 외국인이 우리 글자를 배울 때 쉽다고 느끼는 것이다. 한글과 국제어에 관하여, 레포트 월드 인용

　　한국이 빨리 발전한 이유. 그리고 앞으로도 더 빨리 발전할 수 있는 이유. 그것은 바로 세계유일의 소리문자 언어인 한글을 사용하기 때문이다.

일본어의 표기는 한국어를 표기할 때 한자와 한글을 병용하는 이치와 비슷하지만, 일반 표기를 할 때에는 한자와 히라가나(ひらがな)를 쓰고, 외래어나 의성어, 의태어를 표기할 때에는 카타카나(カタカナ)를 사용하게 되어 있어 한글이나 영어에 비해 복잡하다고 할 수 있다. 또한 명사, 동사, 형용사 등은 한자로 표기하고, 동사나 형용사의 어미나 조동사, 조사는 히라가나와 카타카나로 표기하는게 일반적이다. 히라가나와 카타카나는 한자 표기와 마찬가지로 세로쓰기가 적합했지만, 현대에 와서는 가로쓰기도 병용되어 쓰이고 있는데, 현재는 숫자와 외국어 인용에 편리한 가로쓰기가 일반화되어 가는 추세이다. 그러나 일본인들에게는 여전히 신문이나 잡지, 서적 등에서는 세로쓰기를 지키고 있는 경우가 많다. _{일본 일본인 일본문화, 정형 저(다락원) 인용}

앞서 이야기 했듯이 한글의 가장 큰 특징은 자음과 모음의 음과 배열이 매우 규칙적이라는 것이다. 예를 들어, 영어 같은 경우에 알파벳 E는 무려 10여 가지의 소리를 낼 수 있는데 각 자음 또는 모음이 내는 소리는 각각 단 하나이기 때문에 아주 정확하다는 것이다. 음이 단 하나라는 것은 글을 음성으로 바꾸거나 음성을 글로 바꾸기에 아주 유리하다. 이런 과학적인 소리음자의 한글은 앞으로 정보화시대에서 가장 유리한 문자라고 보여지는데, 특히 컴퓨터 자판에서 문서를 작성할 때면 일본어와 한글의 속도감에서 큰 차이를 보인다. 한글은 광복 전까지 일본어와 마찬가지로 한자와 함께 신문이나 책 등이 세로쓰기로 쓰였으나, 광복 이후 타자기에서부터 한글 자판의 연구개발로 현재에는 가로쓰기가 일반화 되었다.

정리하자면 동북아 국가들은 알타이 어족이기 때문에 비슷할 뿐만 아니라 특히 중국, 한국, 일본은 한자문화권으로 다른 나라에 비해 상당히 비슷한 면을 가지고 있을 수 밖에 없다. 일본어는 한국어와 같은 교착어이고 문법적인 구조가 비슷해 초급 일본어 학습에서 한국인들도 쉽게 접근할 수 있고, 반대로 일본인들 또한 한글을 가깝게 느낄 수 있다. 일반적으로 한국어와 일본어는 주어, 목적어, 동사로 이어지는 어순이 비슷하고 한자와 한자어를 공유하기 때문에 세계에서 가장 가까운 언어라고 할 수 있다.

한국에서 아직 쓰이고 있는 일본어	한국어와 일본어가 같은 발음
오뎅(おでん) - 어묵	무리 - 無理(むり)
입빠이(いっぱい) - 가득	무시 - 無視(むし)
찌라시(ちらし) - 전단 광고지	무료 - 無料(むりょう)
단스(だんす) - 서랍장, 옷장	가방 - 鞄(かばん)
분빠이(ぶんばい) - 분배, 나눔	사기 - 詐欺(さぎ)
와사비(わさび) - 고추냉이, 양념	온도 - 温度(おんど)
유도리(ゆとり) - 융통성, 여유	기분 - 気分(きぶん)
짬뽕(ちゃんぽん) - 뒤섞음, 초마면	준비 - 準備(じゅんぴ)
야끼만두(やきまんじゅう) - 군만두	조미료 - 調味料(ちょうみりょう)

　　　일본 유학생활을 결정하고 일본에 갔을 때 그것도 학교입학이 아닌 일본회사에서 실무생활을 익히려고 갔던 해, 엉뚱하게도 일본어의 'ㅇ'자도 모르고 학생 때 할 수 있는 것은 다해보자는 생각에 우선 일본어보다 학교생활과 대외생활에 충실했었다. 그렇게 일본어의 가장 기본적인 히라가나도 모르고 갔다.
한글로 따지자면 'ㄱ, ㄴ, ㄷ'도 모르는 것과 마찬가지. 그래서 그게 자랑이야?
라고 물어보는 사람도 있겠지만, 여기서 이야기 하고 싶은 것은 역시 '백문이불여일견', 언어 또한 가서 부딪히고 체험해보는 것이 중요하다는 것이다. 일본어학교 시절, 정작 수업시간에 선생님과 대화하는 게 전부인 대부분의 학생들과 달리 한번이라도 더 일본친구들을 만나고 대화하며 놀면서 배웠고 이러한 언어학습이 결국 훨씬 더 빨리 익히게 된다는 것이다. 작은 가이드 책자 하나 들고 자전거를 타며 도꼬데스까(어디입니까?) 하며 신주쿠부터 롯본기 골목골목까지 다녔던 일은 잊을 수 없다.

　　　영어도 마찬가지일지도 모르겠지만 일본어도 일반적으로 4년에서 5년정도 현지에서 생활해야 발음이나 억양까지도 능통한 일본어를 구사할 수 있다고 본다. 하지만 사람과 사람이 커뮤니케이션 하는데 발음과 억양이 다르고, 언어가 다르다고 소통을 못하라는 법이 있나. 바디랭귀지가 있고 소리가 있고 그림도 있다. 이런 언어의 벽을 뛰어넘는 필사적인 의사소통은 어설프고 서먹서먹한 대화보다 백배 효과적으로 친밀도와 공감대를 만들어준다. 앞서 언급했지만 일본어는 한국어와 굉장히 비슷하기 때문에 조금만 노력한다면 충분히 의사소통을 할 수 있다.

　　　이미 5분이상 대화했다면 당신의 일본어 공부는 반 이상 성공했으니 책만 보지마라. 대화하라. 1년 넘게 일본에서 책만 보고 단어만 수백 번씩 써가던 유학생과 비교했을 때 책은 안보고 대화로 공부했던 일본어의 자연스러움은 훨씬 능통했다. 이곳이 직접 겪어 본 큰 차이점이다.

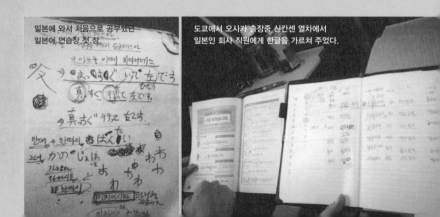

일본에 와서 처음으로 공부했던
일본어 연습창 첫 장.

도쿄에서 오사카 출장중 신칸센 열차에서
일본인 회사 직원에게 한글을 가르쳐 주었다.

놀이문화

서울과 도쿄의 방(房) 문화에 대한 인식 차이

세계 다른 나라에는 없는 놀이문화 중 하나가 바로 우리나라의 '방 문화'이다. 노래방, DVD방, PC방, 플스방(플레이스테이션 게임방), 보드 게임방, 만화방, 전화방 심지어 퇴폐업종에 이르는 정체모를 키스방 등 우리는 서울 번화가 어느 골목에서든 쉽게 이런 방 종류의 놀이문화 시설들을 접할 수 있다.

왜 서울에는 이런 방 문화가 많은 걸까. 그리고 그것은 어디서부터 온 것일까.

이런 방문화는 그 도시 사람들의 행태와 소비의식, 그리고 욕구를 대변해주기도 한다. 외국에서 쉽게 보기 힘든 이런 문화들은 서울에 오는 외국 관광객들에게는 굉장히 흥미로운 놀이 요소이다. 사실 노래방하면 일본의 가라오케와 같은 맥락의 방 개념인데 노래방 뿐만이 아닌 여러 가지 형태의 놀이 방 문화들이 일본의 것과 혼합되기도 하고 또 자체적으로 개발되어 만들어진 것이 서울의 방 문화 모습이다. 일본에도 여러 가지 방 문화가 많은데 흡사하기도, 때론 더하기도 한다. 한국과 일본은 왜 이런 방 문화가 우리 주변에 많이 생긴 것일까?

서울의 수많은 방(房)들

도쿄의 수많은
방(房)들

갖고 싶은 마음의 방(房)과 가상공간 속의 방(房)

인터넷에서도 방이 있다. 우리나라 국민 80% 이상이 가지고 있다는 미니홈피와 블로그가 그것이다. 인터넷에서의 개인의 방 또한 미니홈피, 블로그, 마이스페이스, 일본에서는 믹시(한국의 싸이월드 같은 개인 블로그)가 대표적인 방 문화의 사례라 하겠다. 특히 개인 미니홈피를 꾸미는 것은 도토리라는 실제 현금의 대체품으로 이 도토리를 가지고 BGM, 스킨, 아이템 등을 사며 자기의 방을 꾸미게 된다. 현실 세계에서 돈을 지불하고 인터넷상에서 방을 꾸미는 것이다. 왜 이러한 현상이 생겨나게 된 것일까?

동양은 서양과 달리 예가 중시되는 유교사상이 오래 전부터 크게 자리잡혀 있다. 서양의 영어와 달리 언어에도 경어로서 존대말과 높임말이 굉장히 많은 부분을 차지하고 있다. 이렇게 어릴 때부터 의식적으로 우리는 서양과의 사고가 조금씩 다르다. 영화에서 보면 외국의 부모님들은 자녀들의 방에 들어갈 때 노크와 의사표현으로서 자식들의 프라이버시를 존중해준다. 노크는 안에서 아이들이 공부를 하든 게임을 하든 아니면 야동을 보든 여자친구와 무엇을 하든지 간에 먼저 부모로서 자식의 공간을 지켜주고 선을 그어주는 표현 방식의 한 예일 것이다. 하지만 한국은 조금 다르다.

한국의 부모님들이 문을 '화들짝' 여는 것은 부모의 권리로서 당연하다고 생각하고 있는 것일지도 모르겠다. 분명 이런 문화적 차이가 오히려 한국인에게는 자기소유의 개인적 영역욕구가 더 커졌고 그에 따라 이런 방 문화들이 여러 형태로 생겨나게 된 것이다. 어쩌면 한국의 이런 방 문화는 작은 국토의 면적에 비해 많은 인구가 살고 있는 영향도 있다. 좁고 많은 인구가 밀집한 서울이라는 도시에서 '자기만의 공간'은 누구나 갖고 싶어하는 로망이다. 그래서 한국은 죽었다가 깨어나도 집부터 장만해야 하는 사회이다. 집. 방. 나만의 공간이라는 것. 좁은 면적에 비해 발전된 이 도시에서 많은 사람들이 경쟁적으로 자기 집을, 자기 방을 가지고 싶어하니 안에서든 밖에서든 방을 찾는 것은 당연할지도 모르겠다. 이렇게 우리는 개인의 방을 원하는 환경 아닌 환경에서 사는 것이다.

도쿄 또한 많은 인구에 비해 좁고 복잡한 도시에서 자신만의 공간을 갖고 싶어 하는 것은 당연한 듯 하다. 특히 남에게 피해를 주기 싫어하는 개인주의적 사회 분위기를 기반으로 햄버거 체인점을 가더라도 한자리, 한자리 파티션이 있는 것을 보면 개인만의 공간 욕구는 더욱 심할지도 모르겠다. 그리고 지금은 이미 그것이 당연시된 분위기이다. 최근에는 전 세계적으로 페이스북, 트위터가 활성화 되었는데 개인만의 방 문화에서 진화된 네트워크 방 문화라고 볼 수 있겠다.

좌, 한국의 미니 홈페이지 '싸이월드'
우, 개인 홈페이지 '페이스북'

페이스북은 개인만의 방 문화에서 진화된 좀 더 오픈된 소셜 네트워크 개인 홈페이지라고 볼 수 있다. 개인의 프라이버시에 민감한 사람들에게는 오히려 피곤한 인적 네트워크 시스템이라고 할 수 있지만 점점 더 빨라지고 넓어지는 현대 사회에서 페이스북은 개인의 방을 더 오픈시키며 확대시키는 역할을 하는 멀티방이다.

보통 방을 생각할 때는 "사각형 방"이 일반적일텐데 페이스북이라는 방은 더 많은 방향성을 가진 "육각형 방"이라고 할까.

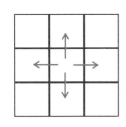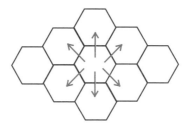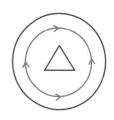

그리고 앞으로는 개인의 방 형태가 더 오픈되고 확장된 방향성이 많이 생긴 "동그란 방"으로, 그리고 그 안에서 더욱 더 독립적인 "삼각형의 방"이 발달 될 것이다. 서울과 도쿄의 방 문화는 우리의 삶 속에서 더욱 특별히 함께 하고 있다.

일본의 온천, 한국의 찜질방은 무엇이 다를까?

앞서 한국의 "방 문화" 중 특별한 것 중의 하나가 바로 찜질방이다. 도쿄에는 찜질방이 없다. 한국사람이 많은 신주쿠쪽의 신오오쿠보에는 여성 전용 찜질방이 있었는데 그 외에 우리나라처럼 남녀노소 할 것 없이 모두 들어가는 찜질방은 못봤다. 아니 오히려 일본의 개방적인 성문화에 찜질방이라는 곳이 있다면 몰카나 노숙자 문제 등 한국과는 또 다른 문제점이 생기지 않을까. 그런데 곰곰히 생각해보니 도쿄에 찜질방이 있어도 일본사람들은 우리나라 사람들처럼 찜질방에 자주 갈까? 라는 생각이 들었다. 반대로 '개인의 사생활에 민감한 일본인들은 그런 개방적인 공간에 오히려 가지않겠구나'하는 생각이 들었다. 한국에 관광을 왔던 일본친구는 한국의 찜질방이 너무 재미있고 신기하다고는 했지만 아마도 외국이라서 일본에 없는 문화에 긍정적으로 받아들였을지도 모르겠다. 실제로 일본친구들에게 일본에 찜질방이 생긴다면 갈 생각이 있냐고 물어보니 대부분 가지 않겠다고 하더라.

서울의 찜질방은 참 재미있는 공간이다. 외국인들에게는 얼마나 더 흥미로울까. 여러 사람들이 똑같은 티셔츠와 반바지 차림에 몇 자리 건너 잠을 자기도 하고 먹기도 한다. 코를 심하게 고는 사람들이 있는가 하면 어린아이들은 자고 있는 내 머리 위를 뛰어다니기도 한다. 동네 찜질방에서는 부부생활이든 자식걱정이든 자신과 비슷한 상황의 아주머니들이 모여 이야기 꽃을 피우는 사랑방이 되기도 한다. 젊은 커플들에게 즐거운 데이트 장소가 되기도 하고, 노래방, 당구장, 게임방 등 모든 방들이 모여있는 찜질방은 말그대로 한국의 대표 방이라 해도 어색하지 않다. 가격도 저렴하여 만원이하인 곳이 대부분인데 녹차탕, 황토탕, 다시마탕, 약초탕 등 탕이란 탕은 다 있는 찜질방에서 설렁탕, 갈비탕도 먹을 수 있으니 이러한 '방(房) 중에 방(房)' 독특한 '낙원 아닌 낙원'은 한국의 대표 관광 상품 중 하나라고 할 수 있겠다.

서울 용산의 대형 찜질방 드래곤스파

찜질방과 온천을 비교하자면 개념이 많이 다를 수도 있지만 온천이 많이 나지않는 우리나라의 환경에서 찜질방은 1980년대의 목욕탕에서 진화된 새로운 퓨전문화 콘텐츠이다. 특수한 지리적 조건에서 생성된 온천이라는 콘텐츠를 관광산업으로 잘 지켜오고 있는 일본과 비교하자면, 우리의 찜질방은 새롭게 만들어진 독보적인 관광산업의 상품 중 하나이다.

불가마 출처 money week, 불한증막,
찜질방의 단골 메뉴 식혜와 구운계란, 찜질방 출처 블로그 와이드

일본은 환태평양 판과 유라시아 판이 만나는 지진대에 속해 있다. 그래서 지진이 많이 발생하고, 화산지대가 많아 온천이 많다. 대표적인 관광상품인 온천은 도쿄보다는 그 외 지방에 많이 있다. 그나마 도쿄의 대표 천연온천이라 하면 '오후로노오사마'가 있고, 지방쪽으로 갈수록 온천의 진면목을 느낄 수 있다. 특히 일본에서 처음 갔었던 일본의 온천 '군마현 츠마고이무라'라는 곳에 '츠츠지노유(つつじの湯)'라는 온천은 작고 단아했는데 온천을 하면서 '일본사람들이 다들 온천, 온천 하는 이유가 있었구나'라는 것을 느낄 수 있었다. 특히 외부에서 온천을 즐길 수 있게 해놓은 '로텐(露天風呂)'은 잘 꾸며놓은 자연과 나무와 따뜻한 물, 그리고 그 안에서 하늘을 보며 자연과 하나가 된 그 편안함은 그야말로 '힐링의 장소'라고 할 수 있겠다.

서울의 찜질방과 비슷한 테마를 가진 온천도 없는 것은 아니다. 바로 도쿄의 필수관광 명소 오다이바에 있는 오에도온센이란 곳인데 유카타 복장부터 음식, 놀이 요소와 여러 가지 볼거리를 제공하고 있어 관광객들에게 많은 사랑을 받고 있다. 물론 도쿄에서 떨어진 시외의 자연환경을 더 많이 품고있는 온천의 모습을 갖추지는 않았지만, 서울의 찜질방과 비슷하게 인위적으로 여러 요소들을 잘 조합하여 만든 대표적인 도쿄의 온천이다.

도쿄 여행 중에 교외의 온천까지 찾아갈 시간적 여유가 없다면 이곳에서 일본의 온천과 문화를 복합적으로 느껴봐도 좋을 것이다. 이렇게 한국의 찜질방은 캐주얼하면서 엔터테인먼트 요소가 결합된 매력이 있고, 일본의 온천은 차분하며 조용한 자연적인 요소가 결합된 것이 매력이라 할 수 있겠다.

오다이바의 오에도 온천

츠츠지가오 (ツツジがお可) 온천

한국과 일본에서 가장 쉽게 볼 수 있는 스포츠는?

한국 남자들이 가장 즐겨하는 스포츠는 무엇일까? 짜장면을 어디서 먹으면 가장 맛있을까? 바로 당구장이다. 대한민국 남자라면 누구나 한번쯤은 쳐봤을 스포츠 당구는 포켓이 있는 '테이블 캐럼(3구, 4구)'과 포켓이 없는 '테이블(스누커, 풀-포켓볼)'로 나뉜다. 이중에 '3구(프랑스식 당구)'와 '스누커(영국식 당구)'가 당구의 원형과 가장 가까운데 '스누커'가 미국인에 의해 '포켓'으로 바뀌었고, '3구'를 일본이 변형시켰다. '4구'는 한국에만 있는 말 그대로 '코리안 스타일' 당구이다. '3구', '포켓볼', '스누커'는 국제적으로 인정된 스포츠경기 종목이지만 한국에서는 '3구'보다 게임방식이 쉬운 '4구'가 대중적 인기를 얻으며 발전하였다. 세계 당구 인구의 대부분은 포켓을 치고, 60% 이상이 스누커를, 3구 인구는 5%쯤 되고, 4구는 한국밖에 없다. 다른 나라에 없는 한국의 4구 당구를 외국인들에게 알려줘도 재미있지 않을까.

그래서 흔히 우리나라에서 당구하면 남자은 4구와 3구를 생각한다. 소위 어릴 적 학교에서는 별볼일 없는 것 같던 친구들도 당구하나 잘 치면 뭔가 으쓱할만한 레벨있는 스포츠가 남자들 사이에서는 당구일지도 모르겠다. 요즘엔 커플들끼리 포켓볼을 치는 모습도 간간히 볼 수 있지만 젊은이들이 많은 번화가에만 흔히 볼 수 있고 보통 당구장에서는 보기 힘들다. 한국에서의 당구(장)는 남자들의 대중적 오락이자 당구비, 술값 물리기 등 특히 앞서 말했지만 짜장면을 가장 맛있게 먹을 수 있는 마력을 지닌 대중적인 스포츠이자 장소이다. 보통 고등학생 때, 수능을 끝내고 당구를 배울 때에는 누워서 천장만 쳐다봐도 당구대가 아른거렸는데, 당구를 배울 때 대부분 일본어로 불리는 당구 용어들은 비속어스럽기도, 살짝 야하기도 한 농담섞인 용어들이었다. 남자들이라면 다들 이해하지 않을까. 이를 이해하기 힘든 여자 분들은 남자친구들에게 물어보거나 실제로 당구장에가서 4구나 3구치는 남자들 대화를 유심히 들어보시길.

한국남자들이
즐겨하는
스포츠 4구 당구

도쿄의 볼링장

　일본에서는 어떨까. 한국과 다른점은 한국에서 일반적으로 생각하는 4구, 3구는 거의 없다. 일본에서는 포켓볼을 '빌리야드(Billiards)'라고 발음하는데 당구치러 가자고 하면 당연히 포켓볼을 생각한다. 당구장에 가면 대부분 4구 당구대가 없다. 쉽게 말하면, 일본에서 당구=포켓볼이라고 볼 수 있다. 신주쿠와 롯본기, 긴자 등의 번화가의 당구장에서도 4구 다이(대)는 한 번도 본 적이 없었고, 대부분 인식자체가 우리 "당구치자"하면 당연히 포켓볼을 치러 가는 경우가 대부분이다. 그나마 4구 당구대는 한국사람들이 많은 신오쿠보에 한 군데 있었을 뿐이었다. 또한 서울의 젊은 여자들 중에는 포켓볼을 안쳐본 여자들도 꽤 있는 것 같다. 쳐봤어도 남자친구 또는 여러 명이서 단체로 몇 번 쳐본 경우가 대부분일 것이다. 여자들이 당구장에 오면 신기하게 보기도 하는 어색한 우리 문화와는 달리 도쿄의 '빌리야드'는 우리와 남녀 구성비율이 비슷하다.

　일본에서 가장 대중적인 스포츠는 무엇일까? 일본에서 가장 인기있는 스포츠는 야구이지만 대중적인 스포츠로는 '볼링'으로 볼 수 있다. 동양에서 최초로 1861년 일본에 들어왔고, 1970년대에는 최고의 볼링붐의 시기였다. 일본에서 볼링은 굉장히 대중적인데 볼링장이 많아 주말이면 줄을 서서 쳐야 할 정도로 젊은 친구들이 즐겨하는 스포츠이다. 평균적으로 남녀노소 균등하게 볼링을 즐기는 사람들이 많고, 특히 일본 여자들은 또래의 한국 여자들보다는 자연스럽고 익숙하게 치는 편이다. 일본에서 생활하면서 풋살축구나 농구 또한 한 적이 있는데 꽤 많은 여자들도 구기 스포츠 운동을 즐기는 모습을 볼 수 있었다. 반면에 한국의 젊은 여자들은 구기운동보다는 보통 수영이나 헬스, 요가 등의 스포츠를 많이 하는 것을 볼 수 있다. 최근에는 볼링을 치며 간단한 술과 함께 음악을 즐기는 '락볼링'이라는 것이 서울에서도 인기를 얻으며 젊은이들에게 대중적인 스포츠로 사랑을 받고 있다.

붉은 악마 vs 울트리 니뽄

　헤이세이(平成)인 1989년부터 2013년 5월까지의 일본의 최고 시청률은 모두 축구가 차지하고 있다. 1위는 2002 월드컵 그룹리그 일본 VS 러시아전(66.1%), 2위는 2002 월드컵 결승전 독일 VS 브라질(65.6%), 3위는 1998년 프랑스 월드컵 일본 VS 크로아티아 전(60.9%)으로 1위부터 3위까지의 최고의 시청률이 축구임을 볼 때, 일본인들이 얼마나 축구를 좋아하는지 증명해준다.

　2002년 월드컵 당시의 한국의 시청률도 놀라웠다. 1위는 2002년 월드컵 32강 한국 VS 폴란드 전은 74.1%로 역대 최고의 시청률을 기록했다. 2위는 2002 월드컵 공동개최기념 한·일 친선축구 2차전이 73.3%로서 한·일전에 대한 국민적 관심을 증명했다. 이는 1996년 올림픽 축구 아시아지역 최종예선 한·일전보다 2.8% 높은 것으로 축구에 대한 관심과 열기는 한국과 일본 모두 시청률에서 압도적으로 나타난다. 3위는 2002 월드컵 한국 VS 이탈리아 전의 72.4%로 축구경기가 역대 시청률의 상위권을 석권하고 있다. 한국과 일본이 축구에 열광하는 이유는 무엇일까?

한국의 '붉은악마'

일본 비디오 리서치

    세계축구협회에 가입된 나라는 국제평화기구인 UN보다도 가입국가가 많고, 국제올림픽협회인 IOC의 가입국가보다도 많다. 축구는 전세계인의 공통된 공용어라고나 할까? 국가간의 축구의 승부는 여러 의미의 큰 힘을 가진 경기이다. 특히 일본에게 침략과 식민지시절을 거쳤던 한국에게 한·일전은 절대적으로 이겨야만 하는 숙명같은 경기이다.

    일본 또한 숙명의 라이벌이라는 언론의 보도 등으로 한·일전의 관심을 끌고 있는데 이는 축구 뿐만이 아닌 야구, 최근에는 피겨스케이팅의 김연아 선수와 아사다 마오 선수를 비교하며 승부를 부추겼다. 한국과 일본은 뗄래야 뗄 수 없는 역사와 영토문제 등으로 서로 민감한 관계에 있는 것이 사실이지만 스포츠는 스포츠로서 '숙명의 라이벌'보다는 '선의의 라이벌'로서 응원하는 모습이 되어야겠다.

좌, 일본의 울트라 니뽄
우, 한국의 붉은 악마

2002년 한·일 월드컵 당시 시청 앞을 붉게 물들인
응원 인파의 모습

<アジアカップ決勝>
LIVE

GOAL

オーストラリア 0 延長後半 1 日本

Asian Cup

재일교포 이충성 선수의 골로 일본은 우승을 하였다.

2011년 1월 30일 도쿄 시부야에서 일본친구들과 AFC 아시안컵 축구 일본과 호주의 결승전을 본 적이 있었는데, 재일교포 4세 이충성 선수의 결승골은 일본과 한국 모두의 가슴을 찡하게 하였다.

내가 대한민국을 외칠 때 일본친구들도 '짝짝짝 짝짝'을, 일본친구들이 니뽄을 외칠 때 함께 '짝짝짝'을 치며 서로를 응원했던 기억이 생생하다. 시합이 끝나고 시부야는 시청 못지 않은 열광과 흥분으로 깃발과 구호 등을 외치며 춤을 추었다.

빨강과 파랑, 색깔만 다를 뿐 열정과 흥분, 그리고 간절했던 응원문화는 한국과 일본 모두가 똑같았다.

아! 이것이 다르구나.
한국의 응원
대~한민국! 짝짝짝 짝짝!

일본의 응원
니뽄! 짝짝짝! 니뽄! 짝짝짝!

일본의 2D게임과 한국의 3D게임

일본과 한국의 게임 차이는 무엇일까? 2D게임 '스트리트 파이터'는 대부분의 한국인들도 잘 아는 일본의 게임 중의 하나. 10대였던 시절, 스트리트 파이터 게임 속에 등장하는 여러 캐릭터들의 각기 다른 개성과 매력들은 단지 게임에서 끝나는 것이 아닌 만화와 영화, 그리고 개그맨들의 수많은 개그 요소로서도 한 시대를 풍미했다. 엔터테인먼트 산업은 이 열광적인 상품을 놓칠 수 없었을 것이다.

게임하면 가장 먼저 생각나는 중학교 시절에 가까운 친구가 있었는데 어릴 때부터 일본 애니를 무척이나 탐했던 특이한 친구였다. 소위 일본 애니의 '오타쿠'라고 해도 과언이 아닐정도의 마니아였던 친구는 결국 지금은 게임회사에서 열심히 일하고 있다. 자신이 좋아했던 취미를 생업으로 하고 있으니 행운아라고 생각하는 친구 중 한 명이다. 한국과 일본의 게임은 어떤 차이가 있을까? 하는 궁금증에 못이겨 '오타쿠'같던 그 친구에게 물어본즉, 한국과 일본의 게임의 차이는 바로 2D와 3D게임의 차이란다. 생각해보면 고등학교 2학년 때 스타크래프트라는 게임에 열광했던 적이 있었다. 학교에서는 온통 스타크래프트 얘기는 물론, 방과 후 다들 피시방에 모여 팀을 이뤄 게임을 했던 기억이 아직도 눈에 선하다. 이때부터 3D 온라인 게임의 시대가 시작되었다고 볼 수 있는데, 신기하게도 이때 일본에서 스타크래프트가 한국에서처럼 큰 인기를 끌지는 못했다. 물론 지금까지도 큰 반향을 일으킬 정도의 인기는 없다. 그 이유는 무엇이었을까?

여러 가지 이유가 있겠지만 가장 큰 이유는 '인터넷의 활성화'라고 보면 되겠다. 일반적으로 3D게임은 온라인 상에서 여러 게이머들이 모여 이뤄지는 형태의 게임인데 반해, 일본은 온라인 게임까지 이어질만큼 기본적으로 인터넷의 활성화가 이뤄지지 않았었기 때문이다. 하지만 더 재미있는 것은 인터넷이 활성화 된 지금도 일본은 온라인 3D게임보다 2D게임의 영향을 무시할 수 없다는 것이다.

이런 2D게임이 아직까지 일본에서 사랑받는
이유는 무엇이고 반면에 한국에서는
온라인 3D게임이 사랑받는 이유는 무엇일까?

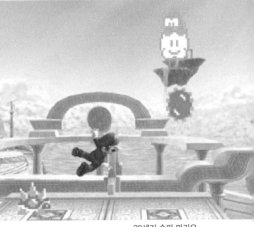

1990년대 슈퍼 마리오   20세기 슈퍼 마리오

10년 전의 게임산업과 지금의 게임산업은 어떤 차이가 있을까?

스트리트 파이터

스타크래프트   리니지

하라주쿠 의류 매장의 나루토 그래픽 파사드

일본인들의 캐릭터 사랑

하라주쿠에 있는 한 의류 매장을 보노라면, 흥미로운 것이 외부 파사드에 만화 나루토의 이미지를 유리 벽면 전체로 그려 놓았다는 것이다. 인테리어 디자이너로서 저런 표현과 상업공간의 마케팅 승부는 '나루토이기 때문에', 그리고 '일본이기 때문에' 충분히 경쟁력 있는 시도가 아닐까 생각했다. 일본에서 하나의 캐릭터 디자인 상품이 얼마나 많은 분야에 파급효과를 미치는지, 다른 분야와 어떻게 콜라보레이션 되는지, 그리고 이것이 소비자에게 어떤 영향을 미치는지를 잘 보여주는 재미있는 사례라고 할 수 있다.

3D에 관한 일본의 대표적인 예로 '파이널 판타지 7' 이후의 시리즈나 '철권', '버추얼 파이터' 같은 3D 격투게임은 오히려 패키지게임에서 부가 가치를 잘 뽑아낸다. 예를 들면, 하나가 성공함으로 인해 다른 엔터테인먼트 쪽에도 인기를 끈다는 것. 토토로라는 애니메이션 덕분에 토토로 인형이 잘 팔리는 것처럼 토토로 멜로디가 들어간 오르골(일정한 음악이 자동연주되는 음악 완구)같은 제품군, 그리고 음원 판매가 그 예다. 즉, 일본의 게임산업은 인터넷상의 정보를 공유하는 정도이고 한국에 비하면 온라인 구매도 많이 활성화 되지 않았다. 결국엔 오프라인이라는 것이다. 최근 들어 콘솔게임기

들도 랜선을 연결할 수 있게 되면서 네트워크 플레이가 가능해졌지만 일본인들에게 게임은 역시 전반적으로 콘솔게임이다. 혼자 즐기거나 가까운 친구들과 공유하는 정도랄까. 함께 즐기는 것 자체의 인프라가 상당히 좁은 편이다.

섬나라의 특성일까? 게임에서도 일본인 특유의 특성상 기존에 하려던 방식을 바꾸는걸 썩 좋아하진 않는 것 같다. 그래도 최근 들어서 인터넷카페도 많고 온라인 활동도 크게 두드러지고 있다. 한 가지 특별한 점은 전쟁이 많았던 시대부터 내려온 사회적 분위기 때문인지 정서 자체가 우리나라에 비해 뭔가 설정이라거나 배경지식 같은 것을 따지고 들어가는 것을 좋아하는, 말하자면 '설정 놀음'을 좋아한다는 것이다. 대표적인 예로 '건담' 같은 리얼 메카닉류 애니메이션 게임을 보면 이것은 건담이라는 로봇을 빼면 전쟁물이라고도 할 수 있을만큼 설정이 디테일하기 때문에 많은 사람들이 좋아한다고 한다. 그런데 중요한 것은 이런 설정 놀음을 하려면 온라인보다는 패키지게임에서 시나리오를 따라가면서 게임을 해야 한다는 것이다. 여기서 일본의 오프라인 게임산업이 활발할 수 밖에 없는 이유가 나오기도 한다.

또 다른 예로, 판타지물을 들 수 있다. 판타지물도 의외로 마왕이라거나 악마의 계급, 지천사며 권천사며 마법의 종류, 서클마법이며 각 대지마다 이루고 사는 종족에 대한 설정, 흙, 불, 물, 바람 등으로 나뉘어지는 정령, 정령왕에 대한 설정 등 설정 스토리가 꽤 깊이 들어간다. 그런데 이러한 스토리와 시대적 배경에 대해 알려면 스토리텔링이 가능한 콘솔, 패키지게임을 해야 한다는 것. 아마도 이러한 설정 놀음에 대한 부분은 애니메이션의 영향도 상당히 많지 않았을까 싶다. 아울러 앞서 종교에 관한 이야기도 했지만 그들이 섬기는 수많은 신들을 보면서 종교와 관련한 문화도 게임산업과 깊은 연관성을 갖고 있음을 느낄 수 있다.

어릴 적 큰 인기를 끌었던 '그랑죠'에서의 물의 신 '포세이돈'

건담 시리즈   아키하바라의 건담 카페 입구

     애니메이션으로 성공한 상품은 여러 콘텐츠로 상업화되고 사람들은 이 콘텐츠로 복합된 문화를 즐긴다. 최근 한국에서 만들어낸 문화상품은 무엇이 있을까? '비보이 공연'과 '난타' '한류' 이것들을 상품화하여 체험할 수 있는 복합문화 공간들이 존재한다면 더 큰 부가가치를 창출할 것이고 관광산업에도 크게 기여할 것이라고 생각한다.

                                       팔과 머리가 움직이는
아키하바라에 있는 건담 카페   오다이바의 '다이버시티' 앞의 대형 건담

일본의 캐릭터 사랑은 단연 세계 최고가 아닐까 싶다. 두 사진은 '할로윈데이' 때, 시부야에서 찍은 사진이다. 이날 도쿄 번화가에서는 고개를 돌리면 여기저기 세상의 모든 캐릭터들이 걸어 다니고 있다. 캐리비안 해적의 '잭 스페로우' 수십 명이 걸어다니는것을 보면서 즐거웠던 기억이 있다.

할로윈데이는 캐릭터와 코스프레를 좋아하는 일본인들에게는 최고의 선물과도 같은 날이다.

호빵맨, 짱구는 못말려, 원피스, 도라에몽, 아톰,
피카츄, 헬로키티, 에반게리온, 캬차핑 슬리퍼, 슬램덩크

아기공룡 둘리, 뽀로로

　　어릴 때 좋아하던 일본의 캐릭터들은 20대가 끝나가는 나이에도 순수
함에 젖게 만든다. 어쩌면 40~50대가 되어서도 좋을지도 모르겠다. 이러한
수많은 만화 캐릭터와 함께 자란 일본인들은 나이를 먹어서도 순수할 것 같
다. 저 호빵맨을 타고 서울로 날아가고 싶었던 기억이 새록새록 난다.
　　　한국을 대표하는 캐릭터 '아기공룡 둘리'와 '뽀로로'! 꼬마들의 대
통령이라고도 불리는 뽀로로는 어린이들에게 큰 사랑을 받고 있는 순수 한
국 캐릭터이다.

드래곤볼

일본은 미국을 동경해?

　일본에 가보면 알겠지만 경제대국 2위였던 일본은 1위인 미국의 영향을 굉장히 많이 받았음을 느낄 수 있다. 물론 일본과 미국이 상호관계적으로 발전한 부분과 영향도 무시할 수는 없다. 한 예로, 일본 도쿄 근교의 '치바현 우라야스시'에 위치한 '디즈니랜드'는 미국에 있는 디즈니랜드를 아시아에 고스란히 가져다 놓은 예이다. 재미있는 사실 중 하나는 일본인들이 만들어 낸 만화나 애니메이션 등 수많은 캐릭터 상품들을 가지고 있지만 놀랍게도 일본인들은 미국의 '월트 디즈니(Disney)' 캐릭터들을 너무나 좋아한다는 것이다. 한 때 일본에서 일본친구에게 생일선물로 받은 디즈니의 캐릭터 '스피치' 다이어리는 정말 기억에 남는다.

　당시 나이에 그것도 남자가 스피치 캐릭터가 알록달록 그려진 스케줄표를 생일선물로 받는다는 것은 한국에서는 분명 의아해하며 우습게도 여길지도 모르겠다. 남의 눈을 봐서라도 '스피치' 스케줄표라면 아무래도 사용하기 힘든데 일본이라서 그런지 1년간 참 즐겁게 사용했던 것 기억이 있다. 한국에서는 대학생이든 직장인이든 서른이 넘는 멀쩡한(?) 청년이 이런 다이어리를 사용하는 것을 본 적은 거의 없다. 하지만 재미있게도 일본은 남녀노소 상관없이 자기가 좋아하면 이러한 디즈니의 캐릭터 상품이든, 애니메이션 상품이든 적극적으로 구매하여 즐겨한다는 것이다. 매일 사용하는 스케줄표가 남의 눈을 위해서라기 보다 내가 즐겁고 쓰고 싶은 스케줄표가 되어야 하는 건 당연한 일. 20대 후반에 사용했던 나의 스케줄표를 훗날에 내 아이가 본다면 뭐라고 할까? "아빠! 이거 8살 때 쓰던 거야?" 이러겠지? 그럼 난 "아니, 20대 후반에 쓰던거야~~." 어른이라고 정숙하고 폼나보이는 물건만 사용한다는 건 어쩌면 넥타이를 24시간 매고 있는 것인지도 모르겠다. 자기가 좋다면 남에게 피해를 주지 않는 한에서 자유롭게 살았으면 좋겠다. 한국은 남의 시선에 대해 너무 의식하는 경향이 강하다. 일본은 남에게 피해를 주지 않는 선에서 자신만의 최대한의 자유를 누리면서 즐긴다.

동갑내기 일본친구에게 생일 선물로 받았던 스피치 스케줄표

좋아하는 시(詩) 중에 '신과의 인터뷰'라는 시가 있다. 거기에 나오는 신(神)이 인간에게 어리석다고 하는 몇 가지 중 한 가지.

'인간은 어릴 적엔 어른이 되고 싶어하다가, 어른이 되고나서는 다시 어려지고 싶어한다' 내가 썼던 스피치 다이어리도 어쩌면 이런 모습이었는지도 모르겠다.

영원한 동심의 세계 '디즈니랜드'

도쿄 디즈니랜드 열차

도쿄의 대표적 관광지 오다이바에 있는 '자유의 여신상'과 '나인 브릿지'는 일본의 전통적이고 개성적인 모습들과 대조적으로 외국의 상징물을 그대로 옮겨놓은 듯한 랜드마크 관광상품이다. 오다이바 자유의 여신상은 후지산케이 그룹이 프랑스의 해를 기념해 1998년부터 1년간 파리에 있는 '미니 자유의 여신상'을 빌려와서 전시한 후 1999년에 반환했는데, 그 사이 이 '자유의 여신상'이 오다이바의 명물로 떠오르면서 아쉬움을 가진 오다이바의 주민들이 프랑스에 모조품 허가 신청을 받아 복제품을 만들어 세운 것이라고 한다. 비록 '모조품'이지만 레인보우 브릿지와 함께 오다이바의 필수 관광 스팟으로 사랑받고 있다.

　　'레인보우 브릿지'의 이름은 일반 공모에 의해 결정된 것으로, 정식 명칭은 '도쿄항 연결다리(東京港連絡橋)'이다. 일주일에 일곱 번 조명이 바뀌면서 자동차와 열차가 동시에 달릴 수 있는 길이 1.6km의 복합식 현수교다. 1993년 8월에 개통했으며, 다리를 건널 수 있는 보도가 있고, 제2차 세계대전 종전 후 미국의 주도하에 건립되었다.

　　일본인들이 열광하는 디즈니랜드와 도쿄 오다이바의 심볼들이 '미일전쟁'이나 '경제적 상호관계의 계기'로 생겨났다고 판단할 수는 없지만 타국의 문화상품을 자국의 이익으로 만들어내는 일본의 모습은 그들만의 장점이 아닐까.

도쿄 오다이바

도쿄 클럽 vs 서울 클럽

서울의 클럽과 도쿄의 클럽은 뭐가 다를까.

"음악이 없으면 세상은 멸망한다"라는 말이 있다. 음악은 국경없는 최고의 소통의 요소yo! 음악의 발전소라 할 수 있는 클럽은 국경과 인종을 불문한 즐거운 화합의 장소다. 클럽을 좋아한다면 우리나라에서는 어떤 이미지일까. 시부야에서 1년 가까이 아르바이트를 하면서 시부야와 롯본기 클럽 등에 자주 놀러갔던 때, 서울과 도쿄의 클럽 이미지가 조금 다르다는 것을 느낄 수 있었다. 도쿄는 생각보다 많은 클럽들이 무료로 들어가서 즐길 수 있는 곳이 많다. 서울의 클럽씬이야 젊은 친구들은 알겠지만은 어느정도 클럽에 대한 이미지와 스토리가 대부분 비슷할 것이다. 여기서 말하는 이미지와 스토리라는 것은 클럽의 분위기와 유행에 대한 이야기인데 직업수준의 전문적인 클러버가 아닌 단지 음악을 즐기는 한 사람으로서 도쿄와 서울의 클럽에 대해 얘기해 볼 까 한다. 한국에는 일본에 없는 특별한 '나이트 클럽(웨이터가 남녀 손님의 만남을 주선해주는 클럽)'이 있는데 최근에는 웨이터의 주선 만남이 아닌 자유롭게 놀면서 자발적으로 남녀의 만남이 이뤄지는 DJing 클럽이 일반적이다.

서울의 클럽씬에는 우선 장소로 분류할 수 있을까. 홍대, 이태원, 강남 정도로 크게 나눌 수 있겠다. 물론 이외의 장소에도 좋은 클럽들이 많이 있겠지만 서울에서 가장 클럽이 많은 홍대 클럽에 대해 이야기를 해보자. 홍대하면 여러가지 이미지들이 떠오르나 아무래도 클럽을 빼놓을 수 없다. 특히 2000년도 즈음부터 한국에 힙합이라는 문화가 크게 자리를 잡으며 클럽의 붐이 불기 시작했다. 특히 '부비부비(남녀가 몸을 밀착하여 춤을 추는 것)'라는 남녀만남의 신조어들이 생기며 서울의 클럽씬과 스토리가 바뀌지 않았나 싶다. 한 때 방송에서까지 붐이었던 '부비부비'가 클럽을 이성 간의 새로운 만남의 장으로 바꾸었는데 최근에는 힙합음악과 함께 붐이었던 '부비부비'에서 일렉트로닉, 하우스 등 다양한 장르의 음악과 함께 춤추는 모습들이 바뀌며 클럽의 분위기도 많이 바뀌었다. 재미있는 사실은 서울에 관광을 와서 클럽을 가 본 일본친구들도 이 사실을 알고 있다는 것이다. 특히 서울 남자들은 클럽에서 굉장히 적극적이라는 것. 어느샌가 남자들이 뒤에와서 몸을 붙이며 춤을 추거나 말을 걸며 굉장히 적극적으로 대시를 한다고 한다. 도쿄에서도 물론 데이트를 목적으로 다가오는 남자들도 있지만 일본 클럽에 비해 한국 남자들은 클럽에서 굉장히 적극적이라는 것인데 서울의 클럽은 이성을 만나기 위한 분위기가 아무래도 도쿄보다 큰 것 같다고나 할까. 그에 반해 도쿄의 클럽은 이성을 만나기 위한 분위기보다 춤을 즐기며 친구를 사귀는 분위기가 더 많다고 이야기 한다.

일본에서 가장 규모가 큰 도쿄 클럽 신키바 "Ageha"

내가 느낀 도쿄의 클럽은 정말
친구들과 함께 춤과 음악을 즐기러 오는
클러버들이 많았고 이성을 만나기 위해 오
는 분위기는 확실히 한국보다 적었다. 그
리고 홍대 어느 클럽들처럼 '부비부비'를
하러 무작정 달라붙는 남자들도 쉽게 볼
수 없었다. 하지만 도쿄의 시부야와 롯본
기의 클럽들은 극과 극의 모습도 있었다.
일본인들이 한국 클럽에서 '부비부비'를
보고 놀랐던 것처럼 내가 일본친구와 처
음 갔던 롯본기의 한 클럽은 정말 신선
한 충격이었다. 이 클럽에는 여러 장르의
음악들이 나오는 몇 개의 구역으로 나뉘어
진 클럽이었고, 닷트를 하는 곳부터 포켓볼
심지어 옆에는 탁구대까지 있었다. 일본친
구와 닷트를 하러 갔는데 바로 뒤에선 백인
네명이서 탁구테이블을 뱅뱅 돌면서 탁구
를 치고 있었던 모습이 잊혀지지가 않는데,
서울의 클럽과 사뭇 다른 그 모습들은 정말
지금 생각해도 신선했다.

도쿄의 클럽들 —
시부야 Womb, 롯본기 Feria

서울의 클럽들 —
홍대 CLUB NB2, 청담 엘루이, 강남 옥타곤

한국의 클럽에서 탁구테이블이 있는 곳은 본 적도 들은 적도 없다. 더 쇼킹한 것은 닷트를 하고 있는데 탁구 테이블 바로 옆 밝은 조명 아래 쇼파에서 두 남녀의 온갖 에로틱한 모습은 충격이었다. 놀라며 생소해하던 나의 모습을 보고 일본친구가 말하길 이 곳 말고 외국 군인들이 많이 있는 곳에 가면 실제로 성인방송 수준의 장면이 연출되기도 한단다. 클럽이야 다 큰 성인들의 자유의 공간이니까 누가 손가락질을 하랴. 손가락질 하는 사람이 이상할지도 모르겠지만 서울의 '부비부비' 모습과는 조금 달랐다. 오히려 '모 아니면 도' 랄까. 사실 남자든 여자든 즐거운 마음으로 클럽을 가는건 똑같을테고 이성을 찾아 가든, 음악이 좋아 가든 뭐가 그리 중요할까. 백문이 불여일견 직접 가서 놀아보면야 잘 알겠지만 어쨌든 서울과 도쿄, 아니 뉴욕이든 아프리카든 어디든 음악과 춤이 있는 클럽은 어느 곳이나 즐겁다. 음악은 언어나 인종을 초월한 최고의 커뮤니케이션이니까.

　　도쿄의 클럽에서는 어린이들과 함께 놀 수도 있다. 어린이와 함께 클럽에서 춤을! 일본의 클럽에서 보았던 어린아이들의 클럽 등장은 너무나 신기했다. 물론 미성년자의 출입이 가능한 이벤트에 한하지만 부모님들과 같이 와서 주스를 마시며 어른들과 같이 놀기도 하고 댄스 이벤트에 출연하기도 하는 모습을 보고 놀라지 않을 수 없었다. 클럽이 어른들만의 공간이 아닌 말 그대로 남녀노소를 불문하고 즐겁게 음악과 춤을 즐기는 곳이 도쿄 클럽의 또 하나의 모습이었다. 우리나라에서 클럽을 가는 목적이 80% 이상 이성을 만나러 가는 것에 비하면 달라도 많이 다르다.

도쿄의 파칭코 vs 서울의 바다이야기

서울에서는 볼 수 없는 신기하고도 놀라운 장소가 그곳 '파칭코'. 한국에서는 도박의 이미지가 강해 '바다이야기'로 뉴스에서나 볼법한 파칭코가 공항 버스를 내리자마자 5분도 채 안되어 볼 수 있었던 것이다. 일본에 합법적으로 영업하는 파칭코 업소는 약 17,000개 정도. 파칭코는 일본에서 슬롯머신 게임으로 합법화되어있는 대형산업으로 자리잡고 있다. 파칭코 업계의 시장규모는 연간 30조(310조 원)에 이르는 천문학적인 규모이다. 도쿄 디즈니랜드 입장객의 4배인 연 인원 9000만 명이 파칭코를 이용하고 있고, 일본의 전체 미디어 광고액 6배, 복권산업의 30배, 일본 내 자동차 산업의 매상고가 약 40조 엔인 것을 보면 파칭코 시장의 거대함을 알 수 있다.

도쿄의 파칭코는 외관에서부터 우리가 생각해 온 도박과의 이미지가 전혀 다르다. 귀여운 게임 캐릭터와 화려한 원색 조명들, 정신없이 큰 게임소리는 옆 사람의 대화조차 들리지 않을 정도로 시끄럽고, 매캐한 담배 냄새도 가득하다. 그래서 파칭코 아르바이트는 아르바이트 중에서도 시급이 가장 높은 편이다. 보통 일반적인 아르바이트는 시급이 1000엔 정도인데 파칭코는 시간당 기본 1700엔 이상이다. 도쿄에 가게 된다면 호기심으로라도 꼭 한번 들어가보기를 바란다. 마치 게임 속의 나라 같은 파칭코. 그리고 정신없는 이 세계를 동경하는 사람들이 함께 모여있는 이곳으로 말이다.

도쿄의 파칭코

파칭코 오픈 시간에 맞춰 입장하기 위해 재벽부터 줄을 서 있는 모습

도쿄의 파칭코 내부 모습

서울의 파칭코 바다이야기

　　의아해할지도 모르겠지만 일본 파칭코의 약 90%인 15,000여 개의 업소가 재일교포가 운영하는 업소이다. 그리고 이 중 약 1만 개 정도의 업소가 '재일한국상공회의소'라는 민단 산하단체 소속이고, 나머지 5,000여 개의 업소가 조총련 산하 단체에 소속된 업소라는 것. 거기서 약 20개 대형업소는 조총련 직영점이다. 이렇듯 재일교포들에게 파칭코는 경제적으로 매우 중요한 산업이다. 일본의 파칭코의 역사에서는 '㈜마루한'의 대표인 재일교포 1세 한창우 회장을 빼놓을 수 없다. 그는 어둡고 칙칙한 도박의 이미지를 건전한 여가놀이로 바꿔 연 매출 32조 원을 이뤄내는 일본 30위 안에 드는 대부호로서, 일본의 파칭코 문화의 중심축에 있는 한국인이다. 한 때 PC방의 붐이 불었던 한국과도 비교해 볼 수 있는데, 한국의 게임중독자에 대한 문제들처럼 일본에서도 파칭코의 중독성이 사회적으로 문제가 되고 있으나 대형산업인 만큼 관련된 여러 가지 시설 '풍적법(風適法)' 및 정치적인 문제로 쉽게 해결되지 못하고 있다. 일본의 파칭코가 오락산업으로 정착한 반면에 한국의 파칭코는 뉴스속에서나 보게되는 도박 이미지가 여전히 남아있어 이런 차이는 또 다른 모습이라고 볼 수 있다.

스티커 사진과 셀카 문화

한국의 스티커 사진은 약 20여 년 전 일본에서 들어온 선풍적인 인기 아이템 중 하나였는데, 지금 이 스티커 사진 기계는 번화가나 특화된 관광지가 아니면 찾아보기 힘들다. 시험이 끝나거나 친구들과 어울려 놀다가 끝날 무렵엔 항상 스티커 사진으로 마무리를 했던 추억이 있었으나, 지금은 그 흔하디 흔하던 스티커 사진 부스는 좀처럼 찾아보기가 어렵다. 아마도 휴대폰과 디카가 보편화되면서부터 아닐까. 작지만 많은 추억과 에피소드를 만들어주던 스티커 사진은 이제 추억 속의 한 장이 되었다. 하지만 일본에서의 '스티커 사진' 일명 '프리쿠라(プリクラ)'는 아직도 많은 장소에서 사람들에게 사랑을 받고 있다. 만약 도쿄를 방문하게 된다면 추억삼아 '프리쿠라'를 찍어보는 것도 흥미로운 또 하나의 추억이 될 것이다.

지금은 휴대폰으로 언제 어디서든 사진을 찍으며 마음에 안들면 백 번이고 다시 찍을 수 있는 속전속결 셀카시대이다. 그런데 신기하고 재미있는 것 중에 하나가 일본친구들은 한국의 이런 셀카 문화를 신기해 한다는 것이다. 일본의 젊은 친구들도 셀카를 많이 찍지만 지하철이든 버스든 장소가 어디든간에 어떻게 창피하게 카메라를 위로 들고 45도 각도에서 온갖 예쁜 표정을 지으며 사람들 눈을 의식하지 않고 사진을 찍느냐는 것이다. 특히 일본의 젊은 남자친구들은 이런 부분에서 더욱 더 보수적이다. 오히려 이렇게 생각하는 일본친구들이 신기했는데 남들 앞에 나서기를 쑥스러워하고 자제하는 일본인들의 모습이 셀카를 어려워하는 것일까. 아니면 그런 모습을 보이는 것으로 남에게 불쾌감을 준다고 생각하는 것일까. 이럴 때는 남들의 시선을 크게 신경쓰는 한국인들이 더 자기 프라이드를 내세우는 정서가 크게 보여지는 듯 싶다. 반대로 남의 시선보다 개성을 중시하는 일본 젊은 친구들이 더 셀카를 더 많이 찍을 것 같지만, 역시 남에게 폐 끼치기를 꺼려하는 그들이기에 한국에 비해서 셀카를 덜 찍는 경향을 보인다. 때와 장소를 가리는 것인지도 모르겠지만, 셀카문화는 생각할수록 재미있고 아이러니한 모습을 지니고 있다.

한국에선 '뽑기?' 일본에선 'UFO캡쳐'

일본은 어른부터 아이까지 모두 UFO 캡쳐

일본에는 소위 우리가 쉽게 말하는 '뽑기 머신'이 많다. 캐릭터 인형부터 장난감, 캔디, 과자는 물론이고 명품 가방까지도 '뽑기'로 등장한다. 일본에서는 이를 'UFO 캡쳐'라고 하는데 번화가에 가면 몇 백 미터 안팎으로 이런 게임센터들이 들어서 있고 많은 일본인들은 적지 않은 동전을 넣어가며 이런 류의 게임을 즐긴다. 물론 서울에도 이런 뽑기 머신들은 편의점 앞이나 스티커 사진 매장과 어울려 함께 있지만 그 수의 규모가 일본과 차이가 있다. 일본에는 왜 이러한 게임센터들이 많을까?

아이들은 수많은 게임 캐릭터 종류들을 보면서 UFO 캡쳐를 변경하게 되고, 일본의 젊은 친구들은 주로 친구들과 밥을 먹고 저녁 늦은 시간이 되면 가라오케와 게임센터 정도가 문을 열기 때문에 이곳을 자주 들르게 된다. 가라오케가 끝난 후 자연스럽게 게임센터에서 '프리쿠라'를 찍고 'UFO 캡쳐'를 하게 된다는 것이다. 특히 젊은 남녀의 데이트에서 남자가 여자에게 'UFO 캡쳐'로 경품이나 인형 등을 뽑아 주는 것이 자연스러운 데이트 코스이기도 하다. 일본 드라마나 영화 등에서 연인들의 데이트 장면을 보면 흔히 나오는게 바로 'UFO 캡쳐'이다. 샐러리맨들은 술에 취해 예전 추억의 캐릭터들을 보면서 하게 되는 경우도 많다. 도쿄의 번화가에서 쉽게 볼 수 있는 게임센터의 'UFO 캡쳐'는 그들의 일상속에서 경쾌한 게임소리와 함께 하고 있다.

옆 사진은 신주쿠 게임센터에서 한 아저씨가 수천 엔을 코인으로 바꿔서 루이비통 가방을 뽑기로 성공하는 장면이다. 30분을 하더니 결국에는 해냈다. 한국에서는 보기힘든 명품 가방 뽑기는 어쩌면 게임과 애니에서 진화한 참여게임의 선물판이라고도 볼 수 있겠다. 일본에서 이런 형태의 놀이문화가 발달된 것은 마니아들의 문화와 개인주의 성향이 만들어낸 혼자놀기의 산물로 보여진다.

6 대중문화

일본의 스트리트 뮤지션과 한국의 온라인 뮤지션

일본열도는 지금 한류 열풍으로 뜨겁다. 겨울연가의 욘사마와 지우히메에서 시작된 한류는 이제 보아와 동방신기, 그리고 빅뱅의 음악들이 대중적으로 힘을 더해 한국문화가 친숙하게 전달되었다. 2007년 겨울, 도쿄에 처음 갔던 날 시부야역 앞의 스크럼블 앞에는 동방신기의 포스터가 건물 한 면에 붙어 있었고 얼마 지나지 않아 보아의 앨범이 나왔을 때 스크럼블 앞의 'TSUTAYA' 1층 레코드샵은 보아의 사진으로 도배가 되어 있었다. 그 후 1년이 지나고 빅뱅의 노래와 영상도 시부야에 자주 흘러나왔고, 2012년에는 카라와 소녀시대, 티아라 등 한국의 걸그룹 노래가 길거리에서도 들려왔다.

일본회사에서 인턴생활을 할 때, 동방신기의 'どうして君が好きにししまったんだろう(도우시떼 키미가 스키니 낫떼 시맛단다로우 — 어째서 너를 좋아하게 되었을까)'라는 노래를 너무 좋아한다며 내게 말을 건 직원들도 있었다. 사실 당시에 나는 정작 이 노래의 제목만 들었지 노래를 들어 본 적도 없었다. 오히려 일본인들과의 교류를 위해 한류스타들의 일본 활동을 알아두는 편이 나을 정도였으니까.

왜 일본에서 한류의 바람이 불었을까. 일본의 대중문화와 한국의 대중문화는 무엇이 다를까. 그 나라의 문화나 트렌드, 성격 등을 알려면 대중매체 문화를 먼저 보는게 파악하기 쉽다. 현대사회에 가장 큰 영향력을 발휘하는 인터넷 문화는 어떻게 다를까? 한국은 어떤 나라보다도 IT강국이라는 자부심이 있다. 10대부터 30대까지의 80% 이상은 대부분 개인의 미니 홈피와 블로그를 가지고 있으며 인터넷상에서 정보 교류도 굉장히 활발하다. 기사에 관해서는 속전속결이고 누구나 덧글에 관한 평론가와 비평가가 되며 어느 곳에서든 자기가 찍은 사진과 함께 누구나 작가가 된다. 시인이 되기도 하고 홈페이지 BGM 디제이가 되기도 한다. 노래방에서 부른 노래를 홈페이지에 올려 가수에 도전하기도 하고 연예인이 꿈꾸는 많은 친구들이 인터넷 영상으로 오디션을 보기도 하며 실제 이를 통해 스타덤에 오르기도 한다.

한국
인터넷상에서의
오디션

　　반면, 일본은 인터넷보다 스트리트가 활성화 된 것 같다. 시부야 스크럼블 앞에서 공연하는 일본 뮤지션들의 음악은 주말이면 여기저기서 길거리에 울려퍼진다. 유동인구가 많은 역 주변에는 스트리트 뮤지션들을 꽤 많이 볼 수 있는데 스트리트 뮤지션의 영역이 통제하기가 어렵자 최근에는 법적으로 지정된 장소가 아니면 공연을 못하게 금지시키고 있다. 벌금을 내거나 단속에 걸리면 자리를 떠야 하지만 이런 뮤지션들이 있기 때문에 도쿄의 거리는 오히려 생동감 있고 즐거운 것 같다.

　　서울은 길거리 아티스트보다 인터넷 아티스트가 많은 곳이다. 어떤 것이 효과적일까. 단점을 편집할 수 있고 장점만 보여주는 영상으로 인터넷 오디션이 많은 장점이 있다고 볼 수 있겠지만, 역시 현장감은 스트리트 뮤지션과는 비교할 수는 없다.

도쿄의 스트리트 아티스트들

　　2009년 한국 케이블 방송 M.net에서 '슈퍼스타K'라는 국민 오디션을 한 적이 있다. 이 프로그램은 7만 명에 가까운 오디션 참가자들과 함께 케이블 역사상 유래가 없는 12%가 넘는 시청률을 만들어 냈다. 최종 우승자는 1억원의 상금과 한국 최고의 음악 시상식에 서게 되며, 최고의 뮤지션들과 작곡가들의 지원을 받으며 가수로 데뷔할 수 있는 기회가 주어졌다. 수많은 참가자들의 안타까운 탈락과 합격의 기쁨을 함께 보며 시청자들은 한국 인터넷 오디션에 열광했고 자신이 마음에 들어하는 참가자들을 응원했다. 그야말로 스타의 반열에 설 수 있는 기회가 오디션 프로그램들과 함께 태어나게 되었고 인터넷을 넘어 대부분의 공중파 방송에서도 오디션 스타발굴 프로그램이 만들어지게 되었다. 인터넷으로 스타를 꿈꿨던 예비 스타들은 오디션 방송을 통해 하루아침에 스타가 되고 있다.

　　내 또래들의 경우 어렸을 때 장래희망 1위는 의사, 판사, 변호사였다. 부모님들은 이를 당연하게 생각했고 우리들도 당연하게 생각했다. 하지만 지금의 세대는 다르다. 부모님들에게는 아직도 자식들의 장래희망이 의사나 판사, 변호사가 많은 표를 받고 있지만 10대들의 생각은 달랐다. 2013년 1월 통계청이 발간한 '얘들아, 마법 풍선 불어볼까'에서는 초등학생들의 장래희망 1위가 연예인으로 꼽혔다. 이어 전문직, 교사, 공무원, 예술가, 스포츠선수 등으로 나타났다. 이는 한국에서 한류열풍에 힘을 얻은 '스타'라는 직업이 아이들의 선망의 대상으로 바뀐 것이다.

한국의 많은
오디션 프로그램

시부야 스타워즈 퍼포먼서, 서울 대학로 마임 퍼포먼서,
시모키타자와 스트리트 뮤지션, 시부야 퍼포먼서, 신주쿠 스트리트 뮤지션

그만큼 연예인에 대한 수요도 많아져 한국의 인터넷은 스타를 하루아침에 만들기도 하고 죽이기도 한다. 이미 많은 스타들이 악성 댓글로 극단적인 자살을 택하거나 우울증에 시달리기도 했다. 잊을 수 없는 것은 최고의 국민 여배우였던 최진실 씨의 자살이다. 한국은 물론이었고 일본에서도 언론매체를 통해 일반인들까지도 알게 되었으며, 인터넷 악플은 한국의 이미지와 국민정서를 의심케 하는 충격적인 사건이 되었다. 칼 없는 살인범이라고 하지 않던가. 인기 아이돌그룹 2PM이라는 그룹의 리더 박재범군도 4년 간의 연습생을 통해 1년 간 가수생활을 했지만, 한국 비하라는 오보기사와 함께 4일만에 시애틀로 돌아갔다. 4일 간 인터넷 악플러들은 마녀사냥에 나섰고 결국 박재범군이 그룹을 탈퇴를 하고 미국으로 돌아간 것이다. 그 모습을 보고 많은 인터넷 속 마녀사냥에 대해 국민들은 후회하고 뉘우치기 시작했다. 얼마 후에 다시 한국으로 컴백하는 박재범을 보며 그의 노래와 활동 모습들에 다시 관심을 보이는 것. 이것이 한국의 인터넷 냄비문화의 뜨거운 단면이 아닌가 싶다.

한국인들이 가장 많이
사용하는 포털 검색 사이트
NAVER와 DAUM

일본인들이 가장 많이 사용하는
포털 검색 사이트
YAHOO와 GOOGLE

인터넷 문화

일본의 인터넷 문화는 한국과 조금 다르다. 일본 총무성에 따르면 '사적인 목적의 인터넷 이용률'이 2010년 4분기에 59.4% 밖에 안된다는 것이다. 2013 위키피디아 조사에 따르면 한국의 PC 인터넷 사용률은 37.6%로 세계 7위를 차지했고, 일본은 27.9%로 20위권 순위 안에도 들지 못했다. 세계 경제대국이라는 일본의 모습에 비하자면 매우 낮은 편인데, 그렇다면 정보화시대에 일본인들은 어떻게 정보 교류를 할까? 바로 모바일 사용에 있음을 알 수 있다. 일본의 모바일 사용률은 국민 1인당 100%를 기준으로 싱가포르(123.3%)에 이어 세계 2위이다. 일본(113.1%), 핀란드(106.5%) 3위에 한국(106.5%)은 4위를 차지하고 있다. 이는 PC상의 인터넷 사용보다 모바일상의 인터넷 사용이 크다는 것인데 일본에서 생활하면서 느꼈던 모바일 사용의 비중은 PC보다 확실히 크다는 것을 알 수 있었다.

일본의 젊은 친구들은 컴퓨터 인터넷이 아닌 휴대폰 인터넷상에서 많은 일을 처리한다. 특히 온라인상의 이메일 주소가 아닌 각각 휴대폰에 지정된 이메일 주소를 주로 사용한다는 것이다. 한국의 휴대폰은 각 번호로 입력된 곳에 문자로 메시지를 주고 받는데, 일본 휴대폰은 번호가 아닌 자기가 지정한 이메일 주소로 메일을 주고 받는다. 예를 들면, youngjun00@ezweb.co.jp 이런 식으로 말이다. 쉽게 말하면 우리는 휴대폰으로 문자 보냈다고 하는데 일본인들은 메일 보냈다고 한다. 그러니까 일본인들에게는 휴대폰 메일 주소가 있고 PC 메일 주소가 따로 있는 것이다. 오히려 PC 메일 주소를 사용하지 않는 사람들도 많다. 모바일상에서 쇼핑이나 뉴스검색 등 많은 일들이 이루어지는 것은 우리와 마찬가지이지만 컴퓨터가 한국인들의 일상이라면 일본은 휴대폰이 일상이라는 점이다. 최근에는 스마트폰으로 모바일=PC가 되었기 때문에 일본 젊은층들의 모바일 사용률은 PC, TV보다 많다고 볼 수 있다. 한국은 특히 PC와 모바일의 인터넷 활성화가 점점 커져 수동적인 TV보다는 능동적인 정보 교류의 성격을 가지게 된 반면에 무분별한 허위정보 및 악성 댓글 등으로 한국의 냄비현상에 일조를 더하기도 한다. 일본은 고령화에 따른 TV의 영향력이 커서 여전히 뉴스 및 정보제공에 관한 부분에서 좀 더 수동적인 모습이 보인다.

한국 : 모바일 〉PC 〉TV

일본 : 모바일 〉TV 〉PC

차별화 된 전문방송 vs 동시간대 경쟁구도의 전문방송

TV는 우리 생활 속에 많은 부분을 차지하며 함께하고 있다. 그렇다면 하루일과 중 큰 부분을 차지하는 TV방송 문화에 따라 사람들의 성향과 생활 패턴은 크게 바뀌지 않을까? 가령, 인기 프로그램 시간대에는 다른 여가 생활보다 TV 앞에 모이는 사람들이 많을 것이고 그만큼 다른 시장권은 활발하지 못할 것이다. 뉴스시간대에 따라 국민들의 생활 패턴도 달라질 수 있겠다. 방송매체가 현대사회에서는 더욱 큰 비중을 차지하게 된 만큼 한국과 일본 방송의 차이에는 무엇이 있을까?

우선 일본의 방송은 하루 23시간 방송이란 룰이 적용된다. 낮에도 심야에도 채널을 켜면 5개의 민영방송 '인도쿄TV', '니혼TV', '후지TV', '아사히TV', 'TV도쿄'는 쉴새 없이 자체 경쟁을 하며 돌아가고 있다. 일본 방송국의 특징은 각국마다 뚜렷한 자체의 룰이 있어 차별화가 되는 만큼 케이블TV는 경쟁이 힘들다. NHK는 공영방송으로서의 무게를 지니며 확실하게 정통성을 주장한다. 시청률에 구애받지 않고 국민들의 정서 함양과 정보 전달, '국가의 공공 안녕'이라는 차원에서 방송이 만들어지는 것이다. 방송이 재미를 위해서 있는 것이 아니라 사회안정과 인간성 회복에 있다는 쪽에 포커스를 맞추며 CF도 전혀 없이 제작되고 있다. 그래서 뉴스에 집중하고 휴머니티가 살아있는 다큐멘터리에 충실한다. 우리가 잘 알고 있는 '실크로드' 같은 작품들이 NHK의 대표 프로그램이다. 후지TV는 NHK와 전혀 다른 오락 전문방송으로서 9시 뉴스를 1분 간만 방영하는 대신 1분 후 쇼, 코미디, 오락프로로 항상 활기가 넘친다. 이러한 편성 및 제작 차별화 전략은 대체로 10대, 20대, 30대의 소위 신인류에 맞춰져 있는 만큼 시청률 면에서 언제나 톱을 기록한다. 일본 신인류들 중에는 텔레비전을 하나의 엔터테인먼트 소모라고 생각하는 층이 엄청나게 많다. 후지TV는 이런 세대의 사람들을 등에 업고 시청률 베스트50 중에서 절반을 차지한다. TBS(니혼TV)는 '드라마의 길'을 고수하며 모든 드라마 부문에서 타 방송을 압도한다. 그동안 쌓아온 노하우와 과감한 소재를 도입한 시도가 지속적으로 성공하며 드라마 방송국으로서의 입지를 넓히고 있다. 이외에 아사히TV는 '뉴스 스테이션' 같은 흥미있고 쉬운 뉴스, TV도쿄는 놀고 먹고 여행하고 건강하게 사는 생활 정보, N-TV는 교양과 오락을 절묘하게 배합한 퀴즈 및 버라이어티 쇼프로에서 일본인들에게 사랑을 받고 있다. 쉽게 얘기하면 일본의 공영방송 대부분은 각 방송사마다의 특징이 묻어난다. 따라서 시청자들은 시간대에 상관 없이 기호에 맞는 채널을 선택하게 된다.

반면에 한국의 공영방송 3사 MBC, KBS, SBS는 시간대별 프로그램 편성이 비슷하다. 물론 EBS라는 교육방송은 차별화 된 교육 전문방송도 있고, KBS 또한 다큐멘터리와 교양 프로그램의 KBS1과 오락 프로그램이 많은 비중을 차지하는 KBS2로 나뉘는데 전반적인 시청률과 대표적인 방송국으로서의 MBC, KBS, SBS 3사로만 한번 비교해보자. 보통 방송시간대는 그날 그날 방송편성에 따라 다르지만 아침 5시부터 새벽 2시까지가 기본이며 각 방송국마다 국한된 장르의 방송이 아닌 모든 장르를 진행하며 방송한다. 쉽게 말하면 아침방송부터 새벽방송이 끝날 때까지 동시간대 비슷한 장르의 프로그램들이 방영된다. 뉴스시간대는 저녁 8시에서 9시까지 약 1시간 동안 방송하며 뉴스뿐만이 아닌 드라마 편성 시간대와 오락 프로그램 등 비슷한 패턴의 방송시간대에서 3사의 경쟁구도로 이루어져 있다. 그래서 같은 시간대의 드라마는 서로 시청률 경쟁으로 이어지며 시청자들의 선택에 미흡한 드라마는 조기종영을 행하기도 한다. 반대로 인기드라마는 분량을 늘려 연장을 하기도 한다. 각 방송사는 동시간대 시청률을 위해서 인기 연예인을 섭외하려 애쓰며 같은 시간대에서의 차별화를 위해 노력한다. 그래서 한국의 경쟁문화와 남을 의식하는 분위기는 우리가 어릴 적부터 보고 자라는 방송문화에서조차 이어지는 것일지도 모르겠다. 반대로 얘기하면 일본의 개성 있는 삶의 문화 또한 추구하는 바가 다른 각기 다른 방송채널의 영향에 있는지도 모르겠다.

"일본처럼 차별화된 방송채널에서의 전문화이냐"
"한국의 동시간대의 경쟁구도의 전문화이냐"

빛 뒤에 그림자가 있듯 이런 방송문화 또한 장단점이 있을 것이다.
　　한국과 일본의 방송문화 차이를 좀 더 비교해 보자면 한국방송은 쇼 프로나 드라마의 정규방송이 한번 시작되면 프로그램이 끝날 때까지 방송되지만 일본방송은 프로그램 중간중간에 CF가 들어간다. 한국의 드라마는 월화, 수목, 일일, 주말 드라마식으로 나뉘어 방영되지만 일본드라마는 매일 다른 드라마를 한다. 그리고 분기로 나누어 진다. 한국의 심야방송은 심야로 편성된 프로그램이나 드라마에 19금 같은 딱지가 붙지만 일본에서는 심야로 넘어가면 자연스럽게 심야방송으로 인지하며 야한 이야기나 야한 화면이 나와도 크게 문제되지 않는다. 한국의 개그 프로그램은 콩트형식의 스토리나 주제가 있는 개그가 많은 반면 일본은 주로 두 명의 콤비로 만담식의 '보케(ボケ 엉뚱하거나 바보같은 행동을 하는 사람)'와 '츳코미(ツッコミ 보케의 엉뚱한 점을 지적하거나 혼내는 사람)' 형식의 개그를 많이 한다.

머리 때리기 문화

한국의 TV속 쇼 프로그램과 일본의 쇼 프로그램은 어떨까? 쇼 프로그램을 생각하니 인상 깊게 떠오르는 것 중의 하나가 바로 '머리 때리기'이다. 특별히 정해진 용어가 없어서 그냥 '머리 때리기'라고 부른다. 말 그대로 일본은 방송 중에서도, 일상생활 중에서도 사람의 머리를 자주 때린다. 개그 프로그램에서도 개그 한 마디하고 때리고 개그 한 마디하고 때린다. 살살도 아니다. 측은할 정도로 세게 때린다. 일상생활 속에서도 친구들끼리의 머리 때리기는 쉽게 볼 수 있다. 왜 일본은 '머리 때리기'에 관대할까? 일본은 주로 두 명의 콤비로 만담식의 '보케(ボケ 엉뚱하거나 바보같은 행동을 하는 사람)'와 '츳코미(ツッコミ 보케의 엉뚱한 점을 지적하거나 혼내는 사람)' 형식의 개그가 관객들에게 웃음을 주는데 이런 개그 형식이 일본의 '머리 때리기' 문화에 관대해졌다고 볼 수도 있다. 한국의 '머리 때리기'는 좀 다르다. 물론 한국 코미디나 시트콤에서도 머리를 때리는 장면이 종종 있기도 하지만 한국은 신체 중에서도 머리를 때리는 것은 굉장히 조심스럽다. 어릴 적 학교 선생님께서도 손이나 다리를 회초리로 때리는 것은 용서가 될지 몰라도, 머리를 때리는 것은 맞는 사람이나 부모 입장에서는 분노를 일으키기에 매우 민감하다. 한국과 일본의 '머리때리기' 문화는 참 다르다. 일본 방송은 이게 일상이고 평범한 일이지만 한국에서는 친구들끼리도 머리를 건드리는 것은 매우 불쾌한 일이다. 일본에서는 회사에서도 친한 동료끼리 머리 때리기는 어느 정도 허용된다. 반면에 한국에서 타인의 머리 때리기는 군대에서조차 허용되지 않는다. 일본의 쇼 프로그램에서의 '머리 때리기'는 심플한 개그의 표현일까. 쉽게 볼 수 있는 일본만화의 폭력성에서 진화된 애교의 일부일까. 머리의 소중함은 인간 누구에게나 같겠지만 머리를 때리고 맞는다는 부분에서는 일본이 한국보다는 쿨한 것 같다. 이것도 또 하나의 재미있는 차이가 아닐까 싶다.

일본의 유명 개그 콤피 '다운타운'의 하마다 마사토시에게 머리를 맞은 한국인 여자 연예인 '윤손하'의 모습은 한국에서도 많은 이슈가 되기도 했었다.

니혼TV의 버라이어티방송 ヒルナンデス!

아슬아슬 노출방송

한국과 일본의 쇼 프로그램의 다른 점 중 하나는 일본은 역시 성적으로 개방적인 모습들이 많다. 2009년 한국은 여자 아이돌 가수들의 해였다. 소녀시대, 브라운아이드 걸스, 카라, 에프엑스 등의 걸그룹들의 댄스는 대한민국을 뒤흔들었다. 군인들은 물론이요, 대한민국 남성들의 마음을 흔들어놓았다. '브라운아이드 걸즈'의 '시건방진 춤'과 '카라'의 '엉덩이 춤'은 청순한 한국 여자를 좋아하는 한국 남자들에게 살짝쿵 마음을 흔들어주는 섹스어필로 충분했다. 하지만 한국에서 방송에 내보낼 수 있는 수위는 여기까지. 오히려 이 정도 수준에 만족한다고 할까. 한국에서 이 이상의 에로틱한 모습은 즉시 마녀사냥 같은 화살로 날아온다. 심한 노출의 과한 옷은 오히려 반감의 대상이다. 2013년에 '클라라'라는 연예인은 타이트한 스키니 옷으로 몸매를 드러낸 야구 시구를 한 후 큰 이슈를 만들었는데 열광적인 반응이 있는 반면에 색안경을 끼고 보는 대중들도 많았다. 그런데 일본은 색안경을 끼지 않는다. 오히려 대놓고 보고 보여준다. 여자 아이돌들은 비키니와 아슬아슬한 옷차림에 한국에서 18세 이상 등급이 붙어도 될만한 게임이나 이벤트 등을 한다. 에로틱한 말들은 농담조로 자주 나온다. 오히려 직접적으로 물어본다. 일본 방송을 볼 때마다 느끼는 것이지만 일본은 성에 대해 참 개방적이다.

일드와 한국 드라마의 차이는 백마탄 왕자님?

드라마부터 살펴보자면 일본의 드라마와 한국의 드라마는 엄연한 차이가 존재한다. '후유노 소나타(겨울연가)' 이후 요즘은 한류 드라마도 일본 방송에서 쉽게 볼 수 있기 때문에 한국 드라마를 본 일본인들도 꽤 많다. 그래서 일본친구들에게 일본 드라마와 한국 드라마 무엇이 다른 것 같냐고 물어보면 가장 먼저 하는 말이 한국의 드라마는 스토리가 비슷하다는 것이다.

가진 것 없고 열악한 환경이지만 열심히 살아가는 여주인공이 있다. 가진 것은 딱 하나. 예쁘고 청순한 외모. 이런 여주인공은 '외로워도 슬퍼도 나는 안울어~' 그야말로 캔디다. 이런 캔디들에겐 꼭 나타난다. 얼마면 되? 얼마면 되겠어? 라고 말하며 가진 건 돈이고, 뚜껑 열리는 외제차에 게다가 외모까지 훌륭한 완벽남이다. 이를 보는 한국의 평범한 남자들은 머리 뚜껑(?)이 확 열린다. 한국의 드라마에는 캔디가 있고 왕자님이 있다. 그리고 여주인공은 병에 걸리거나 여러 가지 사고를 당한다. 결정적인 상황에서는 10초 아니 5초도 안되는 순간의 차이로 두 주인공은 엇갈리고 또 엇갈린다. 이 긴박하고 아슬아슬한 뻔한 스토리가 일본인들에게 어필되나 보다.

한국 드라마의 특징은 여러 가지가 있는데 비련의 여 주인공과 백마탄 왕자님의 러브스토리, 그리고 드라마 방영 중에 시청률이 높으면 방송 분량이 늘어난다는 것이다. 보통 일본 드라마는 10부작이 많다. 인기가 많든 적든 10부작으로 애초부터 정해진 드라마로 특별한 경우가 아니라면 10부작에서 끝난다. 그에 반해 우선 한국 드라마는 길다. 시청률이 좋지 않으면 일찍 끝나기도 하고 인기가 많으면 더 길게 방송을 하기도 한다. 드라마에 매료된 시청자들은 연장 방영을 방송국에 요청하기도 한다. 또 하나 재미있는 특징은 연인과의 갈등이나 사건사고, 삼각관계 등이 많다. 특히 요즘 한국의 이혼률에 편승하여 배신, 불륜, 이혼에 관한 내용도 많다.

한국 드라마에 매료되어 꾸준하게 보고있는 일본인들에 비해 드라마가 너무 길어 볼 엄두가 나지 않거나 비슷한 스토리에 말도 안되는 주인공들의 사건, 사고 등으로 아예 안본다는 일본인들도 있었다. 하지만 반대로 한국 드라마만의 특징적인 면에 매력을 느끼는 사람들도 있어 인기와 더불어 마니아층까지 생기는 것 같다. 개인적으로 여러 일본 드라마를 보면서 느낀 점은 소재가 다소 가볍고 다양하며 물론 무거운 내용의 드라마도 있지만 시트콤 스타일의 드라마가 많다는 점이다. 신데렐라 스토리나 배신과 복수의 자극적인 시나리오의 한국의 드라마와 희화적이고 만화같은 독창적인 소재로 만들어지는 일본 드라마를 보면 각 나라의 성격과 현재 모습들을 보여주는 시대의 상으로 보여진다.

한국 드라마를 보며 자란 한국 남자와 여자들은 어떨까? 어떻게 저런 완벽남들이 TV만 켜면 나타나 현실의 우리를 자격지심이 생기게 만들까? 왜 주변 여성들의 눈을 높여놓는 걸까? 돈벌기도 힘든데 식스팩 몸까지 완벽해야 하고 부드러운 남자였다가 터프한 남자로 변신에 변신을 거듭하는 한국 드라마를 보는 여자들은 현실 속의 남편이나 애인에게 드라마의 주인공같은 남자가 되어주길 원한다. 드라마 '아이리스'의 이병헌은 자기가 입 속에 물고 있던 사탕을 키스를 하는 중에 김태희에게 넣어준다. 키스 자체만으로도 달콤할텐데 사탕까지 넣어주니 보기만해도 달콤하다. 2014년 '별에서 온 그대'라는 드라마는 외계에서 온 남자 주인공까지 완벽하게 위기 속의 여 주인공을 구해주며 사랑에 빠진다. 이제 한국 드라마는 외계인까지도 백마탄 왕자님이다. 이런 드라마들을 본 여성들은 어떨까. 내가 비록 지금은 힘들고 내세울 것 없어도 언젠가 백마탄 왕자님이 나타나 나를 구제해주리라. 이런 드라마를 보며 꿈과 희망을 갖게 될지도 모르겠다.

　　대한민국 온 국민의 여자들에겐 2009년 '꽃보다 남자'라는 드라마의 지후 선배가 있었다. 우리 주변에서 쉽게 볼 수 있는 선배라는 단어의 최정점 이상향 도장을 찍어버렸다. 남자들은 그래서 알게 모르게 후배들 앞에서 지후 선배를 의식했을지도 모른다. 한국 남자들은 한번쯤 드라마 속 백마탄 왕자님을 꿈꿔보기도 한다. 복잡한 경쟁의 도시에서 퇴근 후 하루일과의 스트레스를 풀어주고 현실을 위로해주는 것 중 하나가 드라마이다. 이런 드라마 속 왕자님들을 보기위해 우리의 누나들, 여동생들, 여자 후배들은 드라마 방송시간이 되면 집으로 돌아가야만 하는 신데렐라가 된다.

닌텐도 게임으로까지 발매될 정도로 많은 인기를 얻은
'겨울연가(冬のソナタ)'와 일본에서도 큰 사랑을 얻은
한국 드라마 '시크릿가든(シークレットガーデン)'

일본 편의점은 서점인가?

도쿄의 편의점에 가면 가장 부러운 한 가지가 있다. 바로 편의점 내에 있는 신문과 만화, 잡지 등을 무료로 볼 수 있다는 것. 다시 말하면 우리나라처럼 포장되어 판매되는 것이 아니라 직접 펼쳐서 보고 살 수 있다는 것이다. 많은 종류의 만화와 잡지들은 그저 영업에 방해가 되지 않는 선에서 깨끗하게만 보고가면 될만큼 직원들의 규제나 특별한 조치가 없다. 이것이야말로 더할나위 없이 좋은 무료 만화방이 아닌가.

DVD 렌탈 매장에 딸린 만화나 잡지도 서서 눈치보지 않고 볼 수 있는 최적의 공간으로써 다른 손님에게 방해가 되지 않는다면 만화의 천국 일본에서 누리는 최고의 특혜가 아닐까 싶다. 일본의 수많은 종류의 일본만화와 그 시리즈들, 그리고 온갖 다양하게 발행되는 잡지들을 보면 놀랍고도 신기하기까지 하다. 자신의 개성과 취미를 계발하고 서로 인정해주는 그들의 다양한 잡지들은 어쩌면 저마다의 개성과 마니아층이 확고한 일본의 소비자들의 기호를 생각한다면 당연한 것은 아닐까 생각이 든다.

TUSTAYA, 출처 위키백과

편의점에서
책읽는 일본사람들

한 가지 예를 들어, 미용에 관한 여성잡지는 한국에서도 꽤 많이 나오지만 패션, 미용에 관한 남성잡지는 흔하지는 않다. 일본의 남성잡지 종류는 한국에서 발행되는 잡지 수보다 많았는데 패션 뿐만이 아닌 심지어 '캬바쿠라(접대식 술집)'에서 일하는 여성들의 프로필 소개 잡지까지 발행될 정도이다. 이 잡지를 보고 일본의 개방적인 문화와 다양한 테마의 잡지의 종류에 놀라지 않을 수 없다. 댄스와 관련된 잡지도 있었는데 일본 전국의 소년 소녀 비보이, 비걸 팀들의 소개와 사진들을 게재한 잡지였다. 비보이라면 한국이 세계 최고라고 알고 있던 내게 이 잡지는 색다른 신선함을 주었다.

일본의 다양한 문화는 서점의 잡지들을 보면 알 수 있다. 한국이라면 어린 아이가 진한 화장에 전문적으로 춤을 추는 학생들이 얼마나 될까? 몇 팀이나 될까? 이 잡지에 나왔던 일본 전국의 수많은 소년 소녀 비보이팀들은 어릴 적부터 재능을 인정해주고 자유롭게 활동할 수 있도록 지원해주는 모습이 나왔었는데 오로지 선행학습과 소위, 일류대학을 위한 학원에만 목숨 거는 한국의 어린친구들과는 확연히 다른 모습에 한편으로 부럽기도 하고 또 안타깝기도 했다. 이는 단지 아이들의 모습만이 아닌 어른들의 생각의 차이가 보여지는 또다른 단면일지도 모른다. 이러한 아이들을 지지하고 응원하는 일본의 어른들의 개방적인 생각의 차이가 1등만을 강요하는 한국의 기성세대와는 다르기 때문이다. 도쿄에 간다면 서점에도 꼭 한번 들려보시길. 그리고 편의점에서도 서서 만화책이나 잡지도 한권 봐 보시길. 새로운 도쿄, 그리고 앞으로의 일본을 느낄 수 있을 것이다.

일본과 한국을 움직이는 만화산업

일본의 만화산업은 일본시장을 움직이는 가장 큰 문화 콘텐츠라고 할 수 있다. 독창적인 소재와 창의적인 발상의 어떤 한 영역에는 일본의 만화산업과 애니메이션의 영향이 컸음을 알 수 있다. 이는 한국의 또래의 친구들마저 어릴 때부터 일본의 만화 드래곤볼을 보며 상상력을 키웠으니까 말이다.

일본은 메이지시대에 개항과 더불어 서양의 많은 문물을 받아들였는데, 이때 서양의 잡지나 신문 등에 실린 서양의 만화는 일본 근대만화의 성립에 많은 영향을 주었다. 요미우리신문은 1930년에 만화부를 신설해, 만화의 인기를 바탕으로 신문의 부수를 22만부로 끌어올렸고, 이후 지속적으로 만화에 투자를 하며 1944년 200만부에 도달했고, 오늘날 일본 최고의 신문이 되었다.

오늘날 일본만화을 이해하는 처음이자 마지막은 바로 '테즈카 오사무'라는 인물이다. 테즈카 오사무는 일본만화의 여러 특징을 완성했으며, 특히 함께 사숙하며 제자들을 양성했고, 또한 많은 신인작가들이 새로운 만화를 탄생시켰다.

일본의 만화산업은 1945년에서 1954년까지의 약 10여 년이 일본 전후만화의 발흥기로 구분할 수 있고, 1955년에서 1964년까지 소년만화와 대본만화의 융성기로 볼 수 있다. 1965년에서 1974년까지는 극화의 전성기라 할 수 있는데, 1959년 다츠미 요시히로는 '극화공방'을 결성해 자신의 작품이 '만화'가 아닌 '극화'라 선언하며, '웃음'을 배제한 만화를 선보였다. 주간 소년만화 잡지와 극화의 유행은 일본만화의 대중화를 가져왔다. 1960년대 초기 소년만화와 소녀만화를 동시에 창작하는 작가들이 대부분이었는데 비해, 1960년대 후반으로 접어들며 소녀만화를 전문적으로 창작하는 여성 작가들이 등장하기 시작했다. 1970년대에는 극화의 영향을 받아 장대한 서사를 배경으로 한 소녀만화가 나타났다. 1972년 «베르사이유의 장미»는 소녀만화의 지각변동을 가져오는 혁신적인 작품이었다. 이 작품은 바다 건너 우리나라에도 영향을 주어 1980년대 서사적 순정만화를 여는 시발이 되었다. 이러한 출판만화의 인기작은 TV애니메이션 시리즈의 원작으로 무수히 공급되었다. 일본의 TV애니메이션 시리즈가 미국의 애니메이션과는 달리 독특하게 발전된 까닭은 1965년에서 1974년에 시작된 극화만화의 부흥을 기반으로 하고 있다.

좌, 테즈카 오사무의 대표작중의 하나인
일본 최초의 TV 애니메이션 '철완 아톰'
(리바이벌 컬러판)

우, 서점에 있는 많은 만화책들

　　급속도로 발전한 일본만화계는 1975년에서 1984년 적극적인 신인모
집과 동시에 독자투표에 의한 작품 관리 시스템을 도입해 오늘날과 같은 일
본식 만화시스템을 완성했다. «소년 매거진»의 성공에 자극받아 «소년 챔피
온», «소년 점프» 등이 창간되었다. 잡지에서 신인을 발굴하고, 작품을 관
리하는 소위 프로듀서 시스템을 선보인 «소년 점프»는 도리야마 아키라의 «
닥터 슬럼프», 유데 타마고의 «근육맨», 하라 데츠오의 «북두의 권»과 같은
새로운 개념의 인기작을 선보이며 1988년에 드디어 500만 부에 도달하는
진기록을 세웠다. «소년 점프»의 500만 부를 계기로 일본만화는 일본에서
가장 경쟁력있는 엔터테인먼트로 자리 잡았고, 일본만화는 드라마, 애니메이
션, 게임, 캐릭터로 확산되어 가며 원작 콘텐츠로 영향력을 확고하게 했으며,
높은 부가가치를 창출했다. 특히 «유유백서», «슬램덩크», «드래곤볼»의 3
대 히트작이 이때 나오게 되었다.

　　일본만화는 1980년대 중반 미국에 진출했고, 1990년대에 유럽에 본
격적으로 진출했다. 일본만화의 세계 진출 전략은 만화를 원작으로 하고 있
는 애니메이션의 진출로 시작되었고, 특히 저가의 대량 시리즈로 공급되는
일본의 애니메이션은 공중파는 물론 케이블 등을 통해 안방을 찾아갔다. 일
본만화의 코드에 익숙해진 어린이들이 청소년으로 성장하며, 마니아층을 형
성하였고 일본만화도 더불어 발전하게 되었다.

2013년 은퇴한 미야자키 하야오의
대표작중의 하나인 센과 히치로의 행방불명

1989년부터 2013년 5월까지 일본에서
개봉한 영화중에 가장 많은 수입을 낸 영화 1위가
센과 히치로의 행방불명이다. 304억엔으로
한국돈 약 3100억 정도의 어마어마한 인기를
얻은 작품이다. 2위는 262억엔으로
타이타닉이 차지했고, 3위는 203억엔으로
해리포터 마법사의 돌이 차지했다. 이는 일본의
애니메이션을 향한 대중적인 수준과 국민들의
사랑이 굉장히 크다는 것을 확인할 수 있다.

2009년 발행된 만화단행본 '원피스'는 제56권의 초판 발행부수가 285만 부를 달성, 만화역사상 최고 기록을 갱신하였다. 그리고 최근 2013년에 전 세계에 3억4천5백만 부가 팔렸다. 작가는 이제 절반정도 왔다고 하니 완결되면 7억만 부가 될지도 모르겠다. 만화책에서 애니메이션으로, 그리고 많은 상품들이 넘쳐나오고 있다. 2010년 일본의 한 방송에서는 원피스 작가 '오다 에이치로'가 1년에 버는 금액이 31억 2228만 엔으로 나왔는데 이는 한국 돈으로 환산하면 400억이 넘는 금액이다. 잘 만든 만화 하나가 왠만한 대기업보다 나을지도 모르겠다.

니혼 TV '바보인 척하고 물어보다
(バカなフリして聞いてみた)'.

원피스 그림의 휴지

일본만화 '원피스'

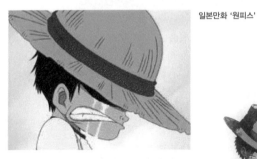

'사람이 언제 죽는다고 생각하나!?'

심장이 총알에 뚫렸을 때? 아니!!
불치의 병에 걸렸을 때? 아니!!
맹독 스프를 먹었을 때? 아니야!!!

……사람들에게서 잊혀졌을 때다!!

좋아하는 원피스의 명대사
'히루루크'가 한 말이다.

10년~20년전만 하더라도 일본만화는 우리세대에 정말 많은 부분을 차지했다. 그렇다면 지금은 어떨까? 시대가 변한 만큼 일본에서도 만화산업이 잠시 움추리는 듯 했다. 하지만 한국에서도 아직 일본의 애니메이션 영향은 여전히 대단하다. 2013년 구글에서 인기 검색어 종합순위를 발표했는데 1위를 일본의 애니메이션 '진격의 거인'이 차지했다. 2위에는 싸이의 '젠틀맨', 3위에는 미국 프로야구 데뷔 첫해 14승을 올린 '류현진'이 올랐다.

　　이를 보면 한국에서도 일본의 애니메이션 인기는 무시할 수 없는 하나의 상품이다. 최근 한국에서는 인터넷의 발달과 웹툰이라는 새로운 만화 장르가 구축되어 많은 사랑을 받고 있는데, 미생이라는 웹툰만화는 50만 부를 넘는 한국만화의 새로운 한 페이지를 장식했다. 일본과는 차별화 된 웹툰이라는 한국만의 방식과 독창성으로 세계적으로 뻗어나가길 기대해본다.

일본 애니메이션 '진격의 거인'

　　2013년 6월 11일 수백 번을 본 듯한 시부야 스크램블에서 처음 보는 광경이 펼쳐졌다. 사람들이 한쪽 모니터를 보고 움직이지도 않은 채 보고 있는 것이 아닌가. 요즘 큰 인기를 얻고있는 '진격의 거인'이라는 애니메이션을 다같이 보고 있는 것이었다. 심지어 신호가 바뀌어도 말이다. 탄탄한 스토리와 빠른 전개가 인간의 나약함을 여지없이 보여주는 일본 애니메이션계에 파장을 일으키고 있는 작품이다.

4 食

서울과 도쿄의
식(食)문화이야기

　　한국은 잘 먹는 나라이다. 앞서 한국의 방 문화를 이야기했지만 한국은 믹스문화와 먹는 문화가 크게 내재되어 있다. 이런 믹스문화와 먹는 문화는 욕에서도 나온다. 세상에서 가장 욕이 많은 나라도 한국이다. 왜냐하면 우리는 모든 말을 욕으로 믹스해서 만들 수 있기 때문이다. 한국어의 먹는 의사표현은 외국인이 공부하기에 참 어렵다고 한다. 예를들면 우리는 팔팔 잘 끓여진 찌개나 국을 먹고 시원하다고 한다. 왜 시원하지? 국물은 뜨거운데 왜 시원하다며 외국인은 물어본다. 우리는 방귀를 뀌고도 시원하다고 한다. 사우나에서 따뜻한 욕조에 들어가도 우리는 시원하다고 한다. 식사 후 간단한 후식을 먹으며 우리는 개운하다고 한다. 그리고 목욕을 하고 나오면 개운하다고 한다. 이빨을 닦고 나와도 개운하다.

　　"아침 드셨습니까?" 아침을 먹나? 우리는 아침도 먹는다. "점심이나 같이 하자!" 점심에 뭘하나? 밥먹자는 뜻이다. 짧은 줄임말에도 먹는다는 뜻이 포함되어 있다. 히딩크의 "나는 아직도 배고프다" 라는 명언은 먹는것에 대한 표현에 민감하고 풍부한 한국인에게 더 가슴깊이 와닿았으리라. "호박씨나랏 까먹는 소리하고 있네", "못먹는 감 찔러나 본다", '젊은 남녀가 상대를 꼬셔 같이 잠을 잤다'라는 말을 비속어로 "따먹었다"라고도 한다. "누구누구 정치인이나 공무원 등은 뇌물 받아 먹었다" 전교에서 공부로 1등을 하든 꼴등을 하든 "1등 먹었다, 꼴등 먹었다"라고 한다. "옆집 순이는 이번 기말고사에서 학교에서 짱 먹었다더라", "먹고 죽은 귀신은 땟갈도 좋단다".

　　그렇다. 우리는 먹는다. 어쨌든 못먹는 것보다는 낫다. 전쟁시절 배고팠던 우리는 먹는게 낙이었고 삶의 희망이었으니까. 잘 먹어야 열심히 일하고 잘 일한다. 잘 먹는만큼 소화도 잘 되는 나라, 바로 대한민국이다.

정(情) vs 더치페이

    일본인을 비롯한 외국인들이 이해하기 어려운 한국의 음식문화 중 한 가지가 찌개 하나에 숟가락을 모두 넣어가며 퍼서 먹는 것이다. 일본은 밥그릇 외에 떠먹는 나베접시가 따로 있지만 우리는 조금 다르다. 국 종류는 옆에 퍼서 밥 오른쪽에 두고 찌개는 일반적으로 한 뚝배기에 숟가락을 넣어가며 같이 먹는다. 일본사람들 중에서도 한국사람들처럼 찌개냄비에 숟가락을 넣어 먹는 것을 나쁘게 생각하지 않은 사람도 있긴 하지만 드문게 사실이다. 그래서 도쿄의 한식 음식점에서는 각자 덜어먹는 접시가 따로 나간다. 왜 다를까? 한국사람들에게 일본사람들은 철저한 개인주의라는 이미지가 있다. 한국은 나누는 정이 있지만 일본은 그런 정이 덜하다는게 이런 식문화와 접시 개수까지 바꾸는 것일까. 식사가 끝난 후 계산을 할 때면 더욱 확연하다.

    한국은 더치페이에 관한 문화가 아직은 덜 익숙하다. 식사를 상대방이 사면 커피를 내가 산다고 해야 할까. 오랜만에 만난 친구나 선후배 사이에는 이 식대 계산하는 분위기가 참 애매하다. 서로 계산한다는 모습의 리액션은 한번은 취해야 어색하지 않다고나 할까. 술자리 후의 계산은 더 재미있다. 먼저 계산하겠다는 사람이 있는가 하면 술값을 내지 않으려고 신발끈을 늦게 묶는다던지 화장실을 간다던지 자리에서 먼저 일어나는 등 많은 에피소드들을 우리는 농담삼아 얘기하곤 한다.

    일본은 어떨까. 일본에서도 술값을 먼저 계산한다거나 한턱 쏘는 풍경도 있지만 확실히 한국보다 각자 먹은 값의 계산은 정확히 하는 편이다. 개인이 술을 몇 잔을 마셨는지에 맞춰 계산을 하는 모습도 자주 볼 수 있다. 재미있었던 에피소드 하나를 들자면, 2007년쯤 부산에서 있었던 'IFI(세계실내디자인학회) WING 국제 워크샵'을 참가한 적이 있었다. 8개국의 여러 아시아 학생들이 참가했고 장소도 한국 부산이었던 터라 우리 한국학생들은 외국학생들을 많이 배려해 주었던 일이 있다. 간단히 말하면 우리 모두가 외교관이라 생각했던걸까. 같은 술값도 한국학생들이 더 내기도 했다. 왜냐 우리는 '정(情)'이 있으니까. 그 친구들은 손님이고 우리는 주인 같았으니까. 술값을 더 내도 기분이 좋았다. 왜냐? 우리에게는 영어 단어로 설명할수 없는 '정(情)'이 있으니까, 그런 문화가 있으니까 말이다.

    워크샵을 끝내고도 반년동안 간간히 일본 학생들과도 연락을 했고 유학을 가서 워크샵 때 참가했던 일본친구들을 만났다. 일본친구 3명과 뭘 먹을까 하다가 "역시 일본하면 스시데스!" 하면서 일본친구들의 안내로 스시집에 갔다. 처음 일본에서 먹었던 오리지널 스시라는 것과 일본친구들과 함께 서툰

일본어로 대화하며 즐거운 식사시간을 보냈다. 그후 계산을 하려고 나가는데 한 친구가 계산기를 꺼내더니 전체 음식값에서 정확히 4로 나누는 것이었다. 한국에서도 친한 친구들끼리는 더치페이를 쉽게 하기도 하는데, 만약 한국친구들 셋과 한국에 유학을 온 일본인 친구가 처음 같이 식사를 했었다면 4로 나누어 똑같이 계산했을까. 대부분의 한국친구들은 일본친구를 제외하고 돈을 모아 계산을 했을 것이다. 그날 '아, 이렇게 일본이구나'라는 생각도 들었지만 내가 이 친구들과 친하지 않아서 그런가? 아니면 이 친구들도 학생이라 부담하기 힘들어서 그런가? 하는 생각도 들었는데 일본에서 처음 겪은 재미있는 에피소드였다. 물론 아닌 경우도 있었다. 디자인으로 친해졌던 동갑내기 일본인 친구는 오히려 유학생이라고 회사들어가면 그 때 돈을 내라고 몇 번이고 계산을 직접 다 했었다. 이렇게 일본엔 계산기까지 꺼내며 계산했던 친구들만 있던 것은 아니다. 후에 그 친구에게 한국 음식점에서 삼겹살을 산 적이 있었는데 돈을 쥐어주는걸 몇 번이고 안받았더니 나중에는 잘 먹었다고 수차례나 인사받았던 기억이 있다.

　　과연 어떤 것이 상대방을 배려한 따뜻한 음식문화일까. 눈치보며 머리 속 계산과 행동이 다른 리액션의 한국일까, 깔끔하게 서로 나누어 계산해서 불편함이 없는 일본일까. 일본은 점심시간에도 직장 상사들과 식사를 잘 안한다는 통계가 나온 적이 있다. 점심시간도 엄연한 자기의 쉬는 시간이고 반대로 점심시간까지 직장상사와 같이 식사하는 것은 일의 연장이라고 생각하기 때문이라고 한다. 식사 중에 한마디 더하며 친해지는 한국의 식문화가 일과 쉬는 시간의 연장을 능률적으로 화합하는 것일까, 아니면 일은 일이고 쉬는 시간은 확실히 쉬는 일본이 능률적인걸까.

　　한국과 일본은 전쟁 후의 빠른 경제성장력을 보여준 나라이다. 우리에게 가장 가까운 세 가지 의, 식, 주를 살펴보면 그 나라의 문화를 가장 잘 알 수 있지 않을까.

빠른 식사 문화 vs 기다리는 식사 문화

한국은 빠르다. 특히 빠른 경제성장의 속도는 한 숟가락이라도 더 빨리 먹고 빨리 일하고 끝내자는 한국 특유의 멤버십이 발휘된 것인데 늦게 먹으면 게으른, 빨리먹고 일하면 밥도 잘먹고 일도 잘하는 칭찬 아닌 칭찬을 받는 나라이다. 대한민국 신체 건강한 모든 남자들이 의무적으로 가야하는 군대에서는 밥을 빨리 먹지 않으면 군기가 빠진 남자다. 평균 5분이면 될까. 1시간 가까이 여유롭게 음식과 대화를 즐기며 식사를 하는 유럽권의 나라들과 비교하면 상상할 수 없는 시간이다. 식사를 빨리하는 한국사람. 이것이 한국의 문화이고 습성이다. 이런 빨리 빨리 습성은 평소 생활에서도 나온다. 운전할 때 한국사람은 남녀노소 할 것 없이 스피드레이서요, 운전 중 양보해주는 자기 스스로의 모습을 볼 때면 난 넓은 아량을 가진 선비요, 여유있는 사람이다. 반대로 몇 초 후면 바뀌는 신호를 기다리지 못해 슬금슬금 앞으로 나오지 않고는 좀이 쑤시는 국민이고, 커피 자판기에 커피가 다 나오기도 전까지 손을 넣고 있는 국민이다. 고스톱을 치다가도 조금만 늦으면 빨리 치라고 잔소리를 듣기도 하고, 술이 취하는 과정을 즐기기보다 취한 후부터 시작이라며 달려! 달려~ 죽자~!를 외친다. 이런 빨리 빨리 문화는 인터넷 사용시에도 쉽게 나타난다. 세계에서 둘째가라면 서러운 빠른 인터넷 속도로 한국의 네티즌은 빨리 보고 빠르게 퍼트린다. 오히려 첫 기사 제목만 보고 판단해버리고 연예인들을 매장시키는 경우도 부지기수이다. 기사는 대충 읽으며 기사의 베스트 댓글을 읽고 그 기사를 파악하기도 한다. 다행이도 최근에는 앞서 말했던 인터넷상의 악플러들 때문에 생긴 안좋은 사건들로 인해 네티즌들도 좀더 차분해지고 신중해진 것은 사실이다.

그에 반해 일본은 차분한 모습들이 많다. 온천을 즐기는 나라이기 때문일까. 우리나라 삼면의 바다보다 하나가 더 많은 전면이 바다라서 그런걸까. 사람은 물을 보면 침착해지고 차분해지는 심리적 행동들이 나타나는데 일본인들은 물과 가까워 더 차분할지도 모르겠다. 회를 즐겨먹는 나라로서 물고기를 잡기위해 낚시꾼이 몇 시간을 기다리듯 일본인은 한국인에 비해 차분함이 보인다. 한국을 '불'이라 비유하면 일본은 '물'이다. 일본인은 젓가락으로 한알 한알 먹는 여유가 있을지 몰라도 한국인은 깨작깨작 먹는다고 부모님께 분명 야단 맞으리라. 그렇다. 우리에게는 숟가락이 있다. 한 숟가락 가득 퍼서 먹는 것이 복스러워 보임이요. 마님을 부르던 변강쇠가 밥 한 숟가락을 크게 떠 먹을 때면 어리석어 보이기보다 오히려 힘과 에너지가 느껴진다.

일본친구들과 명동에 있는 설렁탕집에서

　　한국인들은 유명 맛집이 아니고서야 오랜시간 줄을 서서 기다리지 않
는 편이다. 30분이면 꽤 오래 기다린 편이다. 특히 식당에 들어가서 식사
가 늦게 나온다거나 하면 다들 한소리 한다. 식당을 경영하는 사람도 손님도
"빨리 빨리"가 당연하기 때문에 30분 이상 줄을 선다는 것은 예약제로 시스
템 자체를 바꾸는게 일반적이다. 한국에 비하면 일본은 식당이나 음식을 주
문하고서도 보통 기다리는 편이다. 일본친구들이 하는 말이 일본인들은 기
다리는 것을 좋아한다고 말할정도니까. 맛있는 음식을 먹을 수 있다면 기본
한, 두 시간도 참고 기다린다. 도쿄의 츠키지시장의 유명 횟집에서 아침 7시
부터 세 시간을 줄서서 기다린 후에야 점심을 먹은 적이 있다.

　　기다린만큼 그 맛에 대한 기억을 잊을 수가 없는데 음식을 향한 간절
함과 설레임, 그리고 감사함이랄까. 좋아하는 여자에게 오랜시간 망설이다
가 고백하고 승낙받는 기분이랄까. TV방송에서 본 적이 있는데 일본 지방에
서 유명한 명물들이 나오는 날에는 하루이틀 전부터 가게 앞에서 텐트를 치
고 기다리는 사람도 많다. 미국의 블랙프라이데이 세일 행사 때에는 물건을
사기 위해 하루이틀 전부터 줄을 서지만 일본은 한끼 식사를 위해 하루이틀
줄을 서는 모습을 보면서 일본과 한국의 참 다른 모습이 느껴지곤 한다.

양반처럼 먹기 vs 동물처럼 먹기

　주거환경과 식생활에 따라 식문화도 달라지는데 한국의 온돌 문화에서는 조리를 하는 아궁이, 즉 부엌이 방 밖에 있어 조리한 음식을 들고 들어오기 때문에 큰 밥상에 많은 인원이 둘러 앉아 모여 식사를 했지만, 일본은 다다미 한가운데 '이로리(囲炉裏 집안 난방이나 취사를 위한 역할을 하는 화덕)'를 두고 큰 '나베(鍋 냄비)'가 있고 이 나베에서 음식을 각자의 그릇에 덜어먹었기 때문에 가족이 화로 주변에 둘러 앉아 자기 그릇을 들고 먹었다. 이런 식문화가 자연스럽게 이어져 지금의 식문화로 이어졌다고 보여진다. 그래서 한국은 큰 밥상 가운데 찌개가 있어 숟가락으로 다같이 먹지만 일본은 개인 밥상이 따로 있기 때문에 찌개를 개인 그릇에 덜어먹게 된다.

　일본은 밥을 먹을 때 밥그릇을 손에 들고 젓가락으로 먹는다. 일본에서는 밥그릇을 식탁 위에 두고 머리를 숙여 먹는 것은 동물들이 밥을 먹는 모습에 비유된다하여 좋지않게 생각한다. 반대로 한국은 식탁 위에 밥그릇을 그대로 두고 숟가락 또는 젓가락으로 먹는다. 밥그릇을 들고 먹는 것은 점잖지 못한 행동이라 생각한다. 옛날부터 밥그릇을 식탁 위에 두고 허리를 펴고 곧게 떠서 먹는 것이 양반들이 먹는 것이라고 생각했다.

좌. 한국의 수저 위치(세로)
우. 일본의 수저 위치(가로)

한국의 수저 위치 vs 일본의 수저 위치

　　식사하기 전, 차려진 밥상에 놓인 숟가락과 젓가락의 위치를 보자. 일본에서 밥을 먹을 때면 항상 궁금했던 점이다. 한국의 수저 위치는 음식점이나 가정에서나 언제나 세로로 가지런하게 놓는다. 그런데 일본의 수저는 왜 가로로 놓일까? 일본이 젓가락을 가로로 두는 이유로는 여러 가지 의견이 있는데 '사무라이'라고 불리던 일본 봉건시대의 '무사(武士)'들이 밖에서는 칼을 차고 식사를 했지만, 실내에서는 칼을 옆에 두고 식사를 하였는데 젓가락을 세로로 두는 것은 옆에 두는 칼의 방향과 같이 적의를 줄 수 있는 방향이기 때문에 가로로 두었다는 의견이 지배적이다. 다른 의견으로는 많은 사람들이 겸상을 하여 먹는 큰 밥상의 형태인 한국은 세로로 놓는 것이 유리하고, 개인의 독상으로 되어있는 일본 밥상의 형태로는 가로가 긴 직사각형이기 때문에 왼손잡이나와 오른손잡이의 잡는 방향을 배려하는 차원에서 가로로 놓았다는 견해도 있다.

쇠젓가락 vs 나무젓가락

한국은 옛부터 왕이 식사를 하기 전에 상궁이 먼저 음식을 먹어본다. 이때 상궁이 음식에 독이 있는지 없는지를 먼저 먹어보고 확인하기 위해서 은수저와 은젓가락으로 확인을 해보는데 은의 색깔이 변하면 음식에 독이 들어있다는 신호이다. 또한 옛 선조들은 은 식기의 색깔이 변하면 집안에 변고가 생기거나 건강이 안 좋아진다고 여겼는데 이는 한국사람들이 은을 중요한 재질 중 하나로 생각하고, 은이나 쇠 등의 재질이 한국인의 건강과 행운을 표현해준다고 믿었다. 그래서 한국의 밥그릇과 반찬그릇에는 놋쇠와 스테인리스 등의 밥그릇이 많다.

일본은 찌개를 가운데 두고 숟가락으로 먹는 한국의 겸상문화와 달리 각자의 상을 가지고 식사를 하는 독상문화이기 때문에 숟가락보다는 젓가락이 발달이 되어있다. 특히 나무로 젓가락을 만들어 사용하는데 이는 여러 가지 이유가 있다.

하나는 일본사람들이 버드나무, 삼나무, 회나무, 대나무 등을 신성하게 여기며 행복과 번영, 그리고 건강을 상징한다는 것이다. 특히 버드나무를 주로 사용하는 것은 새해에 젓가락이 부러지면 재수가 없다고 하여 튼튼한 버드나무를 사용했고 버드나무의 향기가 안좋은 기운을 없애준다고 생각하였다고 한다. 그래서 밥그릇과 반찬그릇이 대부분 나무로 되어있다. 또한 일본인들은 '후토바시', '다와라바시', '하라미바시'라는 젓가락이 오곡, 풍작과 자손 번영을 상징한다고 생각했다. 또한 한국과 마찬가지로 탕 문화가 발달되었지만 육류보다는 어류와 해산물 식문화가 발달되어 나무로 된 젓가락이 잘 미끄러지는 쇠나 스틸 재질보다 식사하기에 훨씬 유리하다는 것이다. 중국 또한 기름진 미끄러운 음식이 많고, 큰 회전식 원형테이블로 식사를 하기 때문에 나무로 된 긴 젓가락이 발달한 것이다. 마지막으로 일본에게 쇠는 많은 전쟁의 무기로 사용하기 위한 귀한 재료였기 때문에 식사를 하기 위한 재료로 쓰기에는 어려웠을 것이다. 도쿄 시부야의 유명한 심볼 '하치코(ハチ公)'동상 또한 전쟁 당시 무기의 재료로 사용되기 위해 철거되었던 것을 보면 일본에게 쇠, 철이란 매우 귀하고 절실했던 재료였을테니 말이다.

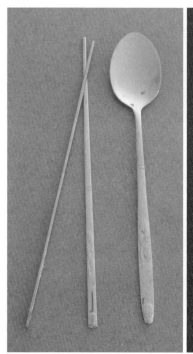
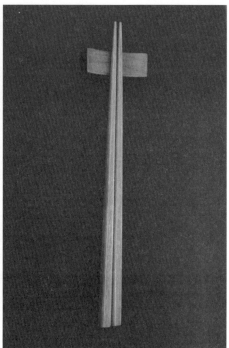

한국의 쇠젓가락   일본의 나무젓가락

젓가락의 형태 또한 비교해보면
재미있는데, 밥그릇을 밥상 위에 두고
숟가락으로 먹는 한국과 다르게
밥그릇을 들고 먹는 일본은 젓가락으로
밥알을 더 쉽게 잡기 위해 끝이
뾰족하다. 이는 생선을 주로 먹는 일본
식생활에도 적합하게 젓가락의 형태가
잡힌 것으로 보인다.

한국의 Mix 아이콘 중의 하나인 철판볶음밥

Mix food 식생활 문화

한국의 독특한 문화 중 한 가지가 바로 Mix 문화이다. 그 대표적인 예로 한국인의 국가대표 음식, 비빔밥이 있다. 여러 가지 야채, 나물 등에 고추장 소스를 넣어 비벼먹는 음식인데 이미 세계화 되어 많은 외국인들 또한 좋아하는 한국음식이다. 바로 이 비빔밥에 한국의 정서가 배어있다고 할까. 한국의 빨리 빨리 정서가 섞여있기도 하다. 밥뿐만 아니라 찌개에도 Mix 문화를 볼 수 있는데 여러 가지 재료를 넣어 만들어진 섞어찌개와 부대찌개가 그 예이다. 또 다른 한국의 대표 음식 삼겹살을 먹을 때를 생각해보자. 우리는 밥, 삼겹살, 마늘, 파, 김치 등 많은 것을 상추 위에 얹고 싸서 한입에 넣어 먹는다. 이러한 Mix 식생활 문화는 먹는 재미만큼 만들어 먹는 재미도 있다.

일본의 대표 Mix food 몬쟈야끼

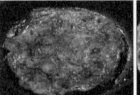

한국의 Mix food 부침개

한국의 MIX FOOD 팥빙수

　　팥빙수를 예로 보자. 얼음에 팥, 과일, 과자, 떡, 시럽 등 여러 가지를 넣어 섞어먹는게 한국의 팥빙수이다. 일본의 팥빙수 '카키고오리(かき氷)'라는 여름 빙수는 얼음을 갈아 시럽을 뿌려 비벼먹는데 토핑을 넣더라도 팥을 넣는 것이 전부이다. 한국의 팥빙수에 비하면 굉장히 심플하다. 한국의 Mix 문화는 참 재미있다. 음식도 섞어 먹는데 모자라 이제는 술까지 섞어 마시니까 말이다. 이것이 바로 폭탄주이다. 세계 어느나라가 술까지 섞어 먹을까. 한국인의 특성과 성격을 보여주는 Mix 문화는 외국인들의 눈에 재미있고 신기한 한국만의 톡특한 문화이다.

일본의 팥빙수
카키고오리(かき氷)

서울의 술 vs 도쿄의 술

술자리 모습도 그 나라의 문화를 가장 밀접하게 보여주는 예가 될 것이다. 세계에서 서울처럼 밤에 놀기좋은 나라가 또 있을까. 한번 마시면 끝을 보고 달리는 한국인의 술자리가 도시의 밤 풍경을 바꿔 놓았다. 우선 서울의 밤은 밝다. 도쿄처럼 12시 전에 문 닫는 곳이 드물다. 특히 서울의 택시비가 도쿄에 비해 서울의 밤 문화를 길게 만든 것도 있다. 서울은 기본요금 3000원(미터당 요금은 142m당 100원)인 반면에 도쿄는 2014년 4월부터 730엔(미터당 요금은 288m당 90엔)으로 한국의 약 2.5배 이상이다. 심야에는 288미터마다 90엔씩 추가되고 밤 10시에서 새벽 5시까지는 20%의 할증이 추가되기 때문에 서울과 5배가량 가까이 차이가 난다. 이렇게 비싼 택시비 때문에 일본인들은 술자리가 있더라도 대중교통을 타기 위해서는 정신을 바짝 차린다. 일본보다 저렴한 택시요금 때문인지 서울은 밤 늦게까지 술을 마시고, 장사를 하는 술집이 많다. 진짜 술장사는 12시 이후일 테니 말이다. 한국의 길어진 술 문화는 음주 후에 '대리운전(대행운전)' 문화가 정착하며 더욱 길어지게 되었다. 특히 일본에서 건너온 PDA 개인용 단말기 방식이 도입되면서, 시내요금이 평균 절반가량 인하되어 서울 내에서는 10,000~15,000원 정도이기 때문에 술을 마셔도 부담없이 이용하고 있다. 일본도 대리운전이 있는데 한국의 1인 대리운전과 다르게 2인 1조로 되어있고 기본요금 2300엔(한화 25,000원)에, 5km당 4300엔이다.

그렇다면 이렇게 길어진 한국의 술 문화에 대해 얘기해보자. 예를 들어, 지금 이 순간 함께 술자리에 있다고 생각해보자. 우선 서울의 술 문화야 한국사람이라면 잘 알겠지만 일반적으로는 소주와 맥주로 나뉜다. 술자리가 어느 술자리냐에 따라 달라지겠지만 "오늘은 달려야겠다"하는 분위기라면 소주와 맥주는 아름다운 포옹을 한다. 바로 '폭탄주'라는 것인데 소주와 맥주의 이 아름다운 만남은 세계 유일의 한국의 독창적인 발명술이요, 내일보다는 오늘을 사랑하는 화합과 열정의 술이다. 대학 신입생 환영회나 연합 MT 때의 술자리에는 폭탄주가 술들의 왕이다. 소주, 맥주가 웬말이냐, 막걸리까지 섞은 세 가지 술의 조합은 유비, 관우, 장비의 만남이랄까. 술들을 섞을 때의 설레임과 마실 때의 도전감. 마셔본 사람들은 다들 알 듯 싶다.

왼쪽부터 타이타닉주, 회오리주, 고진감래주

　　한국사람이라면 한번쯤은 마셔봤을 술도 있다. 10대, 20대 젊은 친구
들은 생일이 되면 술자리에서 꼭 거쳐가야 하는 생일주인데 이 생일주를 만
드는 것은 사랑과 우정을 믹스한 종합선물세트라고나 할까. 생일주를 만들
때는 양주, 소주, 맥주, 막걸리만 섞는 것이 아니다. 케익이든, 과일이든 잡
동사니로 섞은 마시기 꺼려지는 창의적인 술과 함께 어우려져 만들어진 것
이 생일주이다. 좋거나 싫거나 나쁘거나 어찌됐거나 한국은 음식에도 술에
도 섞는 것을 즐겨한다. 이것이 바로 한국의 Mix 문화이다.

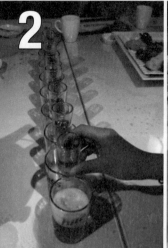

한국의 대표 Mix 문화
아이콘 폭탄주

도쿄의 술자리는 어떨까? 술자리의 특성에 따라 분위기도 다르기 때문에 정의하긴 어렵지만 한국의 술자리 문화와 별반 다르지는 않다. 하지만 역시나 가장 다른 점이라면 일본은 한국처럼 과하게 술을 즐기지 않는다는 것. 예를 들어, 소주의 원샷의 개념보다는 알콜 도수가 센 술들은 미즈와리(水割り)라고 해서 얼음과 함께 저어가며 천천히 마시는게 일반적이다. 한국처럼 선배가 건배를 들며 강제적으로 술을 권한다거나 수십 번씩 짠을 해가며 잔을 비웠는지를 확인하는 술자리는 아니라는 점이 다르다. 그래서 일본은 폭탄주가 없다. 굳이 "마시고 죽자"의 술 문화가 아니기 때문에 폭탄주를 만들 이유가 없는 것이다.

　　한국은 건배를 수십 번도 외치지만 일본은 간빠이(건배)를 처음에만 외친다. 하지만 역시 한국에 온 외국인들은 한국사람들과 술을 마실 때 폭탄주를 경험하며 한국의 술 문화에 빠지는 모습을 많이 본다. 일할 때는 열심히 일하는 나라, 놀 땐 제대로 노는 나라, 잘 노는 사람이 일도 잘 하는 나라. 이것이 바로 한국의 술 문화라고 볼 수 있다.

　　일본의 술은 크게 맥주, 니혼슈(日本酒 일본술), 사와(サワ-)로 나뉜다. 사와는 한국의 과일주와 비슷하다. 그레이프 후르츠사와, 레몬사와, 우메사와 등 과일에 알콜을 넣어 만든 술인데 도수는 6% 정도로 맥주와 비슷하다. 시판되는 술의 종류도 꽤 많은데 이는 개인의 취향을 중시하는 문화와 여러 지역에서 나오는 지방의 특산 술들이 더해져 다양한 종류의 술을 만들어냈다고 보여진다.

서울의 술

도쿄의 술

막걸리

웰빙 술, 막걸리

정확히 알 순 없지만 고려시대 최고의 시인으로 꼽히는 이규보의 시에 언급된 것으로 보아 막걸리의 역사는 꽤 깊은 것으로 보인다. '막걸리'라는 말의 뜻은 술항아리에서 용수(싸리나 대로리로 둥글고 깊게 만든 술 거르는 기구)를 박지 않고 되는 대로 막 걸러서 짜낸 술이라는 뜻이다. 탁하게 빚은 술이라 하여 탁주(濁酒)라고도 하고, 조선시대에 배꽃이 필 무렵 누룩을 떴다 해서 이화주라고도 하며, 농부들의 갈증을 다스리는데 마셨기에 농주라고도 한다. 주로 찹쌀, 맵쌀, 밀가루 등을 찐 후 수분을 건조시켜 누룩과 물을 섞고, 일정 온도에서 발효시킨 뒤 맑은 술(청주)을 떠내지 않은 상태에서 그대로 걸러 짜내는데 이것을 거르지 않아 밥풀이 둥둥 떠 있는 상태의 술이 동동주이다. 좋은 막걸리는 감(甘), 신(辛), 고(苦), 삽미(澁味)가 잘 어울리고 적당한 감칠맛과 청량미가 있는데, 땀을 흘리고 일한 후에 갈증을 멎게하므로 농주(農酒)로 애용되고 있다. 실제로 와인이나 일본 청주에 비해 단백질 및 비타민 B군 함량이 높고 유기산이 많아 피로회복에도 효과가 있다.

지금은 막걸리가 건강식품으로 대세이다. 일본에서도 막걸리가 건강에도 좋은 술이라며 김치에 이어 많은 사랑을 받고 있고, 수출 상품으로도 홈런에 연속 안타를 치고 있다. 막걸리는 이제 할아버지의 마른 목을 적셔주던 삶의 보약 같은 비타민에서 많은 외국인에게 와인과 같은 대접을 받는 관광상품으로 바뀐 것이다.

서울은 막걸리에서 소주로, 그리고 몇 분 전에 로스팅한 커피로 변해왔지만 이제 다시 몇 일을 발효한 막걸리로 다시 돌아왔다. 말 그대로 웰빙 막걸리의 시대가 찾아왔다. 비가 오면 파전에 막걸리가 생각나는 한국인들의 정서를 한류의 붐과 함께 더불어 외국인들에게 알려주는 건 어떨까.

맑은 물로 빚은 술, 사케

사케(酒)란 술이라는 뜻으로 맥주, 소주, 양주 등 모든 술을 포함한다. 사케는 크게 쌀, 누룩, 물을 원료로 하여 발효시킨 청주(淸酒)와 청주를 증류시켜 만든 쇼츄(燒酎)로 나뉘었지만 지금은 일반적으로 사케라고 하면 청주만을 가리키는 것으로 니혼슈(日本酒)라고도 한다.

일본 청주 사케 맛의 비결은 좋은 물맛과 좋은 쌀맛이다. 일본 고베 부근 롯코산(六甲山)이 둘러싸고 있는 분지 마을 나다(灘)에서 나오는 미야미즈(宮水)라는 물은 일본 최고의 술을 만드는 양조용수로 유명해 이름난 사케 제조회사는 대부분 미야미즈를 공수해서 쓴다. 화강암 자갈 층을 통과한 양질의 지하수가 남쪽 바닷물과 섞여 나온 미야미즈에는 칼슘, 칼륨, 인과 같은 미네랄이 풍부하다. 사케를 만드는 쌀은 밥 짓는 쌀과는 품종이 다른데 수확량이 적어 가격이 비싼데다가 도정을 할 때 쌀알의 겉 부분을 왕창 깎아서 사용한다. 쌀의 단백질 등 대부분의 영양소는 쌀알의 바깥부분에 있는데 이것이 술에 더해지면 섬세하고 맑은 맛이 나지 않기 때문이다. 인위적으로 알코올을 첨가하지 않고 순수하게 쌀만 사용하여 만든 술에는 '쥰마이'라는 이름이 붙는다. 밥짓는 쌀이 10% 정도를 깎아낸다면 술을 만드는 쌀은 절반을 넘게 깎기도 한다. 정미율은 고급 술을 판가름하는 기준이 된다. 쌀알을 50% 이상을 깎았을 때는 최고급 술로 다이긴조라는 이름을 붙이고, 40%를 도정한 술은 긴조, 30%를 깎은 술은 쥰마이나 혼조조라는 이름을 붙인다. 알코올을 인위적으로 더했을 경우에는 혼조조, 순수한 쌀 그대로일 경우는 쥰마이라고 부른다. 사케는 또한 당도에 따라 아마구치(甘口)와 가라구치(辛口)로 나누는데, 가라구치는 드라이한 맛이고 아마구치는 달콤한 맛이다. 라벨에 표시된 0을 기준으로 (+)는 가라구치의 세기, (-)는 아마구치의 강도를 나타낸다. 마치 여러종류의 와인처럼 일본의 수많은 종류의 사케들은 일본인뿐만 아니라 외국인들에게도 많은 사랑을 받고 있다. 사케류, 김소영, 김혜주 저(AL Dente Books) 인용

사케

일본의 맥주 연간 생산률은 세계 7위인만큼, 일본인들은 맥주를 굉장히 사랑한다. 일본에서 맥주는 '비루(ビール)'라고 하는데 식당에 들어가면 맥주 먼저 주문하는게 보통이고 식사를 할 때에도 맥주한잔은 흔한 일상이다. 특히 도쿄의 술자리에서는 죽어라 술마시는 분위기가 아니기 때문에 사케보다 알콜도수가 적당한 맥주는 많은 사람들에게 단연 인기다.

일본 맥주는 크게 일반 생맥주와 '발포주(発泡酒)'로 나뉘는데, 최근 비싼 몰트의 함량을 줄이고 곡류를 넣어 맏든 발포주가 크게 늘어나면서 50~100엔 정도 저렴하고 쓴맛도 덜하여 여성들에게도 많은 인기를 얻고 있다. 일본의 대표적인 맥주 브랜드는 이름만 대면 알만한 것들이 많다. 삿포로, 기린, 아사히, 산토리는 한국에서도 쉽게 구입할 수 있는 일본의 대표 맥주 브랜드이다. 또한 일본 내에서는 100여 종류의 '지비루(地ビール 지방맥주)' 맥주들이 있다. 재미있는 점은 이 여러 가지 맥주 브랜드들의 CF 성향도 다르다는 점.

기린과 산토리는 가정적이면서 서민적인 감성을 겨냥한 따뜻하고 밝은 분위기의 CF이고, 아사히는 갈증을 풀어내는 다이나믹한 연출의 CF가 주를 이룬다. 예를 들면, 야구시합 후의 땀흘리는 남자가 아사히를 꿀꺽꿀꺽 마시면서 "캬~!" 하는 이미지라고나 할까. 삿포로는 제품에 따라 서민적이면서 밝고 활기찬 이미지를 보여주는 CF가 많은데 기린, 산토리와 아사히의 중간정도의 느낌이라고 생각하면 될 것 같다. 일본의 맥주 브랜드의 CF를 찾아서 비교해본다면 각각 서로 다른 맥주의 느낌에 당장이라도 한잔씩 마시고 싶을 것이다.

좌, 도쿄 편의점의 맥주
우, 삿포로 맥주 CF
아래, 에비스 맥주 박물관

우리나라에 처음 '맥주(麥酒)'가 들어온 것은 1883년이다. 한국에서는 보리라는 뜻의 '맥(麥 보리 맥)'자와 술이라는 뜻의 '주(酒 술 주)'가 합쳐져 맥주라고 부르는데 한국의 맥주제조는 1933년, 일본의 삿포르 맥주회사가 조선맥주를, 기린 맥주 회사가 동양맥주를 서울에 자회사를 설립하면서 시작되었다. 해방 후에 '조선맥주'와 '동양맥주'가 일본회사로부터 독립하면서 한국 맥주회사의 대표 브랜드로 자리 잡았고, 1990년대 후반 '조선맥주'는 'HITE 맥주'로, '동양맥주'는 'OB맥주'로 상호를 변경하여 현재까지 맥주업계의 양대산맥으로 자리잡고 있다. 이 두 업체 외 몇몇 맥주회사가 있었지만 결국 이 두 회사에 흡수되었는데, 최근 한국에서는 술을 적당히 마시자는 분위기가 많이 형성되어 소주보다 알콜 도수가 낮은 맥주의 붐이 불며 새로운 맥주 회사들도 생겨나고 있다. 한국의 라거 맥주는 HITE 맥주의 '하이트'와 OB 맥주의 '오비라거'와 '카스'가 있고, 프리미엄급 맥주로는 HITE 맥주의 '하이트 프리미엄', '맥스', '드라이피니시 D'와 OB 맥주의 '카프리'가 있다. 흑맥주로는 HITE 맥주의 '스타우트'와 OB 맥주의 '레드락'이 있다. 특히 OB 맥주는 벡스(독일), 레페(벨기에), 호가든(벨기에, 국내생산), 버드와이저(미국, 국내생산) 등의 수입맥주도 취급하고 있다. 한국의 맥주 제조회사 히스토리. 치요님 인용

한국에서 맥주는 치킨과 가장 사랑받는 커플 메뉴이다. 음주문화에 강한 한국은 가끔 맥주가 음료수 취급을 받기도 하지만 소주를 위한 폭탄주의 베이스로도 사용되기 때문에 맥주는 한국인들에게도 매우 소중한 술이다.

많은 한국인이 사랑하는 치킨과 맥주. 일명 '치맥'

집에서 마셔봤던 맥주비교 파티. 일본의 어떤 맥주가 가장 맛있는지 종류별로 사서 마셔보았다.

도쿄 '료고쿠(両国)'에 있는 맥주 전문점 'POPEYE'. 맥주 마니아인 회사동료에게 소개받은 이곳은 세계 4위의 맥주 전문점이라고 한다.

일본 전국에 매달 600만 부씩 발행되는
'HOT PEPPER'에 데뷔!
일본에 살고있는 여러 국적의 외국인을 뽑아
일본의 이자카야에 대해 인터뷰를 하였다.

　　이자카야는 '남아있다(居る)'라는 뜻의 '이(居)'와 '사케숍'을 나타내는 '사카야(酒屋)'가 합쳐진 단어로 16세기 말 양을 재서 술을 팔던 술집에서 간단한 요리를 함께 내놓으면서 시작되었다고 하고 19세기 초에 확산되면서 대중화되었다.

　　«HOT PEPPER» 잡지 인터뷰에서 외국인들이 바라보는 일본의 이자카야는 일본인들에게도 참 신선했다. 공통적으로 이야기했던 이자카야의 가장 좋은 점은 '노미호다이(飲み放題 정해진 시간과 가격에 술을 무한정 마실 수 있는 시스템)'와 직원들의 친절한 서비스였다. 반대로 외국인들이 느끼는 이자카야의 아쉬운 점은 좁은 좌석과 과한 담배 냄새가 10명 전원 동일한 의견이었다. 나는 한국의 술집도 이자카야와 비교하며 이야기 하였는데 아무래도 가장 다른 점은 술집에 들어가서 앉으면 "여기 소주 한 병이요!" 일본은 이자카야에서 "맥주 주세요!"일 것이다. 그리고 한국의 술집 중 하나인 호프집에서는 생일파티에 큰 노래를 틀고 전 매장의 손님들이 다같이 박수치며 축하를 해 줄 때가 있는데, 운이 좋으면 생일자 테이블에서 케익을 받거나 술 한 잔씩을 받을 때도 있다. 좁은 좌석에서도 보통 칸막이를 치고 술을 마시는 이자카야와는 달리 한국의 술집은 더 밝고 오픈된 느낌이다.

'나가사키(長崎)' 여행중 에피소드.
커피숍에서 커피를 마시고
나오는데 이번달 'HOT PEPPER'에
나왔다고 하니 사장님께서
사진기를 가지고 나와 가게에 붙여
놓겠다며 잡지와 함께 사진을 찍었다.

라면 vs 라멘

'라멘(ラーメン)'으로 불리는 일본의 라면 역시 그 시초는 중국의 '납면(拉麵 라미엔)'이다. 1870년대 개항과 함께 요코하마 차이나타운을 중심으로 중국인들이 노점에서 팔던 국수가 라멘의 기원으로 전해진다. 소바나 우동처럼 두툼한 면과 달리 가늘게 뽑아낸 밀가루 면과 닭뼈, 돼지뼈 등으로 우려낸 짙은 국물맛으로 인기를 얻게 되었다. 또한 면을 튀기면 더 오래 보존할 수 있다는 연구 끝에 1971년 세계 최초의 컵라면을 만들어냈다. 그 후 라면은 세계적으로 사랑받는 음식이 되었다. 한국의 라면은 1963년 처음 만들어졌는데 1960~1970년 산업화 시기에 큰 발전을 하게 되었고 현재 1년 동안 한국인 1인이 먹는 라면은 78개에 이른다는 통계가 나왔다. 이는 세계 최고 수준이다. 라면이 주식인 일본만큼이나 한국에서 라면은 큰 비중을 차지하는 음식 중 하나이다. 1970년대 쌀 부족에 따른 대체 수단이었던 라면이 이제는 최고의 식사대용 음식이다. 한국의 라면과 일본의 라멘은 어떻게 다를까?

일반적으로 한국인들이 일본에 가면 꼭 먹어보는 음식이 바로 스시와 라멘인데 라멘을 처음 먹어보는 모든 한국인들은 한국 라면에 비해 굉장히 느끼하다고 말한다. 왜일까? 일본라멘은 크게 '돈코츠 라멘(돼지고기 육수 라멘)', '쇼유라멘(간장라멘)', '미소라멘(된장라멘)'으로 나뉘어 그 맛이 다르긴 하지만 한국의 라면에 비하면 일본 라멘은 중화요리를 기반으로 되어있어 전체적으로 기름기가 많다. 반대로 일본인들은 한국의 라면을 먹으면 대부분 맵다고 한다.

일본의 라멘,
출처 라멘담뿌뿌
풍림화산

한국에는 70여 종이 넘는 라면의 종류가 있고 일반적으로 일본의 생면과 달리 기름에 튀겨 만들어진 면으로 이루어진다. 조리법은 끓는 물에 양념스프, 건더기스프와 함께 면을 넣고 끓이면 10분 안에 완성된다. 이 정도는 유치원생들도 아는 이야기이겠지만 이런 간편한 조리법에 따른 유용성 있는 한국 라면은 세계로 수출되고 있다. 맛 또한 일본 라멘과 다르다.

컵라면은 어떻게 다를까? 컵라면도 봉지라면과 같이 국민들이 애용하는 식품이다. 일본의 컵라면과 비교했을 때 무엇이 다른가 보니 바로 건더기스프의 양이 많다는 것이다. 국물이야 라면특성에 맞게 맛이 날테고 면이야 일반적인 컵라면이기 때문에 기름에 튀겨서 한국면이나 일본면이나 큰 차이점은 없는 것 같지만 건더기는 양이 다르다. 개인적으로 라면에 이런저런 알짜배기 건더기스프가 많은 것을 좋아하기 때문에 일본에서 컵라면을 먹었을 때의 즐거움은 짜장면에 군만두가 서비스로 나온 듯한 기분이다.

반대로 봉지라면을 보자. 도쿄는 일반적으로 '야끼소바(焼きそば 볶음면)'나 라멘 전문점이 많아 쉽게 먹을 수 있기 때문인지 봉지라면의 대중화는 한국에 비해 적은 편이다. 한국의 봉지라면은 일반적으로 신라면 정도 사이즈의 라면을 생각하지만 일본의 봉지라면은 스낵면 정도의 사이즈라고 하면 될까. 크기나 양, 면의 굵기도 작고 스프 또한 양념스프와 건더기스프가 하나로 되어있는 초간단 라면이다. 마치 '뿌셔뿌셔' 과자 같기도 하다.

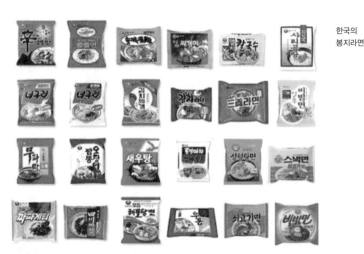

한국의
봉지라면

한국 라면

일본 라멘

일본의 라멘 전문점을 가보면 전통적으로 이어온 가업이거나 라면 전문체인점으로 각 가게별로 특성화된 느낌이 있는 반면에 한국에서 라면은 일반적으로 분식집에서 먹는 음식으로 생각된다. 요즘은 라면 전문점과 퓨전 라면으로 새롭게 변신한 고가의 라면들이 많이 생기고 있는데 역시 한국은 퓨전과 믹스의 나라일까. 기상천외한 라면들이 쏟아져 나오고 있다. 치즈라면, 참치라면, 스팸라면 등 오히려 전문점이 아닌 일반인들까지도 새롭게 조리하여 먹는 라면들이 인터넷에 소개되며 사랑받고 있고 자신의 구미에 맞게 라면을 만들어 먹기도한다. 이렇게 생겨난 라면의 퓨전 결정판이 6.25 전쟁 시절 생겨난 부대찌개인 것이다. 부대찌개는 미군부대들이 먹고 남은 소시지와 햄 등을 끓여 먹은 것이 시초가 되었는데 후에 라면을 넣어 먹게 되어 지금은 한국의 대표적인 Mix 음식 중 하나가 되었다. 일반적으로 한국에서 라면은 봉지라면에 대한 인식이 강한 반면에 일본은 생라면에 대한 이미지가 강하다. 일본의 라멘 가격은 보통 700엔에서 1000엔으로 일본의 대중적인 식사인 '규동(牛丼 쇠고기 덮밥)'보다 비싼 가격이다. 가게의 메뉴마다 다르겠지만 국물 또한 몇 날 몇 일을 우려 내어 생면과 수육 등이 기본이다. 대대로 내려오는 라멘 집도 있을뿐더러 라멘을 전문으로 다루는 잡지도 있다. 일본의 이런 전문화되고 장인의 정서가 깃든 요리인 라멘은 마니아들을 형성시켜 하나의 문화를 만들어 낸다. 한국사람들이 일본에 관광을 가면 먹어보는 음식이 여러 가지가 있겠지만 일본의 상징적인 대표음식 스시를 비롯한 라멘일 것이다. 반면에 일본인들이 한국에 관광을 오면 한국라면을 먹어봐야겠다는 생각은 그다지 없는 것 같다. 라면은 일본에서도 많이 먹기 때문일까? 하지만 한국사람도 한국에서는 라면을 많이 먹는데 일본을 가면 꼭 찾아 먹는 이유는 무엇일까?

좌, 일본 판매율 1위를 기록한 '세이멘'
한국의 인스턴트 라면과는 다르게 면이
생면 느낌으로 조리가 되는 것과
건데기스프가 없는 것이 특징이다.

우, 일본에서 팔고 있는 한국의 신라면

신주쿠의 한 라면집 앞 라면 모형.
큰 젓가락이 위아래로 움직인다.

내가 내린 궁금중의 결론은 바로 하나!

한국에는 라면보다 맛있는 음식이 너무너무 많다.
그래서 한국에서는 라면이 '주식(主食)'이 아니다.
물론 출출할 때 라면만큼 땡기는 것도 없겠지만!

시부야 109 앞에서 이벤트중이던 대형 컵라멘

松井製麺所

UDON
2006.8.26 ROADSHOW

일본 영화 «우동»의 한 장면

면을 먹을 때는 소리내며 먹기

후루룩, 후루룩, 이 영화를 보고나면 바로 라면이든, 칼국수든, 하다 못해 짜장면이라도 배달시켜 먹어야 속이 풀릴 것이다.

일본친구가 서울에 놀러와서 국수를 같이 먹은 적이 있는데 면 종류를 먹을 때 "후루룩~!"하고 소리를 내며 먹는 것이 맛있게 먹는 법이라고 했다. 한국은 소리내서 먹는 것이 예의에 어긋난다고 하지 않은가. 일본에서는 실제로 면을 먹을 때 소리를 내며 먹는게 일반적이다.

우동하면 따뜻한 우동만 생각하기도 하는데 냉우동도 맛이 좋다. 특히 처음 먹었었던 사누끼우동 맛은 잊을 수 없다. 우동도 지역마다 특징이 있어서 카가와현 지역의 사누끼우동은 고사리, 산채나물, 야채, 깔끔한 국물과 면발이 일품이다. 개인적으로 서울에 와서도 라멘보다는 우동이 생각났다. 한국에도 맛있는 라멘집은 많은 것 같지만 전문 우동집은 많이 없는 것 같다. 그것도 사누끼우동… 꼭 한번 드셔보시길.

감명깊게 본 일본 영화 중에 《우동》이란 영화가 있다. 한 작은 출판 잡지사에서 '일본 전국 우동 맛집순회'라는 기획잡지를 만들면서 일본에 우동 열풍을 일으킨다는 내용의 영화인데, 이 영화를 보면 우동의 면부터 국물 재료 종류, 우동 위에 얹는 튀김까지도 실감나고 진솔하게 표현되어 있다. 영화를 보고 난 후 우동 한 그릇도 다시 보고 먹게 되는 계기가 되었고, 한동안 우동만 먹었던 적도 있었다.

일본 영화 《우동》

우동면의 단면을 보면 'U'자로 되어있는데 이는 국물이 면위에 얹혀 맛을 더하기 위함이다.

좌, 시부야 109 왼편으로 100미터 정도 올라오면 맞은 편에 있는 단끌 우동집

우, 일반적인 라멘, 우동, 소바집에서 쉽게 볼 수 있는 주문 자판기

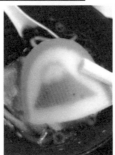

우동을 먹을 때 보통 위에 튀김 등을 올려먹는 경우가 많은데 그러면 튀김의 기름기 때문에 전혀 우동 맛이 달라진다. 한 번 쯤은 아무것도 넣지 않은 순수한 우동만을 먹어보길 권한다. 깔끔하고 개운한 맛이 참 좋다.

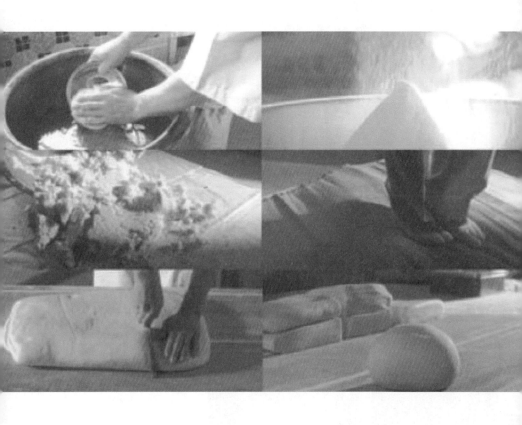

영화 '우동(うどん)'에서의 우동 조리과정

그래도 일본의 대표 음식은 역시!
SUSHI! 스시!

일본의 대표 음식 스시(寿司)

스시는 수천년 전 초기 벼농사 지역에서 소금과 함께 생선을 절여 보관하던 민물고기 보존법에서 발달한 식품이다. 벼농사와 함께 동남아시아와 중국을 거쳐 일본에 도입된 절인 생선이 바로 스시의 시초이다. 에도시대 이전까지는 6개월에서 1년 걸리던 스시의 발효기간이 1800년경부터 식초와의 조합으로 완성되어 오늘날까지 사랑받는 일본의 대표 음식이 되었다.

김치 vs 기무치

　　일본에 대표 음식 '스시'가 있다면 한국에는 '김치'가 있다. 우리 조상들은 예로부터 수분이 많은 채소를 오래 저장하기 위한 수단으로 방법을 고안하였는데, 채소를 소금에 절여 여러 가지 양념을 섞어 먹는 방법이 개발되었고 이것이 오늘날의 김치가 되었다.

　　김치는 한국의 대표적인 음식으로 배추, 무, 오이, 열무 등의 채소를 저농도의 소금에 절여 고추, 파, 마늘, 젓갈, 생강 등의 양념을 혼합하여 저온에서 발효시켜서 먹는 식품으로 한국인의 식탁에서 빼놓을 수 없는 음식 중의 하나이다. 각종 무기질과 비타민이 풍부해 영양학적으로 우수하다. 젖산균에 의해 정장작용(淨腸作用)을 하고 소화를 도와주며, 식욕을 증진시키는 역할을 한다. 특히 김장 김치는 채소가 부족한 겨울철에 비타민의 공급원이 되었다. 오늘날까지 계절과 지역별로, 그리고 주재료에 따라 김치를 담그는 방법이 다양하게 발달했고, 점점 더 김치를 응용한 새로운 퓨전 음식들도 무궁무진하게 개발되고 있다.

김치의 저장고 장독대.
최근에는 김치냉장고에
김치를 저장하기도 한다.

한국의 김치

일본의 기무치

　'기무치(ギムチ)'는 김치의 일본식 발음이다. 1992년 일본 정부의 비공식 통계자료에 의하면, 일본 내 식품전문점에서 기무치를 취급하는 점포의 비율은 95%에 이른다고 한다.

　일본인들이 이렇게 김치를 선호하게 된 이유는 무엇일까?

　1970년 이후 일본인들의 식생활에서 동물성 단백질이 차지하는 비율은 서양인의 섭취량과 비슷한 수치에 이르렀다. 자연스럽게 현대병으로 일컬어지는 비만과 같은 성인병이 만연하게 되었는데 이에 따라 건강식품이 일본인들의 관심을 끌었고, 이에 발맞추어 우리나라의 김치도 건강식품의 한 종류로서 인식되기 시작했다.

　일본에도 우리나라의 김치와 비슷한 채소의 소금 절임이나, 된장, 간장에 담근 장아찌식 절임과 젖산발효 초기에 머무른 비교적 담백한 야채 절임류가 많다. 그러나 식품의 다섯 가지 기본 맛에 젖갈로 인한 '단백(蛋白 달걀, 새알 등 날짐승 알의 흰자위)' 맛과 발효의 훈향을 더하는 일곱 가지 독특한 풍미를 갖춘 발효 야채식품은 한국의 김치뿐이라고 한다.

　그럼 김치와 기무치는 무슨 차이가 있는 것일까? 쉽게 말하면 김치는 젖갈을 쓰고 발효를 해서 만든 발효식품이고 일본에서 먹는 기무치는 발효식품이 아니다. 즉 소금에 절이지도 않았을뿐더러 젖갈도 쓰지 않는다.

　일본친구들이 한국의 김치를 먹으면 단맛의 기무치와 다르게 신맛이 많이 난다고 한다. 발효의 차이에서 이렇게 맛이 달라지는 것이다.

떡볶이 · 순대 vs 타코야끼

　　　　한국인의 간식 하면 떠오르는 것이 무엇일까?

뭐니뭐니해도 길거리에서 쉽게 볼 수 있는 떡볶이와 순대가 아닐까 싶다. 떡볶이야말로 한국인의 매운맛을 느끼기에 간단한 음식. 이른바 한국의 대표 간식이라 할 수 있겠고 강아지와 고양이, 철수와 영희, 숟가락과 젓가락처럼 떡볶이와 순대는 누가 뭐라해도 단짝일 것이다. 돼지 간, 창자, 귀 등과 함께 여러 가지로 이루어지는 순대는 떡볶이와 함께 한국에서 쉽게 찾아먹을 수 있는 음식으로 외국인에게 추천해줘도 전혀 손색 없는 좋은 길거리 음식 중 하나이다.

　　　　매운음식을 먹으면 입맛이 돌면서 기분이 좋아진다고 하는데 외국 관광객들이 한국에 와서 기분이 좋다면 국가적으로 좋은 일 아닌가. 매운 음식을 추천하자. 길거리에서 가장 가까운 떡볶이와 순대 커플은 찰떡궁합이다.

서울의 떡볶이와 순대

‘타코(たこ)’는 한국말로 ‘문어’라는 뜻이고 ‘야끼(燒)’는 ‘굽다’라는 뜻이다. 그래서 ‘타코야끼(たこ燒き)’는 ‘문어구이’라는 뜻인데, 문어를 잘게 재어 미트볼 정도의 크기로 기름에 튀긴 일본의 대표적인 간식거리이다.

　　물론 일본에도 여러 가지 간식거리가 있지만, 서울의 길거리에서 쉽게 먹을 수 있는 떡볶이처럼 타코야끼도 길에서 쉽게 자주 접할 수 있는 간식거리이기 때문에 일본의 대표적인 간식이라 볼 수 있겠다. 가격은 한 접시에 600엔에서 1000엔 정도니까 한 접시에 2500원하는 떡볶이보다는 훨씬 비싼편이지만, 고소하고 맛있는 타코야끼! 일본에 간다면 꼭 먹어보시길 추천한다.

도쿄의 타코야끼

서울의 배달문화　　한국의 스마트폰 어플리케이션 배달문화

배달문화

　　현대사회처럼 빠른 시대에 사는 우리들은 밥먹는 시간도 하나의 일과이다. 서울, 도쿄처럼 빠른 도시에서 배달문화는 시대에 맞춰 탄생된 새로운 문화 현상이다. 특별히 서울의 음식문화에 빠질 수 없는 문화가 바로 배달문화인데 미국에는 피자와 햄버거 정도만이 배달된다면 한국은 왠만한 음식은 거의 다 배달된다고 보면 되겠다. 참 재미있고 신기한 일이다. 서울의 빠른 경제 성장속도는 음식점까지 찾아가는 시간까지 아깝게 여기던 한국인들의 시간절약 정신이 있었기에 가능했을지도 모른다. 외국계 디자인 회사에서 직장생활을 하다보니 미국 등지에서 오래 살다가 한국으로 온 직원들과 함께 식사를 한 적이 있는데 역시나 외국생활을 오래한 직원들은 밥을 천천히 먹는 편이다. 오히려 빨리 먹는 한국사람들을 보고 놀라기도 하고 속도를 맞추기 위해 노력한다고 말하기도 했다. 그 얘기를 듣고 한 직장 선배는 한국에서 밥먹는건 쉬는게 아니라고 생각하기 때문에 빨리 먹고 쉬려고 하는 것이라고 말하기도 했다. 여자들은 좀 다르겠지만 군대에서 남자들은 밥먹고 식기지원까지 끝내고 들어와야 쉬는 시간 아닌가. 직장 동료들과 식사를 하는 것도 회사 일의 연장이라고 생각한다던 일본친구들의 얘기를 들어보면 우리는 식사시간에도 여유가 없는 편이다. 식사 시간을 도와주는 빠른 배달만이 곧 휴식의 연장전을 좌지우지 하는 것이다.

도쿄의 배달문화

　　일본은 어떨까. 일본은 한국처럼 배달문화가 많이 없다. 왜일까. 한국에서 집에 오면 현관문에 붙어있는 치킨집, 피자집, 족발집 등 많은 음식점들의 배달 전단지가 자주 문에 붙어 있는데 일본은 한국에 비해 이런 음식 배달 전단지 종류가 많지는 않다. 또한 거의 대부분이 배달비가 따로 드는 것이었는데 일반적으로 1000엔에서 2000엔까지의 비용이 든다. 일본 페밀리 레스토랑 '데니즈(Dennys)'에서 아르바이트 했을 때를 돌이켜보면 매장 앞에 오토바이가 있던 것이 일본도 배달을 하지만 배달비가 보통 음식 한 개 가격 정도 하기 때문에 배달 주문을 그렇게 많이 하는 편이 아니라는 것을 알 수 있었다. 주문도 한국만큼 빠른 편이 아니고 주문할 때에는 "30분에서 40분정도 걸리는데 괜찮겠습니까?"라고 물어본다. 한국에서 배달 주문 할 때에 마지막 얘기는 대부분 "빨리 갖다주세요."인데 30분 이상 걸린다고 하면 다들 무슨 배달이 이렇게 오래걸리냐고 한 마디 할 것이다.

　　일본의 배달이 한국과 다른 점은 식사 후 식기를 깨끗이 씻어서 집 문 앞에 내 놓는다는 점이다. 아마 한국에서 배달온 음식 그릇을 씻어서 내 놓는다면 오히려 그게 귀찮아 배달을 주문하는 것도 반이상 줄어들지도 모르겠다. 밥도 빨리 먹고, 주문도 빨리 하는 나라, 그리고 빨리 배달해 주는 나라. 손님이 왕인 한국. 그리고 배달온 음식 그릇을 씻어 돌려주는 배려의 나라 일본. 참 재미있는 다른 점이다.

요즘 일본 회사의 점심시간을 보면 벤또 등을 사와서 개인 책상 앞에서 먹는 사람들도 많은데, 이는 식사를 하면서까지 업무에 관련된 시간을 함께 보내고 싶지 않기 위함이기도 하다. 동료들과 점심까지 같이 먹는 것은 일의 연장이 될 수도 있기 때문이다. 프랑스는 식사를 두시간씩 한다고 하고, 중국은 점심식사를 하고 오침을 하는 회사도 아직 꽤 많다. 시간적, 마음적으로도 편한 분위기의 식사문화가 조금은 부럽기도 하다. 그래서 우리는 배달을 시작하게 되었는지도 모르겠다.

　　배달하면 예전에는 신문배달이 먼저 생각날 수도 있는데 최근에는 대부분의 사람들이 음식배달과 택배를 떠올린다. 웬만한 모든 음식은 다 주문이 가능해서 굳이 밖에 나가지 않아도 된다. 게다가 카드로 계산 가능한 음식점도 제법 많아져서 배달정신이 뛰어난 한국의 문화가 외국인들에게는 참신기한 문화요소이다. TV에서는 이런 한국의 특성을 베트남에서 치킨배달로 잘 활용하여 성공한 한국인을 방송하기도 하였다. 외국인이라면 한국에 와서 밖에서 밥을 사먹는 것도 좋지만 전화나 스마트폰으로 주문해서 배달음식을 먹어보는 것도 재미있는 한국 체험 중에 하나가 될 수도 있겠다.

　　지금은 교통수단의 발달과 요리 기술의 교류로 그 지역적인 특성이 옅어지고 있지만, 예로부터 일본음식은 지리적인 특성에 따라 관동지방 음식과 관서지방 음식으로 구별되고 있다. 관동지방의 음식은 에도(도쿄) 요리로 불린다. 설탕과 진한 간장을 써서 음식의 맛을 진하게 낸다. 따라서 관동지방의 조림은 짭잘하고 형태를 유지하기 어렵고 국물이 거의 없다. 생선초밥, 덴뿌라, 민물장어, 메밀국수가 대표적 음식이다.

　　관서지방음식 전통적인 일본 요리가 발달한 곳으로 교토의 담백한 채소나 건어물 요리와 오사카의 실용적이고 합리적인 생선요리가 주종을 이룬다. 맛깔 나는 음식으로 우리 나라에서 전라도 음식을 꼽듯이 일본에서는 관서지방의 음식이 유명하다. 음식의 맛은 연하면서 국물이 많고, 재료의 색과 형태를 최대로 살린다. 특히 상인의 도시인 오사카는 서민음식이 발전한 지역으로 음식 가격이 저렴하고 달고 짭짤한 대중음식의 특성을 그대로 지니고 있다.

일본화 된 서양 요리 돈카츠(豚かつ)

일본의 돈카츠 출처 Anonymous

불교문화의 영향으로 일본은 1200여년 동안 육식을 금지해왔다. 메이지 천황이 1872년 육식을 해금했는데 후에 60년이라는 긴 세월이 지난 후에 바로 '돈카츠'가 태어났다. 천년 넘게 육식을 먹지 않았던 일본인으로서는 고기에 적응할 시간이 필요했기 때문인데, 심리적인 거부감은 물론 실제로 고기를 어떻게 먹어야 하는지도 몰랐던 일본인들은, 일본 된장으로 양념한 전골을 시작으로 간장 소스와 야채를 함께 조리는 '스키야키(すき焼き)' 등 일본 스타일로 만든 요리를 개발하면서 고기와 친해지기 시작했다.

한국에서는 흔히 돈까스라고 부르는데 일본의 이 돈카츠의 모티브가 된 서양 요리는 프랑스어의 코트레트(cotelette), 영어로는 커틀릿(cutlet)이다. 송아지나 양, 돼지의 뼈에 붙은 등심에 소금과 후추를 뿌린 후 밀가루, 계란 노른자, 빵가루를 입혀 버터를 두르고 프라이팬에서 앞뒤로 지져가며 구운 요리를 말한다. 메이지시대 초기에 서양인들이 하던 이 요리를 일본인들이 어깨너머로 배워 만들기 시작한 '가쓰레쓰 요리(커틀릿의 일본식 발음)'가 바로 돈까스의 전신이다. 커틀릿과 돈까스의 다른 점은 뼈를 발라낸 부드러운 고기만 사용했고, 버터에 지지는 대신 많은 양의 뜨거운 기름에 넣었다 건지는 딥 팻 프라잉 요리법을 사용했다는 것이다. 또한 커틀릿이 고운 빵가루를 사용했다면 돈까스는 입자가 굵은 빵가루를 사용해서 씹는 맛을 살렸다. 곁들이는 채소 가니시는 조리한 야채 대신 생 양배추 채를 곁들여 고기 식사의 느끼함을 없앴다. 이 스타일이 바로 우리가 흔히 부르는 양식(서양 스타일)이다. 우리가 어렸을 적 외식할 때 가던 경양식 레스토랑은 일본의 양식요리가 건너온 형태라고 볼 수 있다.

우리나라는 1876년 일본과 병자수호조약을 체결하며 인천항을 개항한 이후로 외국인을 상대로 대불호텔을 세우면서 서양 요리가 공식적으로 첫 선을 보였다고 짐작된다. 또한 최초로 본격적인 서양 요리를 한 곳은 1902년에 독일인 손탁이 세운 '손탁(Sontag)호텔'의 프랑스식 식당이다. 이 시기에 일본인들이 우리나라에 들어오면서 서양 식당 같은 요식업에 본격적으로 참여하고 돈까스를 비롯한 일본식 서양 요리를 전달하게 되었다.

열정이 낳은 세기의 단팥빵

　　빵은 서양에서 온 것이지만 단팥소가 들어간 단팥빵의 고향은 일본이다. 기독교 선교활동을 위해 들어온 포르투갈인과 스페인 선교사들이 가지고 온 서양과자들을 통해 일본인들은 빵을 접하기 시작했다. 17세기경 서양으로부터 온 남만과자라 불리는 양과자들은 나가사키 지방의 토산물로 정착하게 되었다. 일본인들이 처음 빵을 접했을 때엔 빵의 모양과 식감보다 밥 대신 먹는 '주식(主食)'이라는 것에 놀랐다고 한다. 빵은 본래 고기나 유제품을 맛있게 먹도록 해주는 탄수화물 식품이다. 그러니 생선요리나 채소만 먹던 일본인의 상차림에 빵은 주식이 될 수 없었던 것이다. 그러나 일본인들은 빵을 주식 대신 간식으로 개발하기 시작했다.

　　일본인 야스헤에라는 사람는 네덜란드 저택에서 빵을 굽던 사람에게 빵 이야기를 듣고 도쿄에 빵집을 차리고 의욕적으로 빵을 개발했다. 이스트 냄새가 나지 않고 일본인의 입맛이 익숙한 빵 맛을 찾아 밤낮으로 효모를 연구한 끝에 쌀누룩종을 쓰는 새로운 발효법을 완성시켰다. 일본 술의 효모가 증식하여 유산이 생성되면 잡균 번식이 억제되어 빵 반죽이 잘된다는 사실을 알아낸 것이다. 술 누룩이 이스트처럼 잘 부풀지 않는 점은 발효시간을 늘리고 설탕 함유를 높이는 것으로 해결했다. 이 사실을 알아내기 위해 경도 낮은 단물을 찾아 우물을 길어다 쓰고, '쓰쿠바(筑波)' 산 중턱의 맑은 공기 속에서 술누룩을 채취해 섭씨 30도를 유지하며 야생효모를 증식시켰다. 술누룩은 발효 관리가 까다로워 추운 밤에는 품에 안고 자기도 했다. 이렇게 탄생한 단팥빵은 중국에서 건너온 술찐빵이나 서양 빵과 다른 그들만의 것이었다. 서양 빵이 낯설던 일본인들은 단팥빵의 출현으로 빵에 친근감을 갖기 시작했으며, 이 빵은 순식간에 명물이 되어 관청이나 군대에서 납품하게 되었다. 납품용 빵과 시판빵을 구분하기 위해 빵의 한 가운데를 납작하게 누르고 절인 벚꽃을 얹었던 데에서 현재의 단팥빵의 모양새가 나왔다고 한다. 이것이 바로 1869년 일본 최초의 빵집 도쿄 '긴자(銀座)'에 있는 키무라야(木村家)라는 곳으로 긴자에서 오랜 명성을 이어가고 있다. 돈까스와 단팥빵은 모두 일본과 서양의 것을 잘 조합하여 만든 음식으로 일본 음식문화의 단면을 보여준다. 돈가스의 탄생, 오카다뎃쓰 저 인용

일본만화 '신의 물방울'

　　　　일본은 음식조차 하나의 문화로서 스토리를 만들어내고 상품화 하는데 굉장히 적극적이고 진보적이다. 한국의 젊은이라면 대부분 알고 있는 만화 «미스터 초밥왕»은 '스시(寿司)'라는 하나의 음식에 많은 스토리와 요소들을 넣어 만들어낸 식문화 작품이다. 일본의 만화 소재에는 요리도 하나의 콘텐츠이고 문화창출의 메신저이다. 일본은 자국의 문화요소 외에 와인이라는 타 문화까지도 소화시켜 새로운 문화창출의 콘텐츠로 만드는 탁월한 장점들이 있다. 이것은 뛰어난 콘텐츠 창조만이 아닌 이를 수용하고 소화하는 일본 국민들에게 우리 한국이 배워야 할 점이라고 생각한다. 한 때 와인을 좀 알아야 겠다고 생각해서 «신의 물방울»을 읽어가며 바에서 일을 해본 적이 있다. 너무나 많은 종류의 와인과 용어에 대해 내린 결론은 '나의 기호에 맞는 와인을 찾아 즐기자'라는 것이었지만 '신의 물방울'을 읽으며 와인이라는 액체에 대해 풍부한 어법들로 표현하는 장면들을 보고 디자이너로서 감탄을 금치 못했다. 이런 언어적 표현들 또한 디자이너들에게 굉장히 중요한 요소 중의 하나이기 때문이다. 이 책을 본 후로 차를 마시거나, 무언가를 마실 때마다 '맛있다', '떫다', '시다', '달다' 이런 표현이 아닌 '신의 물방울'의 주인공들처럼 감성을 자극하는 언어적 유희들로 맛을 표현하는 나의 모습을 발견할 수 있었다. 마치 시를 쓰는 것 같이 말이다.

5 地

서울과 도쿄의
지진이야기

한국인들은 살면서 혹시모를 지진에 대한 걱정과 두려움을 안고 살고 있다. 이웃 일본의 예를 보면서 한국도 지진으로부터 결코 안전지대가 아님을 느끼기 때문일 것이다. 반면에 일본인들에게는 숙명적으로 받아들일 수 밖에 없는 운명과 같은 것이 바로 지진이다. 가장 가까운 나라인 한국과 일본의 환경적으로 큰 차이점 중의 하나가 지진일진데, 일본은 왜 지진과 함께하는 삶을 살아가게 된 것일까?

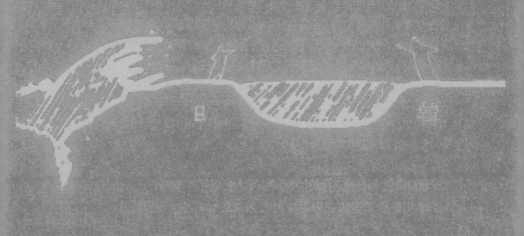

지진은 내 운명

2011년 3월 11일 오후 2시 45분 일본 동북부 지방에 규모 9.0의 지진이 일어났다. 9.0이라는 숫자에 한국은 평생 경험하지 못하는 광경을 이웃나라 일본에서 보게 되었다. 엄청난 쓰나미로 밀려온 이 지진의 여파는 일본을 아비규환의 상황으로 만들었었다.

더 큰 문제는 후쿠시마의 원자력 발전소가 폭발함으로 전 세계가 방사능 피해에 고심하고 있으며 가장 가까운 한국마저도 방사능의 공포에 온 국민이 떠들썩 했다. 방사선은 에너지와 전하량이 커서, 원자나 분자에 직접 작용하여 DNA나 단백질의 주요 구조를 망가뜨리기 때문에 생물에게는 상당히 좋지 않은 영향을 미치게 된다. 예를 들어, 방사선이 생물의 생식세포에 작용하면 과도한 돌연변이가 일어나서 기형이 나올 확률이 높아지게 되며, 성체에 작용하면 세포가 죽거나 암이 발생하기도 한다. 2차 세계대전 말기에 사용된 원자폭탄에 의한 피폭이나, 체르노빌 원자력 발전소 사고 등이 그 예이다.

오랜기간 지진에 익숙한 일본은 140년만의 강진이었지만 철저한 건축 내진 설계로 그나마 나라를 살렸다. 만약 이런 지진이 한국에서 일어났다면 어떻게 되었을까. 생각만해도 끔찍하다.

"섬나라인 일본에 지진이 자주 일어나는 이유가 뭘까?"
"왜 이들은 지진을 운명처럼 함께 가지고 살아가는 것일까?"

　　환태평양 조산대에 속한 일본은 네 개의 지각 덩어리(유라시아, 필리핀, 태평양, 북아메리카 판)가 만나는 접점에 위치하고 있기 때문이라고 하는데, 운이 없게도 이런 위치에 자리잡고 있게 되었다는 생각을 할 수도 있지만, 사실 이런 위치에 있기 때문에 일본이 생겼다는 표현이 더 과학적이라고 한다.

　　중생대 백악기에 지금의 일본 땅은 유라시아 대륙의 동쪽, 한반도 옆에 붙어 있는 대륙의 일부였다. 그러나 백악기 초부터 해양지각 판(이자나기판)이 유라시아 대륙 밑으로 섭입되기 시작하면서 지금의 환태평양 조산대와 마찬가지로 당시 대륙의 가장자리에서도 화산활동이 활성화되었다. 밀도가 비슷한 대륙지각끼리 충돌하게 되면 히말라야산맥과 같이 높게 솟아오른다. 반면에 대륙지각과 해양지각이 만나 섭입작용이 일어나는 동안에는 위에 놓인 대륙지각이 해양지각에 '쓸려' 지하로 말려 들어가는 현상이 발생한다. 결국 대륙지각의 가장자리가 '당겨지는' 것과 같은 힘을 받아 본 대륙으로부터 '찢겨' 나오게 된다. 이렇게 찢겨 나온 땅 덩어리가 지금의 일본이며, 찢긴 대륙의 흔적이 바로 동해이다. 일본이 있고 화산과 지진이 있는 것이 아니라, 일본은 화산과 지진에 의해 형성된 땅 덩어리인 것이다.

　　일본은 지질학적 위치 때문에 지하에 엄청난 열과 압력의 에너지를 품고 있는 나라이다. 지난 2011년 3월 11일의 대지진은 태평양 판과 유라시아 판의 움직임에 의해 오랜 시간 지하에 쌓인 에너지가 폭발한 결과이다. 육지에서 수백 km 떨어진 바다 밑에서 발생하여 대형 쓰나미의 피해를 입었지만, 내륙에서 발생했다면 그 피해는 지금과는 비교할 수 없었을 정도로 컸을 것이라는게 전문가의 설명인데 이런 운명적인 땅에서 나고 자란 일본인들은 지진을 운명처럼 받아들이고 있었다.

예로부터 일본에는 '지진(地震)', '번개(電)', '화재(火事)', '아버지(おやじ)'라는 속담이 있는데 이는 무서운 순서대로 나열한 것이다. 지진이 첫번째로 꼽힌 것은 그만큼 일본인들에게 지진은 심리적으로도 가장 두려운 현상이다. 일본은 역사적으로도 수많은 지진과 화산, 태풍, 해일, 폭설 등의 반복으로 오랫동안 쌓아온 것을 잃고, 재건하고, 다시 재해가 반복되는 형상이다. 이러한 반복되는 자연재해의 역사를 통해 일본인들은 자연의 거대한 힘 앞에 인간으로서의 한계를 받아들이고 점차 공포와 체념의 자세를 지니게 되었다. '무상(無常)', '체관(諦觀)', '인종(忍従)', '수용(受容)', '변화(変化)'와 같은 키워드들은 자연환경과 일본인의 정신세계와의 관계를 보여주는 중요한 개념이라고 할 수 있다. 일본 일본인 일본문화, 정형 저(다락원) 인용

지진이 나고 한달도 채 안돼 한국으로 관광을 온 일본친구들이 있었다. 다행이 친구가 살고있는 지역은 동북부 지역이 아니라 피해는 없었다고 했지만 당시 상황을 직접 전해들으며 지진이 일어나던 그 때의 기억에 눈물을 글썽인 적이 있다. 일본인들은 집집마다 최소한의 대피용 생필품과 가방이 항상 따로 준비되어 있다. 지진이 일어나면 바로 대피하고 조치하는 방법을 어릴 적부터 배우게 된다. 일본어 학교에 들어가서 처음 배웠던 것이 지진이 발생했을 때의 대처방법이었다.

'1년 사이에 어떤 지진이 올지 자신의 삶이 자의에 의해 움직여지는 것이 아니라 땅에 의해 움직이게 된다는 것을 어쩌면 어릴 때부터 가슴 깊숙이 새기고 살아오는 것이 아닐까?'

그래서 물어보았다. 이렇게 위험하고 미래가 걱정되는 땅 덩어리에서 다른 나라나 지진이 없는 곳으로 이사가서 안전하게 살면 되지 않냐고…
다른 것보다 한국은 지진의 걱정이 없으니 한국에 와서 살지 않겠냐고 얘기를 했더니 일본친구들이 말한 답변이 너무 가슴에 와 닿았다. 자기들은 이게 운명이라고. 가족들 친구들 모두 다 어디론가 같이 떠나 함께 산다면 몰라도 자기 주위에 가족과 친구들, 사람들을 버리고 지진이 무서워 피하기는 싫다고. 지진이 일어나서 죽게 된다면 이대로 죽는구나 라고 생각한다고. 그래도 자기들은 가족과 친구들이 있는 일본이 좋다며 "지진은 운명"이라고 말했다. '지진은 운명'이라는 말이 내 가슴에 '쿵!' 하고 다가오며 많은 것을 느끼게 하였다.

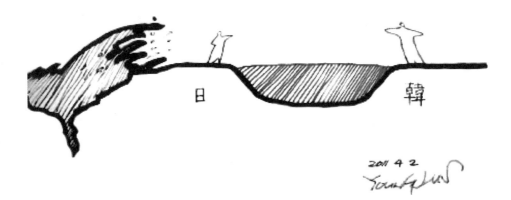

日　韓

2011 4 2

지진이 난 후 그려본 스케치

가슴 한 켠에서 찡하는 울림과 애뜻함이 몰려왔다. 지진이 운명이라….

한국은 어떻게든지 알뜰살뜰 돈을 모아 저금하고 10년 뒤에 집을 사고, 차를 사고, 미래의 자녀계획부터 노후대비까지 많은 희망을 꿈꾸며 살아간다. 지금의 현실은 풍족하지 않더라도 참고 견디며 10년 후, 20년 후의 자신과 환경의 모습을 그리며 살아간다. 지금 당장보다 미래를 그리며 살아간다고나할까. 그래서 청약저축에, 적금에, 어학연수와 공부 등에 투자한다. 한국은 미래를 바라보며 산다.

그런데 일본은 아니다. 앞서 말했었던 일본은 더 자유롭고 창의적이며 개방적일 수 밖에 없는 이유가 바로 지진의 영향 또한 크다는 것이다. 내가 지금 어떤 일들을 계획하고 진행한다 하더라도 앞으로 몇 년 안에 아니 당장 내일 이런 지진이 일어나 나의 모든 것을 가져갈지도 모른다는 것이다. 지진은 일본인들에게 본능적이면서 의식적으로 항상 내재되어 있다. 물론 일본인들이 미래를 준비하지 않으며 살아간다는 말은 결코 아니다. 요점은 이렇게 알게 모르게 지진에 대한 걱정이 내재된 일본인들은 하루하루를 자신에게 주어진 환경과 현실속에서 더 즐겁게 살려고 노력하는 것이다. 철저하고 조심성있는 일본인들의 성격도 지진환경에서 비롯된 것일 수도 있다. 지진이 국가와 사회에, 그리고 개인에게 영향을 미친다는 것, 즉 환경이 현실을 지배하게 만든 나라가 바로 일본이다.

왼쪽부터 학교 앞 지진 대피소 안내판
회사 지진 대피훈련 연습, 지진발생 연락 문자

감사합니다 vs 폐를 끼쳐서 죄송합니다

　　지진에 의한 쓰나미에 지옥같은 참사현장으로 변한 일본 동북부 지역에는 한국을 비롯한 세계의 많은 나라들이 구호활동을 지원했다. 또한 우리는 뉴스와 많은 언론매체들을 통하여 아픔과 걱정을 함께 나누었다. 당신이 만약 죽음의 생사를 넘나드는 상황에서 극적으로 누군가에게 구출되었을 때 당신이 얘기하는 첫 마디는 무엇일까 생각해 본 적이 있는가. 감사합니다. 바로 이 말. '감사하다'라는 말이 가장 먼저 나오지 않을까. 어쩌면 당연한 말일 수도 있다. 나의 생명을 구해준 은인에게 할 수 있는 표현, 가장 먼저 해야하는 말, 감사합니다. 이 말이 아닐까 싶다.

　　일본 동북부 지역의 쓰나미 구조현장에서 볼 수 있었던 뉴스의 장면들 중에서 가장 인상에 남는 것이 있었는데 구조 당시 일본인들이 하는 첫마디이다.

　　"폐를 끼쳐서 죄송합니다."

아니 폐를 끼친게 무엇이 있나. 자기가 지진을 일으킨 것도 아니고 사람의 도리로서 생명을 살리기 위해 구해주는 것은 어찌보면 당연한 것인데 정작 고맙다는 말보다 미안하다는 말이 먼저 나온다는 사실이 가슴 한 켠에 큰 쓰나미가 밀려오는 것 같은 충격을 받았다. 남에게 피해를 주는 것을 가장 큰 민폐로 어릴 때부터 교육받으며 자라온 나라이기 때문일까. "폐를 끼쳐서 죄송합니다." 한국에서 이런 참사현장이 일어나고 뉴스에 나온다면 가족 잃은 사람들의 오열과 슬픔은 매우 절절하다. 비통함과 고함. 땅을 치는 억울함에 터져 나오는 몸짓은 보는 이들까지도 가슴을 저미게 한다.

　　그런데 일본의 지진 참사 후 가족들의 오열을 보며 한국과 다른 점을 볼 수 있었다. 일본인들은 땅을 치지도 소리치지도 오열하지도 않는다. 그저 입을 막고 흐느끼며 애통함을 표현한다. 가족 잃은 슬픔과 모든 것을 잃은 슬픔은 나라를 떠나 어떤 인간이든 똑같을텐데 이들은 달랐다. 카메라 앞이라서 표현을 자제했다는 것은 말도 안되는 얘기일 터. 눈에 보이는 것이 없을 이 애통함의 순간에도 소리치지 않는다. 그저 흐느낀다. 이 흐느낌은 더 큰 소리로 가슴에 와 닿았다.

　　사람은 기쁠 때나 슬플 때, 놀랄 때 자신의 본성이 나온다는데 이들의 슬픔 속에서 일본인들의 내재된 본 모습이 나온 것 같다. 인간은 교육받은대로 행동이 나오게 되어있는데 태어날 때부터 남에게 피해를 끼치면 안된다는 일본의 교육은 슬픔까지도 이런 말이 나오게 만든다. 자신을 구해준 사람에게 건네는 첫 마디까지도.

"폐를 끼쳐서 죄송합니다."

소중한 것에 대한 감사함

우연히 일본 NHK TV 방송에서 《고향의 기억을 이어주다》라는 방송을 보게 되었다.

2011년 3월 11일 일본 동북부 지진이 끝나고 2년이 지나 재개발이 한창중인 모습과 주민들의 생활모습들을 가까이에서 보여주는 방송이었다. 특히 가족과 집, 그리고 모든 것을 쓰나미로 순식간에 잃은 주민들은 2년 후의 재개발 중인 모습을 지켜보면서 다시한번 혼란과 슬럼프를 겪고 있는 내용을 진솔하게 보여주었다. 자신이 나고 자란 고향이 아무것도 남아있지 않은 상태에서 새로운 건물들이 세워지는 모습들을 보니 머릿속과 가슴속에 남아있던 기억들이 흐트러지듯 현실과 기억속에서 방황하는 중이었다. 주민들은 자신의 집이 어디에 있는지, 이 길이 어디었는지 헷갈릴 정도로 심한 정신적 고충을 겪고 있었다.

방송의 마지막 무렵 일본의 건축학과 학생들이 지진피해지역의 모형을 만들어 주민들이 자기집 건물에 색을 칠하게 해주었다. 자기집 지붕에 색을 칠하며 눈물을 흘리기도 했고, 자신이 살던 집을 다시 찾은 것 마냥 기뻐하는 주민들도 있었다. 집 근처의 빨간 도오리의 신사도 만들고 어릴 적부터 주민들과 매년마다 함께 했던 마쯔리까지 손톱만큼이나 아주 작은 모형을 만들며 전체 마을의 모형속에 넣었다. 쓰나미로 많은 것을 잃은 주민들에게 오직 남아있는 소중한 기억들을 되새겨 주자는 취지의 방송을 지켜보며, 기억이란 그 무엇보다 가치있고 소중한 것임을 다시한번 생각하게 되었다.

涙出てくる

고향의 기억을 이어주다, 출처 NHK

6/ 性

서울과 도쿄의
성(性) 문화이야기

일본의 솔직한 성문화, 한국의 보수적인 성문화......
왜?

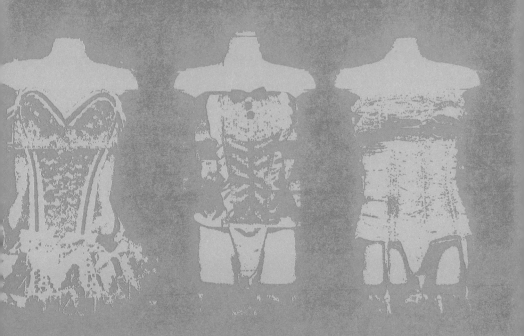

'性진국' 도쿄

최고의 AV 보유국이자 성문화가 개방된 일본. 이런 '性진국'의 일본 남성이 세계 남성 중 가장 성 만족도가 떨어지는 나라 1위라고 한다. 그 이유는 무엇일까?

지난 과거 중학교 때를 돌이켜보면 전교를 떠들썩하게 했던 핫이슈의 게임이 있었다. 바로 일본 애니 게임 «동급생»이다. 이 게임이 있는 친구의 집은 영화 «20세기 소년»에서 나오는 우리만의 아지트였고, 친구들 사이에 없어서는 안될 대세의 친구였다. 이런 친구는 학교마다 한명씩은 꼭 있었을 것이다. 일본의 애니메이션 만화와 AV가 한국남자들의 성에 대한 환상과 추억을 만들어준건 누구나 인정할 것이다.

이런 일본의 애니메이션과 AV, 즉 야동들을 본 한국남자들은 받침발음이 없는 일본여자들의 일본어 말투에 간드러짐과 이상감을 느끼게 되었고, 야동하면 일본, 일본하면 야한 만화를 떠올리던 호기심 많았던 10대들의 추억임을 솔직히 고백할 수밖에 없다. 물론 그 외에 훌륭한 애니메이션이나 만화들을 통해 일본 문화에 자연스럽게 관심을 가지기도 했지만 말이다.

우리들의 십대는 빨랐다. 영화 «비트»에서 정우성이 타던 오토바이보다 더 빨리 일본의 문화에 탐닉했으니까. 동급생 게임을 하다 보면 일본어가 저절로 공부된다던 친구들도 있었는데, 그렇게 일본과의 애틋한 인연이 시작되어 직업으로까지 이어져 게임회사에서 일하는 친구도 있다. 그야말로 일본은 한국의 성적 이상향의 대상이었던 '性진국'이었던 것이다.

그런데 한국남자의 동경의 대상이었던 일본의 성문화에서 정작 주인공인 일본남자들은 왜 성 만족도가 가장 떨어진다는 것일까? 이것이야말로 아이러니이다. 상상을 뛰어넘는 일본의 성문화에서 왜 저런 말도 안되는 순위가 나온 것일까? 일본을 가기 전까지는 몰랐다. 성문화에 관해서는 정말 10대 시절의 일본 이미지가 많은 부분을 차지하고 있었기 때문이다. 하지만 일본에서 생활을 해보고 난 후에는 이해할 수 있었다. 말이 안될 것 같던 이 기사의 순위를 말이다.

위, 일본 성인방송의 한 장면
아래, 니혼TV 쇼 프로그램 '아이돌の穴(아이돌의 구멍)'

아름답고 신비로운 성? vs 놀이의 성?

득도한 것일까? 일본의 성문화를 다 알아서? 아니다. 이해할 수 있게 되었다. 우선 한국인들과 일본인들의 정신세계를 지배해온 종교적인 측면을 생각해 볼 수 있는데 한국인들은 성에 대한 표현을 자제하도록 엄격히 요구하는 유교의 영향으로 폐쇄적인 성의식을 지니게 된 반면, 일본인들은 있는 그대로를 드러내놓고 자유분방한 성을 중시하는 '신도(神道)'와 불교의 영향으로 개방적인 성의식을 갖게 되었다고 할 수 있다. 최근 한국에는 기독교 문화가 정착되어 더욱 더 성문화에 대해 민감한 분위기를 보이고 있어 무시할 수는 없다.

앞서 말했지만 일본 편의점에서는 굳이 구입하지 않아도 잡지나 만화책을 그 자리에서 서서 볼 수 있다. 남녀노소는 물론 잡지나 만화책을 봐도 비키니의 여자 아이돌 사진들을 쉽게 볼 수 있다. '아저씨 전 아무것도 몰라요'라는 표정과 함께 포즈를 취한 교복입은 소녀의 겉표지부터 말이다. 지하철 광고에서도 많은 섹시컨셉의 잡지 광고 사진들이 넘쳐난다. 이런 자극적인 광고물들은 일본인들에게 일상이다. 아마도 일본 남자들은 일반적인 성관계의 개념을 이미 넘어선듯 해 보인다. 앞서 말했던 정말 득도한 것일까? '돈키호테'라는 일본의 만물상점이 있다. 이곳은 이쑤시개부터 가전제품은 물론 명품까지 온갖 것을 파는 만물상이다. 그런데 만물상점 돈키호테 1층에 진열된 것이 바로 세라복과 간호복, 교복 시리즈의 코스프레 옷들이다. 편의점을 생각해보자. 가장 잘 팔리는 물건은 골든 스페이스라고 해서 800~1,200mm 높이에 진열해 놓는다. 이 얘기는 즉 가장 잘 팔리고 선호하는 제품이라는 것인데, 신주쿠 돈키호테에 가보면 이런 세라복 시리즈는 아예 밖에 진열되어 있다.

일본인들의 개방적인 성의식에 대한 에피소드를 하나 소개하고자 한다. 내게 노래를 만들어준 일본인 작곡가 친구의 집에 레코딩을 하러가면, 레코딩 시간 전후로 다른 가수들이 레코딩을 하곤 했었다. 그리고 쉬는 시간에 인사를 하며 이런저런 얘기를 하게 되는데, 하루는 한 일본인 친구가 어떤 다른 일본 여자에게 네가 지금까지 만났던 남자친구 중에 최악의 남자 'Worst 5'가 뭐냐고 물어 본 적이 있다. 잠깐 고민을 하던 일본인 여자는 이야기를 시작했는데, 너무나 평범했던 남자친구를 만났었다며 어느날은 남자친구의 집에 놀러를 갔었다고 한다.

그런데 이 평범해보이던 남자친구의 방 한쪽 벽면에는 세라복을 비롯한 간호사복, 오피스복장 등의 여러 시리즈의 코스프레 옷들이 벽면에 가득 있었다고 했다. 그리고는 그걸 자기에게 입히고 카메라로 찍더라고. 그후에도 정말 기상천외한 남자친구에 대해 말해줬는데 차마 쓸 수 없을 정도의 수위였다. 이렇게 처음 보는 사람들 앞에서 아무 거리낌없이 쉽게 이런 이야기를 하는 것을 보고 일본이란 나라는 정말 개방적임을 느끼며 '컬쳐쇼크'를 받았다. 정말 친한 친구였던 것도 아니고 녹음하러 가면 인사정도 하는 사이였는데 이런 이야기들을 쉽게 한다는게 우리나라에선 상상하기 힘들다. 물론 사람마다 다르고 개인차가 있겠지만 말이다.

일본 TV방송 채널 중에 밤 12시가 넘으면 커플들이 가기 좋은 러브호텔을 소개해 주는가하면 가족들끼리 보기엔 아주 민망한 장면들도 많이 나온다. 일본의 버라이어티에서 야한 농담과 게임의 수위는 한국의 왠만한 성인방송을 넘어선다. 일본에서는 성이라는 것이 아름답고 성스러운 부분보다 즐거운 오락 요소로 인식되는 것 같다.

도쿄 아키하바라의 한 성인용품 건물
간판에 "에로 즐거워, 꿈의 시간이 여기에 있다."
라고 쓰여 있다.

성적(性的) 이상향을 바꿔준 한국 남자

이러한 일본의 대중문화 속에서 오랫동안 나타난 성문화와 사회적 분위기가 일본여성들의 남자에 대한 이상향을 조금 다르게 바꾸었다. 그것은 바로 친절함과 순수함에 대한 이상향이다. 한류의 시발점이었던 대표적인 드라마 '겨울연가'의 '욘사마'가 그 시작이었다고 볼 수 있다. 일본 중년여성들은 일본의 중년남성들의 이런 성적 이상향에 지쳤나보다. 결국 겨울연가의 배용준 같은 순수함과 친절함을 그리워했던 것이다. 동갑내기 일본인 친구도 한국에 오면 모든 남자들이 욘사마처럼 친절한 줄 알았다고 했다. 물론 대부분의 한국남자들이 여자들에게 호의적이고 친절한 것은 사실이라고 생각했지만, 이 정도로까지 한국남자에 대한 이미지가 자리 잡혀 있는 것에 대해 놀라웠다. 신데렐라 스토리의 한국 드라마와 친절하고 완벽한 드라마 속 한국 남자배우들을 보면서 일본 여자들은 새로운 성적 만족감과 희열을 느끼는 것이다. 한국 남자라서 말하는 것이 아니라 일본에서 객관적인 눈으로 한국남자를 바라보니 일본남자에 비해 한국남자가 많이 친절한 편임을 알 수 있었다. 한 때는 한국에 나쁜 남자가 대세인 적도 있었지만 일반적으로 한국남자들은 매우 친절하고 여성들에게 호의적인 편이다. 세계에서 가장 일 많이 하는 남자가 한국의 중년남자라고 하지 않나. 하지만 존경받지 못하는 아빠 1위의 나라도 한국이다. 열심히 일하는 데다가 나라를 지키러 군대까지 갔다오는 친절하기까지 한 한국 남자들이여 힘을 내자.

서울에 자주 놀러오는 일본친구들이 서울의 젊은 남녀 커플들은 길에서도 스킨십 표현이 자연스럽고 많다는 얘기를 자주했다. 손을 잡는 정도는 도쿄도 마찬가지지만 서울은 도쿄에서 보기 힘든 키스나 허그를 자연스럽게 한다. 지하철이나 버스 안에서의 포옹이나 뽀뽀를 볼 때 너무나 신기하다 하고, 특히 여자의 신발끈이 풀렸을 때 남자가 묶어주는 모습, 또 그 남자를 당연하고 당당하게 지켜보는 여자의 모습들을 보며 놀라웠다고 한다.

남들의 시선을 의식하는 일본인에게는 이런 적극적인 연인들의 모습이 부러우면서 신기하기도 한 모양이다. 하지만 남들의 시선을 의식하는 건 한국 또한 심한 편인데 연인들의 밖에서 보여지는 이런 애정표현의 모습들은 왜 다를까? 앞서 말했던 일본인들은 공공장소에서 남에게 피해를 끼치는 것을 부끄럽게 생각하는 점으로 볼 수 있고, 한국은 드라마의 영향이 크다고 생각한다. 드라마 속에서의 자연스러운 애정표현은 현실 속에서도 신데렐라의 유리구두를 신겨주는 왕자님처럼 운동화 끈도 당연하게 묶어주는 것일지도 모르겠다.

일본인이 바라본 서울의 성문화 이미지

　　한국인 여자 친구가 있었던 또래 일본친구가 있었는데 그 친구가 말했던 한마디가 잊혀지지가 않는다.

　　"세상의 모든 남자들은 한국 여자랑 사귀어봐야 한다."

이 얘기를 듣고 순간 웃음이 터졌는데, 후에 그 친구가 하는 말이 한국인 여자 친구와 사귀었을 때 인내심의 한계를 느꼈다며 처음엔 너무 많이 싸웠는데 이제는 괜찮단다. 그만큼 여자 친구가 자신을 떠받들어주고 챙겨주는게 너무 당연하다고 생각하는게 힘들었다고 했다. 비슷한 예가 하나 더 있었는데 일본 회사의 같은 팀 33살의 남자직원이 한국에서 6개월간 근무하면서 느낀 이야기 중 하나가 바로 한국 여자를 만나는 한국 남자들은 정말 대단하다는 것이다. 차가 없으면 못 만난다며? 그것도 외제차 아니면 안된다며? 기념일은 항상 챙겨야 한다며? 연락은 매일 빠짐없이 해야 한다며? 등 한국에서 직접 겪고, 보고 들은 이야기들을 하며 한·일 남녀간의 연애문화의 차이를 신기해했다.

　　반대로 일본 여자들은 한국 남자는 사귄지 100일, 200일, 300일 기념일 그외에 많은 것들을 세심하게 챙긴다는 것을 알고 한국 여자들을 굉장히 부러워하며 대단하다고 생각했다. 최근 한류붐으로 인해 남성다우면서 친절한 한국 남자의 대한 판타지가 일본 여성들에게도 큰 반응을 일으키고 있다. 덕분에 일본 생활을 하면서 한국 남자라는 것 때문에 호의적으로 대해준 일본 여성분들에게 덕을 많이 본 것 같다. 그래서 오히려 그런 친절함에 더 예의를 갖추게 되고 젠틀하게 행동하려고 했던 것 같다. 환상을 깨주기 싫기도 하고 왠지 깨면 안될 것 같은 기분이 들 정도로 일본에서 한국 남자의 이미지는 좋다.

　　회사직원이 책에서 본 내용을 소개해 준 적이 있다. 이 세상의 천국은 스위스 정치에, 영국의 집에서 살고, 일본여성과 결혼하며, 미국의 급여를 받고, 중국의 음식을 먹으면서, 프랑스 애인을 두는 것이라고. 반대로 이 세상의 지옥은 이탈리아의 정치 하에, 일본의 집에서 살며, 미국의 부인과 살고, 중국의 급여를 받으면서, 영국의 음식 먹으며, 스위스의 애인을 두는 것이라는 재미있는 말을 했다.

　　가만히 이 글을 생각해보면 전 세계의 특징을 조합한 재미있는 글인데 그중에 일본여자와 사는 것이 천국이라는 내용은 아무래도 일본 여성은 전 세계 평균이상으로 결혼하기 좋은 대상이라는 것이다. 일본에 살면서 느꼈던 점 중에 하나가 일본은 한국보다 훨씬 가부장적이고 남성위주의 나라라

한국의 일반적인 남녀 연애 이미지가 앞서 말한
티비속 드라마와 방송등의 영향과 함께
사회적 분위기도 그렇게 만들어져 버렸다.

는 점이다. 이것은 사회적인 분위기와 방송매체 또한 같아서 일본에서 여자
가 남자를 떠 받드는 것은 당연한 분위기인 것 같다. 이는 실제로 주변에 있
는 지인들의 모습을 보며 느끼기도 하고, 20대 후반인 주변 일본여자 친구들
의 결혼관을 들어볼 때도 많이 느낄 수가 있었다.

시부야역에서 남자친구의 신발끈을 묶어주던 여성.
한국이라면 남자가 '에이 됐어'하며 자기가 직접 신발끈을
묶었을테지만 이 남성은 당연하게 주머니에 손을 넣고
여자친구가 끈을 묶어주는 것을 보고 있었다. 나도
한국드라마에 익숙했던 것일까. 한국남자인 나에게는
정말 놀랍고 신기한 장면이었다.

김치녀 vs 스시녀

    유학생활을 마치고 한국에 2년 반 동안 돌아가 있던 시기에 서울에서 유학중인 일본인 친구를 알게 되었다. 이 친구는 26살의 예쁘장하게 생긴 여자아이로 일본에서 대학을 졸업하고 서울에 관광을 왔다가 서울이 좋아져 유학을 결정한 친구였다. 그런데 한국에 온지 얼마 안된 이 친구에게서 황당한 이야기를 들은 적이 있는데, 한국에서 남자와 밥을 먹을 때에는 돈을 내지 않아도 된다고 한국인 여자친구에게 가르침을 받았다는 것이다. 그 얘기를 듣고 어이가 없어서, 헛웃음 밖에 나오지가 않았다. 사실 요즘 한국 젊은 남녀사이에서 계산풍토가 대부분이 남자들의 몫이지만 왠지 외국에서 유학 온 친구에게 가르쳐준 것이 고작 그런 것이라니 씁쓸했다. 물론 이런 분위기는 사회적 풍토가 그렇게 만들기도 했고, TV속 드라마, 영화 등이 영향을 끼치기도 했지만 말이다. 그래서 한국남자로서 그녀에게 다시 알려줬다. 남자가 밥을 사면 여자가 커피정도 사는 센스를 갖는 것이 한국에서는 예의라고 했다. 최근 한국에 '김치녀'와 '스시녀'라는 신조어가 생겼다. 김치녀는 데이트 비용을 "남자가 내는게 당연"하게 여기고 결혼비용은 "초호화 신혼여행에 집은 남자가" 결혼 후 아침식사는 "대충 빵으로 해결"한다는 여자들을 말하고, 스시녀는 데이트 비용을 "남녀가 똑같이 내고", 결혼비용은 "최대한 간소화하며 행복한 가정이 중요"하게 생각한다. 결혼 후 아침식사는 "사랑하는 남편을 위해 정성껏 준비"하는 여성들을 뜻한다._{TV조선 LIVE 뉴스판. 新남녀차별 외치는 남성 참조}

    일본에서는 한국에서와 마찬가지로 초창기 데이트나 식사정도는 남자가 계산하는 경우가 많은 것 같다. 하지만 일본 여자들은 반반 더치페이 하려고 하는 여자들도 많았고, 반까지는 아니더라도 1/3정도는 부담하는 모습이 많았다. 특히 한국과 다른점은 남자들 또한 여자도 함께 계산을 하도록 얘기하거나 먼저 얼마만 내라고 하는 등 행동한다는 것이다. 또는 여자가 돈을 지갑에서 꺼내 남자에게 건내주는 행동 등으로 자연스레 여자도 지갑을 여는 분위기가 생기는데, "이제는 지갑도 들고 나오지 않더라?"라는 한국의 결혼 적령기 지인들의 연애담을 듣는 것과는 일본은 꽤 다르다. 물론 연애란 개인의 상황과 타이밍, 그리고 환경에 따라 다르지만, 서울에서 유학하고 있는 일본 친구의 이런 얘기를 듣고, 다르다는 것을 다시한번 생각하게 되었다.

    한국은 점점 더 여성의 사회적 위치가 커지고 있다. 여성 대통령까지 나온 것은 이제 한국사회에서 여성의 위치가 남성 우월주위와 편협주의가 아닌 동등한 입장이 되었다는 것을 보여준다. 그만큼 여성들도 많은 노력을 하고 있다는 것일테고, 사회적으로도 인정해주고 있는 시대이다.

이런 사회적 현상은 연애관과 결혼관, 그리고 점점 많아지는 이혼률에도 영향을 주고 있다. 더이상 남자에 의지하는 것이 아닌 캐리어우먼들의 활동은 젊은이들의 연애관에도 많은 영향을 미치고 있다. 문화에 따라서도 국적에 상관없이 연애관은 달라지는 것이다.

가장 예쁘고 멋진 젊은 시기에 남녀가 연애하고 사랑하는 것은 너무나 당연하고 즐거운 일이다. 특히 요즘 젊은 세대는 한국이든 일본이든 자국을 떠나 외국생활을 하는 친구들이 많은데 외국인과의 연애도 타 문화에서 자란 사람의 여러 가지 다른점을 느끼게 되고, 또 공부가 되기도 한다. 외국인과 결혼하는 커플도 점점 많아지고 있는데, 사랑에는 국경도, 나이도, 언어도 중요하지 않은 것 같다. 다만 자기가 자란 환경과 비슷한 환경에서 자란 연인에게 좀 더 많은 공감대와 익숙함을 가지는 것일텐데 이렇게 사회적 분위기와 문화에 따라서도 국적에 상관 없이 연애관은 달라지는 것이다.

여자 키는 158 남자 키는 168 되냐? 안되냐?
니가 사면 김밥집 내가 사면 스테이크 되냐? 안되냐?
2월 14일도 니가 받고 3월 14일도 니가 받고
내 생일 때도 니가받고 1년 내내 니가 선물받고

내가 가면 7시 니가 오면 9시 되냐? 안되냐?
혼자오면 아이쇼핑 나랑오면 진짜 쇼핑 되냐? 안되냐?
여자들이 변해간다 완전 진짜 변해간다
3개월은 풀메이크업 6개월은 비비크림
9개월은 눈썹문신 12개월 누구세요?

처음에는 (오빠!) 지금은 그냥 (야!) 되냐? 안되냐?
커피사면 (땡큐) 명품백은 (여행가요!) 되냐? 안되냐?
장마 때도 내가 가고 폭설에도 내가 가고
폭염에도 내가 가고 야! 한번쯤 와라!!

— 형돈이와 대준이 '되냐 안되냐' 가사 중에서

7/ 路

서울과 도쿄
도시 바라보기

사람을 보면 그 도시가 보이고 도시를 보면 그 나라가 보인다. 서울 사람들을 보면 서울이 어떤 도시인지 보이고, 서울을 보면 한국이 어떤 나라인지 보인다. 도쿄 사람들을 보면 도쿄가 어떤 도시인지 보이고, 도쿄를 보면 일본이 어떤 나라인지 보인다.

서울은 빠르고 급하며 변화하는 도시이다. 남산의 N타워 LED 컬러가 변하듯이 밤에는 더 화려하고 변화무쌍한 도시이다. 세계적으로 인기를 얻은 가수 싸이의 '강남스타일'의 가사처럼 낮과 밤이 변하는 도시이다. 빠르게 끓는 냄비처럼 금방 뜨거워졌다가 식는 도시. 남의 눈을 의식해서 크게 튀는 옷을 입지않아 하루종일 길을 걷고 집에 와도 특별히 기억나는 사람이 없는 도시. 남들이 하는 것이면 나도 왠지 해야할 것 같은 도시. 그래서 너도 나도 성형을 서슴없이 하는 도시. 하지만 한강을 사이에 두고 강북과 강남이 나뉘고 그 안에서도 여러 가지 색깔들을 지니고 있는 도시. 이렇게 서울은 나름의 이야기가 있고 성격이 있는데 이러한 서울의 느낌들이 도쿄의 어떤 장소들과 비슷한가에 대한 생각들을 많이 했었다.

도쿄에서 살면서 도쿄의 중심지가 서울의 중심지와 무엇이 다르고 비슷한지를 바라봤고, 시간이 날 때마다 혼자 여기저기 보러 다니면서 살아왔던 발자취의 반을 서울에서, 반을 도쿄에서 서로를 비교하며 지냈던 것 같다. 이 책을 보며 서로의 도시를 돌아보고 생각해보는 것도 의미가 있을 것이다.

신주쿠 vs 강남

도쿄에서 가장 번화한 도시라하면 단연 '신주쿠(新宿)'이다. 하루의 유동인구가 약 400만 명인 신주쿠는 세계에서 가장 혼잡한 도시라고 할 수 있다. 신주쿠역에는 철도, 지하철 등 총 7개 노선과 많은 버스노선이 집결하여 일본 제일의 교통량을 기록하는 대형 터미널이 형성되어 있고, 주변 일대는 신주쿠를 뒷받침하는 도쿄 최대의 '부도심(副都心)'을 이루고 있다.

일본의 인구는 1억 2천만 명인데, 그 중에 한 지역인 이곳 신주쿠에 400만 명이 몰려있다고 생각하면 정말 어마어마한 일이다. 이는 뉴질랜드 인구 400만 명과 같다는 이야기인데, 뉴질랜드의 전국민이 신주쿠라는 도시에서 움직이고 있다고 생각해면 재미있는 예가 될 듯 싶다.

신주쿠의 북쪽 지역은 주택지, 남쪽 지역에는 신주쿠 일대의 가장 큰 공원인 '신주쿠 교엔(新宿御苑)'과 '다카시마야 타임스퀘어' 등이 있고, 서쪽 출구 지역은 '도쿄도청사(東京都庁舎)'를 비롯한 고층 빌딩이 밀집된 도심지이다. 동쪽에는 '이세탄(伊勢丹)', '미쓰코시(三越)'를 비롯한 백화점, 고급전문점, 레스토랑 등이 밀집하고, '가부키쵸(歌舞伎町)'를 중심으로 술집과 파칭코 유흥가 등이 있다.

특히 신주쿠는 30여만 명의 인구 중 외국인이 3만여 명으로 외국인 비율이 도쿄의 특별구 중 가장 높은데, 서울의 지하철 2호선이라 할 수 있는 도쿄의 '야마노테센(山手線)'에서 신주쿠 바로 다음역인 '신오쿠보(新大久保)'라는 지역은 한국인의 비율이 특히 높아 도쿄 안에서 한류의 중심에 있는 장소이다. 거리가 가까운만큼 신주쿠에는 한국인들이 많이 활동하고 있어 도쿄의 중심 신주쿠에서도 한국은 하나의 영역을 차지하고 있다고 볼 수 있다.

신주쿠는 대형 백화점과, 레스토랑, 바, 샵들이 즐비해 있고, 수많은 오피스와 회사들이 함께 뒤섞인 말그대로 아침이 가장 빠르고 밤이 가장 긴 지역이다. 오피스와 유흥가가 크게 나뉘어 있는 신주쿠는 서울의 강남과 비슷한 장소로서 도쿄를 여행하게 된다면 도쿄의 심장부 신주쿠를 꼭 둘러보길 추천한다.

신주쿠의 간판들과 네온사인들은 밤에 더욱 화려하고 정신이 없다.
마치 애니메이션의 전투 장면처럼 화려하고 원색적이며 개성있다.

신주쿠의 밤거리의 명소 가부키쵸.

신주쿠와 신오쿠보 사이의 호스트 클럽들

강남과 마찬가지이지만 신주쿠 또한 유흥업소가 정말 많다. 특히 강남에서는 보기 힘든 남자 호스트 업소들의 간판들과 홍보물들을 신주쿠에서는 정말 쉽게 볼 수 있는데 일본에 온 첫날 신주쿠에서 숙소를 잡았던 내게 꽃미남들의 길거리 간판 사진들은 놀라운 모습 중에 하나였다. 연예인 뺨치는 헤어와 패션은 직업여성이 아닌 직업남성으로서 모습의 진가들을 보여준다.

신주쿠와 신오오쿠보 사이의
호스트 클럽 간판

도쿄에서 헤어디자인을 공부하던 친구가 용돈 벌이를 위해 아르바이트로 신주쿠 호스트들의 헤어를 해주는 일을 한 적이 있었다. 호스트들의 헤어스타일은 아이돌 가수나 락밴드 또는 만화속에 나오는 캐릭터 만큼이나 화려한데 헤어 디자이너 친구에게 들은 바로는 이런 호스트들의 헤어를 해주는데 한 사람 당 보통 한 시간 이상 걸린다고 했다. 여자들이 화장을 하는데 한 시간 이상 걸리듯이, 이 호스트들은 하루하루의 몸가짐에 신경을 쓴다. 이런 호스트들은 신주쿠의 빼놓을 수 없는 풍경 중에 하나이다.

신주쿠와 신오오쿠보 사이의 화려한 호스트 클럽들

이러한 호스트들이 여자 손님들과 자주 가는 고기집에서 일하던 지인이 그들의 대화와 모습들을 자주 보고 말해 준 적이 있다. 뭔가 특이하고 은밀한 대화를 할 것 같은 호스트들과 상대손님인 여자들은 그저 평범한 대화의 식사만 하고 헤어지기 일쑤였고 우리가 생각하는 친절한 접대가 아닌 정말 까칠한 소위 '까도남(까칠한 도시남자)' 모습의 호스트들이 많다는 것이다. 신주쿠 '가부키쵸' 길거리에서는 정말 쉽게 볼 수 있는 모습이다. 신주쿠에는 여러 가지 모습들이 있지만 서울에 없는 이런 모습들이 외국인인 내게 굉장히 인상깊게 남아있다.

신주쿠 '가부키쵸' 유흥가 중심에는 '돈키호테(ドンキホーテ)'라는 만물상점이 있는데 1층 전면에는 세라복 스타일의 '코스프레' 물품들이 진열되어 있다. 이런 복장의 제품들이 1층 앞쪽에 배치되어 있다는건 그만큼 구매율이 높다는 이야기이다. 일본은 왜 이런 상품들이 인기가 많은 걸까?

좌, 신주쿠 '돈키호테(ドンキホーテ)'
코스프레 물품.
우, '캬바쿠라(キャバ・クラ)-
(cabaret+club' 안내소.

217

강남 출처 아이러브서울

도쿄의 중심지라면 단연 신주쿠인데 서울의 중심
지는 어디라고 할 수 있을까? 신주쿠와 비슷한 도시라 하면
강남을 꼽을 수 있겠다. 강남역은 2호선 및 신분당선 환승
역인 강남역의 2013년 일평균 수송인원은 13만 5595명으
로 서울내에서도 손꼽히는 번화가이다. 서울 인구의 10%를
차지하는 강남구, 서초구를 직접적인 배후지로 두고 있으
며, 수도권 남부지역인 성남, 분당, 용인, 수원 등 넓은 유동
인구를 확보하고 있다. 무엇보다 강남역은 오피스상권, 판
매상권, 학원상권, 서비스상권, 문화상권 등 복합적인 성격
을 가지고 있는 것이 특징이다. 강남역 사거리를 기준으로
교보타워 부근까지의 '패션상권'과 반대편 우성아파트 사거
리까지의 '오피스상권'으로 크게 나눌 수 있다. 패션상권은
20대가 50%, 30대가 30%로 비교적 젊은 층의 비중이 높은
편이고, 오피스상권은 30대~50대가 많은 비율을 차지하고
있다. 인터넷 한국일보, 비즈한국 참고

강남 미디어폴 출처 제일기획

'강남'하면 떠오르는 이미지는 어떤 것이 있을까? 2009년 강남역 도로변에 새로 생긴 22개의 '미디어 폴'은 정신 없었던 강남의 시티라인을 정리해주었다. 역시 서울은 변화와 새로움의 도시 이미지가 맞는 듯 하다. 이 미디어 폴은 강남의 새로운 랜드마크 요소를 충족시켜주고 있다. 우리나라의 디지털 기술로 한껏 힘을 보인 서울만의 색깔을 보여준다.

미디어 타워 앞에서 사진을 찍고 즐기는 모습들은 이제 익숙한 풍경이 되었고 그 자리에서 찍은 사진을 바로 메일로 전송할 수 있는 이 시스템은 강남에 온 외국인들에게 또 하나의 재미있는 요소의 거리가 되었다. 앞으로도 서울의 중심가로서 강남만의 색깔을 갖춰 나갔으면 좋겠다.

강남 교보타워 사거리

강남 교보타워

강남 번화가

강남 대로변 횡단보도

　　강남의 또 다른 재미있는 모습은 한국의 열정적인 영어교육과 해외
유학의 열풍에 걸맞게 유학원이 참 많다는 것이다. 아침에는 직장인들로 분
주하고 낮에는 영어학원 학생들과 유학 준비생들로 스터디 열풍이고, 저녁
에는 커피숍에 많은 사람들로 가득 차며, 밤이 되면 유흥을 즐기는 사람들로
변하는 장소가 현재의 강남 모습이다.

강남대로변

낮에는 따사로운 인간적인 여자
커피한잔의 여유를 아는 품격있는 여자
밤이 오면 심장이 뜨거워지는 여자
그런 반전 있는 여자

나는 사나이
낮에는 너만큼 따사로운 그런 사나이
커피 식기도 전에 원샷 때리는 사나이
밤이 오면 심장이 터져버리는 사나이
그런 사나이

– 가수 싸이의 '강남 스타일' 가사 중에서

강남스타일 포토존

하라주쿠 vs 명동

　　도쿄에서 하라주쿠만큼 색깔이 뚜렷한 곳이 있을까? 만화책 속에서나 나올듯한 상상의 패션과 아이템들이 모여있는 곳. 도쿄의 필수 관광코스인 하라주쿠는 서울의 쇼핑거리 명동과 비슷하지만 조금 더 밀집되고 작은 스트리트 매장들이 하라주쿠를 가득 메우고 있다. 쇼핑이 메인인 장소이기 때문에 오후 8~9시가 되면 대부분의 매장들이 문을 닫는다. 10대에서 20대 초반의 젊은 친구들이 많고 관광객들이 대부분의 고객이다. 이곳을 다닐 때면 나이가 20대 초반으로 되돌아간 느낌을 받는다. 최신 패션 아이템을 저렴한 가격으로 쇼핑하고 싶다면 하라주쿠로 가자.

하라주쿠 메인 스트릿의 중간즈음에
위치한 특이한 의상 매장 TAKENOKO.
만화속에서나 나올듯한 의상들이
"이곳이 바로 하라주쿠야!" 라고
말하는 것 같다.

하라주쿠의 빼놓을 수 없는 명물 크레페

　　　명동은 서울에서 가장 땅값이 비싼 장소 중에 한 곳이다.
유동인구도 하루에 70만 명 이상으로 외국에서 온 관광객들의 필수 코스이
자 쇼핑의 꼭지점이라고 할 수 있을 정도로 많은 이들이 명동으로 모인다. 특
히 한류 붐을 발판삼아 일본과 중국 관광객들의 명소가 되었고, 관광의 첫 날
또는 마지막 날의 쇼핑은 이 곳 명동에서 해결된다고 해도 과언이 아닐 정도
이다. 실제로 명동에 가보면 이곳이 한국인지, 일본인지, 중국인지 여기저기
서 들리는 일본말과 중국말에 갈 때마다 놀라게 되는데 실제로도 명동에서 외
국인들의 매출은 큰 비중을 차지한다. 반면에 그만큼 한류의 인기와 국가간의
정치적 문제 등의 영향에 가장 민감한 장소가 바로 명동이다. 이렇게 특별한
명동이라는 이 명소를 우리는 어떻게 발전시켜 나가야 할까?

　　　명동은 몇 가지의 특징이 있다. 명동에는 10대~30대 여성이
60~70%의 비율을 차지한다. 여성 방문자들이 많은 이유중의 한 가지가 바
로 거리의 노점상이 많다는 것이다. 이는 바로 구매력과 연결되는데 땅값 비
싼 명동의 매장들에게 이는 큰 고민거리 중 하나라고 한다. 노점매대는 명동
속에 하나의 상권으로 자리 잡았다. 명동 중앙로에 쭉 늘여져 있는 이 노점
매대들은 비싼 임대료를 내고 장사를 하는 명동의 건물 입주자들에게 큰 영
향을 미치는데, 명동의 많은 소비자들은 소비 매출액이 높지 않다는 점과 굳
이 브랜드 제품이 아니더라도 노점상에서 의류, 간식, 악세서리 등 충분히 쇼
핑할 수 있는 조건들이 갖추어져 있다는 것이다. 명동은 강남의 번화가인 남,
북부 지역에 비해 유동인구가 많지만 매출은 1/3도 따라가지 못한다. 그런
데도 명동의 재미있는 점은 유명 브랜드들이 하나의 건물 전체에 입점한다
는 것이다. 층마다의 서로 다른 브랜드가 입점한 강남이나 타 번화가와는 달
리, 명동은 대부분의 한 건물 자체에 하나의 브랜드가 입점해 있다. 이 현상
은 명동은 단지 매출을 위한 장소가 아니라 많은 유동인구를 활용한 브랜드
마케팅에 큰 영향을 주는 장소라는 것이다. 명동에 가게 된다면 명동만의 이
특징들을 잘 살펴보시길. 많은 관광객들에게 필수 코스인 명동은 많은 브랜
드 빌딩들과 그 앞에 늘어선 가판대 노점들이 어우러진, 그리고 서울사람 만
큼이나 외국 관광객도 많은 관광 명소임이 틀림없다. 매일경제. 대한민국 100대 상권 참고

도쿄역 vs 서울역

도쿄역은 1914년 건립된 도쿄의 중앙역으로 네덜란드 암스테르담역을 모델로 설계되었다. 제2차 세계대전으로 인해 파손되었으며 1951년과 2012년 10월 3층 부분과 중앙 돔 복원공사를 하였다. 일본 전역으로 하루 4000여 편의 열차가 오가는 도쿄역은 현대적인 고층빌딩숲 중심에 자리 잡고 있는 도쿄를 대표하는 랜드마크 중 하나이다.

도쿄의 역사와 시간을 한 눈에 볼수 있는 도쿄역은 최근 재보수를 통해 과거의 모습을 되살려 일본인과 외국인들에게 큰 관심과 사랑을 받고 있다.

1915년부터 지금까지 영업을 하고 있는 '도쿄 스테이션 호텔'과 정기적인 콘서트와 기획전을 하고 있는 '도쿄 스테이션 갤러리', 그리고 서쪽으로는 일본을 대표하는 비즈니스 지역인 마루노우치(丸の内)'가 있고, 그 뒷편으로는 천황이 살고 있는 '고쿄(皇居)'가 있다. 2013년 3월에는 도쿄역 바로 옆 JP타워를 리뉴얼한 'KITTE'라는 쇼핑센터 또한 기존의 우체국에 쇼핑몰과 박물관을 도입한 필수 관광 코스이다. 2013년 일본 회사에서 도쿄역 지하철 '소부센(総武線)' 환경디자인 콘텐츠와 관련하여 프로젝트에 참여한 일이 있었는데, 역 주변과 연결 도시들이 향후 50년의 모습까지 기획되어 있었고 진행중이었다. 도쿄역은 도쿄의 역사와 미래가 함께 공존하는 장소가 되고 있다.

　　서울역은 하루 평균 9만여 명이 이용하는 서울의 중추적 역할을 하는 관문이다. 현재는 구역사와 신역사로 나뉘어 구역사는 다양한 전시와 공연을 하는 복합문화공간으로, 신역사는 전국을 이어주는 중추역으로 많은 사람들에게 다리 역할을 하고 있다. 일제강점기 때의 행정구역인 '경성부(현재의 대한민국 서울특별시)'의 인구가 증가함에 따라 경성의 관문이 될 중심역으로 만들어져 1923년 1월 1일 경성역(京城驛)으로 역명을 바꾸고 본격적인 경성부의 관문 역할을 수행하기 시작했다. 도쿄역에 이은 동양 제2의 규모로 지어진 역사는 1925년 완공되었고, 경성역은 광복 이후 1947년에 현재의 역명인 서울역으로 개명하며, 한국전쟁을 거친 후 대한민국의 최대 역으로 발돋움하였다. 역사의 신축 추진은 조선총독부 철도국 공무과 건축계에서 담당하였는데 도쿄와 서울의 철도의 축이라고 할 수 있는 도쿄역과 서울역은 역사적으로도 깊은 관계에 있다. 특히 현재의 서울역 구역사는 일제강점기인 1922~1925년에 착공되었고 설계자는 도쿄역사를 설계한 '다쓰노 긴고(辰野金吾)'의 제자인 '쓰카모토 야스시(塚本 靖)'가 설계하였으며, 시공은 조선호텔을 지은 '아오미 하지메'가 맡았다. 서울역사는 현재 남아 있는 일제강점기의 건축물 중 가장 뛰어난 외관을 갖고 있어 사적 제284호로 지정되었다. 위키백과, 한국학중앙연구원 참고 이처럼 서울역은 단지 역으로서의 기능이 아닌 한국과 일본의 역사적인 의미가 있는 소중한 장소이다. 이러한 역사적인 장소를 우리는 잘 기억하고 이해하며 더 가치있게 보존해야 할 것이다.

아사쿠사 vs 인사동

　　도쿄의 대표적인 관광지 아사쿠사는 도쿄에서 가장 오래된 사찰 '센소지(浅草寺)'를 비롯한 역사적 유적과 스토리가 있는 장소로 많은 관광객들과 일본인에게 사랑을 받고 있다. 일본의 전통 상품과 상점들이 즐비해있어 서울의 인사동과 비슷한 장소라고 생각해도 좋겠다.

　　기모노를 차려입은 게이샤들도 쉽게 볼 수 있으며, 화려하고 복잡한 다른 도시들과는 다른 일본인들의 수수하고 소박한 일본의 모습을 아사쿠사에서는 특히 더 느낄 수 있다. 아침이 되면 아사쿠사의 매력을 더 진하게 볼 수 있는데, 맛있는 먹거리까지 가득한 아사쿠사는 도쿄에 없어서는 안될 명소이다.

350m정도의 인사동
메인 거리를 건물안으로 이어주는
인사동의 랜드마크가 된 쌈짓길

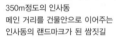

"인사동에 가면 전통차도 있고~ 전시장도 있고~ 한글로 쓰인 스타벅스도 있고~
한복도 있고~ 도자기도 있고~ 엿가락도 있고~ 장난감도 있고~
기념품도 있고~ 한국이 있다."

　　인사동은 1945년 일본이 전쟁에서 패한 후 한국을 떠나는 일본인들이 모아뒀던 골동품과 고서화를 처분하며, 이를 한국에 진주한 미군들이 다시 사들이면서 본격적으로 골동품 상권이 형성되었다. 일제강점기 해방 후 1970년대에 들어와 미술품 관련 상점들이 이곳으로 집중되면서 '전통문화의 거리'로 지정된 인사동은 서울의 대표 관광지의 하나로 발돋음 했다.

　　현재는 미술관련 화방과 공예상점 외에 전통찻집, 주점, 음식점까지 자리를 잡아 인사동은 하루 관광객 10만 명에 이르는 외국인들이 가장 많이 찾는 장소 중 한 곳이다. 내외 관광객의 보행 편의와 원활한 문화행사 개최를 위해 주말인 토요일과 일요일에는 인사동 거리를 '차 없는 거리'로 운영하고 있고, 인사동 뿐만이 아닌 근처 삼청동과 가회동 등은 전통 한옥마을의 장소들이 많이 남겨져 있어 인사동과 인접한 관광지로서 빼놓을 수 없는 서울의 명소이다.

　　최근의 인사동은 오랜 전통의 느낌보다 외국인들을 위한 관광지의 모습에 맞게 변화된 부분도 있지만 그래도 인사동은 서울에서 몇 안되는 청국장이 잘 어울리는 곳이다. 외국 브랜드와 외국어 간판들은 법적으로 들어오기 힘든 한국의 프라이드가 있는 장소라고 볼 수도 있겠다. 앞으로도 인사동은 우리가 더 관심을 가지며 지키고 만들어 나아가야 할 명소이다.

순서대로
롯본기힐즈.
롯본기힐즈에서 보는
도쿄타워.
롯본기힐즈 초입.
롯본기 미드타운.

롯본기 vs 이태원

외국인이 많은 곳. 비싼 곳. 럭셔리 한 곳. 바로 롯본기의 이미지이다. 아사히 방송국이 함께 위치해 있고 높은 '모리타워(森タワ-)'에는 쇼핑할 수 있는 많은 브랜드숍과 미술관, 영화관, 오피스 등이 함께 있다. 도쿄타워에서도 거리가 가까워 밤이 되면 '롯본기힐즈'에서 도쿄타워를 보며 로맨틱한 롯본기의 야경을 즐길 수 있다.

반면에 롯본기는 많은 클럽과 유흥가가 함께 있는 장소이다. 클럽가에는 외국인이 많은데 외국인 친구를 사귀고 싶거나 외국인과 놀고싶으면 롯본기로 가라는게 도쿄사람들 대부분의 생각이다.

롯본기에는 대사관이 집중하는 장소로 서울로 비교하자면 한남동을 포함한 이태원이라고 생각하면 비교하기 쉬울 것이다. 대체적으로 롯본기는 사람들의 평균 연령대가 높은 편이기 때문에 대부분의 장소들이 조금씩 가격이 더 비싼 편이다.

이태원 야경과 스트리트 뷰

　　이태원은 6.25전쟁 이후에 용산 미8군 기지에 주둔한 미군들을 대상
으로 기념품 장사를 하던 곳이었으나, 1970년대 초반 미8군 121후송병원이
미8군 영내로 들어오면서 병원 종사자 1만여명과 부대 주변 상인들이 함께
이주해와 현재의 이태원의 모습을 갖추게 되었다. 1988년 서울 올림픽 때에
국제적인 쇼핑가로 급성장하였고, 1997년 9월 29일 서울특별시에서 최초로
관광특구로 지정된 장소이다. 외국인과 게이, 트랜스젠더들의 집결지였던 이
태원이 최근에는 압구정, 홍대와 강남, 신사동에 질려가던 젊은층의 사람들에
게 새로운 놀이터로 자리잡았다.

　　삼성 리움 뮤지엄, 그리고 한남동의 카페와 아기자기한 패션샵, 그리
고 공연장들이 이태원까지 길게 늘어서 있다. 강남역과 홍대가 20대 초·중
반의 집결지라면 이태원은 30대와 40대가 주를 이루는 새로운 일탈지가 되
었다.

　　최근 K-POP이 한류의 주도적인 역할을 하고 있는데 바로 이 아이돌
들의 스승격인 1990년대 한국 댄스가수들의 시초가 이태원의 '문나이트' 클
럽에서 시작되었다고 한다. 지금도 물론 수많은 클럽과 술집, 레스토랑과 카
페 등으로 이태원은 항상 많은 사람들이 찾고 즐기는 장소로 거듭났다.

　　요즘 심심할 땐 뭐해 따분할 땐 뭐해 어디서 시간 때우나
　　강남 너무 사람 많아 홍대 사람 많아 신촌은 뭔가 부족해

　　- UV 이태원 프리덤 가사 중

삼성 리움 미술관

오모테산도에서 메이지신사까지 이어지는 가로수길

오모테산도 vs 청담동

하라주쿠와 아오야마, 그리고 시부야의 가운데에 위치하고 있는 오모
테산도는 패션의 중심지라고도 할 수 있다. 다케시타거리에 나란히 즐비해
있는 수많은 명품 브랜드의 건물들이 얼굴을 맞대고 서 있고 전세계의 유명
한 건축가들이 설계한 멋진 건물들이 명품거리의 가치를 더해준다. 오모테
산도는 상류층을 위한 소비지역으로 패션샵, 레스토랑, 카페 등이 많은데 오
모테산도가 유명 관광지들의 중심에 위치해 있기 때문에 많은 관광객들 또한
이곳을 방문하고 있다.

오모테산도는 서울의 청담동과 비슷한 장소의 이미지로 볼 수 있겠다.
하지만 오모테산도와 청담동의 다른점 중의 하나는 청담동은 인도 위에 차
들이 주차를 하고 있어 길과 건물, 그리고 사람들이 함께 인접하기 불편하게
되어있는 반면에 오모테산도는 인도를 넓게 하고 카페들이 1층에 인접해 항
상 많은 사람들로 활기차다. 그래서 연령대도 10대들부터 노인들까지도 더
폭넓게 쇼핑하는 모습들을 볼 수 있다.

청담동은 1970년대 들어 영동 제2구획정리사업이 시행되면서 압구정동과 청담동 일대에 대대적인 개발의 시작으로 한강변을 따라 압구정 현대아파트가 들어섰다. 영동지구 주택건립계획의 발표로 압구정동과 청담동 등지에 단독주택단지가 형성되기 시작하였고, 1978년 완공된 현대아파트는 당시 최고급 대단지 아파트로 권력층 특혜분양과 천문학적 프리미엄으로 인해 압구정동과 청담동 주변은 고급주거지로 자리매김하였다. 이렇게 고급주거지들이 형성되고 자연스럽게 문화생활에 대한 수요가 늘어나면서 인사동에 밀집되었던 화랑들이 강남으로 이전하게 되는 계기를 만들었고 갤러리와 일상적 소비공간의 수요가 증가하면서 1980년대 중반에 현대백화점이, 1990년에는 갤러리아백화점 명품관 및 생활관이 개점하였다. 이로 인해 압구정동과 청담동은 고급 쇼핑문화의 중심지로 자리를 잡게 된다. 1990년대 후반에는 청담동 지역에 웨딩업체가 들어서며 웨딩드레스샵, 미용실, 스튜디오, 한복집, 결혼예물 관련 샵들이 생기며 청담동의 패션산업은 더욱 더 두드러지게 발전하였다. 최근에는 명품브랜드들이 단독건물로 많이 들어서며 청담동은 현재의 모습으로 만들어지게 되었다. 그래서 청담동에서의 주 활동 연령대는 10대~20대의 젊은 여성들보다 30대~40대 이상의 고소득 소비자와 연예인들이 많은 편이다. 강남구 향토문화전자대전 참고

명품브랜드 건물들이 즐비해 있는 서울의 청담동 거리

메이지신궁(明治神宮)

세계적인 일본의 대표 건축가
안도타다오가 설계한 오모테산도 힐즈

오모테산도의 장소성에 의미를 알고 간다면 더 깊게 이 거리를 이해할 수 있는데, 바로 '오모테산도(表参道)'의 뜻이 '참배하러 가는 길'이라는 뜻이다. 오모테산도의 다케시타거리는 메이지신궁까지 이어진다. 그래서 다케시타 가로수 거리에는 느티나무가 길게 늘어서 있고, 건축의 장소성을 고려한 세계적인 건축가들은 이 의미를 적용하며 건물들을 디자인하기도 하였다. 대표적으로 '오모테산도 힐즈'를 보면 건물의 높이를 가로수길의 나무보다 높지 않게 하였고, 층간이 나뉘어진 것이 아닌 오르막길로 일층부터 상층까지 길이 이어지게 되어있다. 이것은 메이지신궁으로 참배하러 가는 길의 의미를 건물 내부까지 부여하여 각층을 계단이 아닌 슬로프로 이어진 구조형태로 설계한 것이다.

메이지신궁 가는 길의 도로.

세계적인 일본 건축가 이토토요의 TODS 건물 디자인.
이 건물 또한 오모테산도 앞 메이지신궁으로 가는
가로수길의 나뭇가지 형상을 모티브로 설계한 건물이다.

오모테산도 Tokyu Plaza.

This is Tokyo.
 I think...

좌, 긴지 와코 백화점.
우, 긴자의 야경 거리뷰.

긴자 vs 압구정

일본에서 땅값이 가장 비싼 곳 '긴자(銀座)'는 '은화를 만드는 거리'라는 뜻을 가지고 있다. 비싼 땅값에 걸맞게 명품 건물들이 즐비해있는 긴자는 도쿄의 번화가 중에서도 쇼핑으로 유명한 장소이다.

1872년에 발생한 대화재로 큰 피해를 입었었지만, 거리를 재건하면서 일본 최초의 근대화 거리로 탈바꿈했다. 일본 최초의 백화점인 '와코 백화점'이 들어섰으며, 최신 부티크와 명품 브랜드, 많은 백화점들이 거리를 메우고 있어 일본의 고급스러운 쇼핑 문화를 한 눈에 볼 수 있다. 반면에 전통을 지닌 점포와 특색 있는 고급 상점이 아직까지 많이 남아 있고, 일본의 전통극이자 대중연극인 '도쿄가부키자(東京歌舞伎座)' 극장도 위치해 있어 긴자 특유의 고풍스러운 이미지까지 느껴진다.

좌, 긴자 미츠코시 백화점
우, 도쿄가부키자(東京歌舞伎座) 극장,
긴자거리

좌. 압구정 갤러리아 백화점 명품관 East
우. 압구정 갤러리아 백화점 명품관 West

　　압구정은 유명 백화점들과 명품샵들이 밀집해 있고 고급 레스토랑과 브랜드들이 즐비해있는 서울의 대표 부촌 중의 하나이다.
　　압구정로 북쪽의 한강변 쪽으로는 아파트촌이 있고, 남쪽은 고급주택가가 즐비해 있다. 많은 도로가 인접해 있어 젊은이들의 유흥장소의 교차점에 있고, '패션의 거리'라는 명칭의 로데오거리가 있다.
　　최근에는 많은 성형외과가 들어서 20, 30대 여성들의 성형 집결지로 자리매김 하였다. 콧대를 세우는 여자들처럼 압구정은 옆동네 청담동과 함께 고급 브랜드와 레스토랑, 카페가 밀집되어 있는 서울 내에서도 여전히 콧대가 높은 장소라고 볼 수 있다.

압구정 로데오거리

시부야 vs 홍대

　　도쿄에서 가장 젊음을 느낄 수 있는 장소는 단연 시부야다. 그리고 개인적으로 도쿄에서 가장 좋아하는 장소 1위이기도 하다.

　　시부야 스크럼블. 시부야는 오랫동안 아르바이트를 했던 곳이기도 하고, 이곳에서 친구들도 많이 사귀게 되었으며, 스크럼블 앞에 있는 스타벅스에서 공부하면서 생각도 많이 했던 여러 가지로 의미있는 장소이다. 어떤 르은 사람이 너무 많아 복잡하고 정신없다며 싫어하는 사람들도 있지만, 외국인들에게는 혼잡스러우면서도 화려한 장소이고 일본의 젊은이들에게는 젊음과 패션이 함께 존재하는 가장 활기찬 장소이다. 시부야 광장을 바라보면서 '저 많은 사람들은 어디를 갈까? 무슨 생각을 하면서 살까?' 이런 생각을 하며 시간을 자주 보내곤 했다.

여기는 시부야 스타벅스
알바를 끝내고 지친 마음을 쉬러
흐트러진 마음을 조립하러
내 눈 앞에 저 많은 사람들에게
보여줄 수 있는건 What

- MY LIFE FLY HIGH 가사 중에서

아기자기한 맛집들과 카페들. 수많은 클럽들과 자유로움. 젊음의 장소, 낮과 밤의 경계가 없는 장소. 그곳은 바로 홍대.

말이 필요없다.

홍대. 이 단어 하나로도 그 날 하루가 예상이 된다.

이미 외국인들에게도 명소가 되어버린 홍대는 한국에서 가장 가고싶은 명소 1위로 뽑혔다. 더 이상 말이 필요 없다. Welcome to Hongdae!~

다이칸야마 vs 신사동

　　'다이칸야마(代官山)'는 도쿄사람들이 가장 살고 싶어하는 장소 중 한 곳이다. 아기자기하면서 정돈된 느낌의 고급스러움이랄까. 청순하면서도 귀 티나는 여성스러움을 간직한 이미지랄까. 날씨 좋은 날 여유있게 책을 보며 커피를 마시기 좋은 장소이다.

　　특히 다이칸야마의 '츠타야(Tsutaya)'는 많은 사람들이 애용하는 핫 플레이스다. 많은 잡지와 책들을 무료로 볼 수 있고, 다양한 장르의 음악 또 한 들을 수 있으며 스타벅스와 레스토랑이 있어 편안하게 문화생활을 즐길 수 있는 힐링에 최적인 장소이다. 패션피플들이 좋아할만한 멋진 샵들도 많 고 위치도 시부야와 에비스 사이에 있어 일본의 20대부터 40대들이 자주찾 는 핫 플레이스이다.

신사동 가로수길

강남과 이태원 사이의 신사동은 말장난처럼 신사 숙녀가 가는 곳이라
고 할까. 최근 외국인 관광객들에게도 사랑받는 신사동은 서울 직장인 이상의
20대 후반에서 30대 여성들이 즐겨찾는 집결지이다. 작고 예쁜 카페와 패션
샵들이 길게 늘어서 있는 이곳에 예쁜 여성들이 모이니 남성들도 자연스럽게
모이게 되고, 결국 데이트 코스와 여성들의 수다모임의 장소로 자리잡은 곳이
다. 젊은이들에게는 가로수길이라는 명칭이 신사동을 상징하게 되었고, 최근
에는 세로수길까지 생겨 신사동만의 개성을 넓혀가고 있다.

아키하바라 길거리의 메이드
카페 호객 아르바이트 모습

건담 프라모델 모형 문구점

아키하바라 vs 용산

게임의 도시, '오타쿠' 밀집지역, 수많은 '메이드카페', 일본 소녀 아이돌의 완성판 'AKB48'의 탄생지. 일본의 전자제품의 천국. '아키하바라(秋葉原)'다. 남자들의 수많은 놀거리와 상상의 날개를 펼쳐주는 이곳은 혼자서도 하루를 재미있게 보낼 수 있는 장소가 된다. 아키하바라는 많은 남자들에게 여러 가지 취미 생활을 제공하고 있는데 큰 돈을 들이지 않고도 인생을 즐기며 사는 요소들을 이곳에서 찾을 수 있다. 도쿄 내에서도 이색적인 일본의 한 면을 볼 수 있는 독특한 매력을 가진 아키하바라는 연간 수백만 명의 여행객들이 이곳을 방문하고 있다.

좌, 아키하바라
길거리의 코스프레 복장
중, AKB48 카페샵
우, 캐릭터 미니어쳐

용산 전자랜드의 전자제품 코너.

　　도쿄의 전자상가 중심가 아키하바라가 있다면 서울에는 20여년 전부
터 용산 전자상가가 그 역할을 해오고 있으며, 서울은 물론, 한국의 대표적
인 전자제품 밀집지역이다.

　　또한 '아이파크몰(I Park Mall)'이라는 복합 쇼핑몰이 전자제품 뿐만
이 아닌 쇼핑시설과 문화시설 등으로 폭넓은 연령층에게 사랑을 받으며 용
산이 더욱 더 활발해지게 되었고 최근에는 외국인 관광객들도 많이 방문하
고 있다. 반면에 한국사람들은 인터넷 구매율과 정보수집이 높아져 구매형
태가 분산되고 있는 모습도 있다. 용산에는 전쟁기념관도 있는데 과거의 전
쟁을 기억하고 미래의 행복을 약속하는 장소로서 한국의 학생들과 많은 일
본인들의 방문도 이어지고 있다.

용산역사의 낮과 밤

도쿄에서 가장 로맨틱한 장소 '오다이바(お台場)'는 계획적으로 잘 만들어진 곳이다.
인공섬인 오다이바는 멋진 야경, 많은 쇼핑몰과 해안공원, 후지TV 방송국,
오다이바 온천 등을 품고 있는 도쿄의 대표적인 관광명소로 자리 잡았다.

오다이바 vs 여의도

　　　오다이바는 1990년대 이후 중요한 상업·거주 및 레저의 복합지역으로 크게 발전하였다. 일본 버블경제 이후 레저를 위한 거대한 호텔과 쇼핑몰들 건립이 활발하게 이루어졌으며, 후지TV의 본사를 비롯하여 대규모 회사들이 이곳으로 입주하였고, 도쿄 도심과 연결되는 '레인보우다리(Rainbow Bridge)'와 대중교통이 연결되면서 많은 일본인들과 외국인 관광객들에게 사랑받는 장소로 자리잡았다.

오다이바는 혼자서도 가보고
커플로도 그리고 가족들과도 가봤지만,
이런 로맨틱한 장소는 역시 혼자서는
외로우니 꼭 누군가와 함께 가시길.
어쩔 수 없이 혼자가게 된다면 머리와
팔이 움직이는 저 건담과 노는 것도 추천한다.

서울 한강에 떠 있는 큰 섬이자 또 하나의 도시 여의도.
국회의사당 · 한국방송공사 · 문화방송국 등의 여러 방송사와
금융관계사, 쇼핑센터, 호텔, 아파트 등이 밀집해 있다.

여의도 야경 출처 위키백과

1916년 9월 일제가 모래땅으로 이루어진 쓸모없는 벌판이었던
이 섬에 간이비행기지로 사용하면서 여의도의 존재가 알려지기 시작했고,
8 · 15광복 후 미군이 접수하여 사용하다가 1968년에 이르러 서울특별시에
의한 신개발 사업이 착수되었다. 착공 반년 만에 높이 15m, 폭 20m, 길이
7,000m의 여의도 일주도로 '윤중제(여의도를 둘러싼 제방)'가 완성되었고,
마포대교와 원효대교가 개통함으로써 발전이 한층 가속화되었다. 넓은 여의
도 공원과 봄에는 벚꽃축제, 10월에는 여의도 한강공원에서 불꽃축제가 열
려 많은 볼거리가 있는 장소이다.

좌. 여의도 도심지
우. 여의도 벚꽃축제

요요기공원 vs 올림픽공원

　　신주쿠와 시부야의 중간에 있는 '요요기공원(代々木公園)'은 빡빡한 도심속에 사는 도쿄인들에게 큰 휴식을 주는 공기청정기 같은 공원이다. 1964년에 열린 도쿄 하계 올림픽에서 요요기 국립 경기장은 큰 역할을 하였고 지금도 여러 이벤트와 콘서트 등이 열려 주말이면 항상 많은 인파가 모인다. 요요기공원에서 자전거를 타던 기억, 공부하던 기억, 벚꽃축제, 프리마켓, 다국적 행사 페스티벌 등 요요기공원은 휴식과 재충전을 만들어주던 장소였다.

　　도쿄의 요요기공원과 같이 서울의 비슷한 장소는 올림픽공원을 꼽을 수 있다. 1986 아시안게임과 1988년 서울올림픽의 숨결이 남아 있는 이곳은 45만여평의 올림픽기념 조형물과 야외 조각작품들, 고대 백제의 유적지인 몽촌토성을 중심으로 도심 속의 공원으로 조성되어 서울 시민들의 휴식처로 자리매김했다.

매일을 밤낮 없이 자전거로 지나쳤던 요요기공원
주말이면 자전거를 세워놓고 돗자리에 누워
하늘과 나 사이에 사쿠라를 끼고 듣던 맑은 멜로디는
잊지 못하는 너의 깍지손과 같아.
서울에 살며 몰랐던 그 느낌은 영원히 잊을 수 없을 거야.

고마워.

아리가또우.

Tokyo   Seoul

Shinjuku 신주쿠   강남 Gangnam

명동 Myungdong

Harajuku 하라주쿠   서울역 Seoul station

인사동 Insadong

Tokyo station 도쿄역

Asakusa 아사쿠사   이태원 Itaewon

Ropponki 롯본기   청담동 Chungdamdong

Omotesando 오모테산도

압구정 Apgujeong   홍대 Hongdae

신사동 Sinsadong

Ginza 긴자   Sibuya 시부야   다이칸야마

Daikanyama   용산 Yongsan   여의도 Youido

아키하바라   오다이바   올림픽공원 Olympic park

Akihabara   Odaiba 오다이바   요요기공원

Yoyoki park 요요기공원

도쿄 노숙자 vs 서울 노숙자

　　인간이 살아가는데 필요한 의(衣), 식(食), 주(住) 중 하나인 집은 추운 겨울에 따뜻한 집에서 잠을 자는 사람과 길거리에서 자야하는 노숙자로 구별할 수 있을까? 돈이 행복의 척도가 될 수 없는 것은 누구나 잘 알겠지만 세상에 돈이라는 것이 생겨나면서부터 세상은 두 부류로 나뉜 것일까? 이것은 소위 부자나라인 선진국도 예외가 아니다. 2013년 세계최고의 여행지 1위인 프랑스의 파리만 하더라도 많은 노숙자들을 가까이서 볼 수 있다. 세계적 랜드마크인 아름다운 파리의 에펠탑 바로 밑에는 노숙자들이 진을 치고 관광객들에게 손을 벌리고 있다. 세계 경제대국 2위였던 일본의 길거리 노숙자문제 또한 다소 심각한 수준이다.

　　도쿄에서 가장 큰 번화가인 신주쿠만 가더라도 길거리에서 박스를 이불 삼아 살아가는 노숙자는 몇 미터 변방마다 쉽게 볼 수 있다. 도쿄에 처음 갔을 때 많은 수의 길거리 노숙자들을 보며 깜짝 놀라지 않을 수 없었다. 그들의 '노숙(路宿)'은 말 그대로 길거리에서 골판지를 세워 덮고 자는 세상과 맞닿은 얇은 벽이었다. 단지 집이 없어 불쌍하고 안타까운 모습보다 자기만의 영역을 종이 박스 몇 개로 만들고 세우며 그 안에서 생활하는 모습들은 길을 다니며 무조건적으로 볼 수 밖에 없는 묘한 스트리트신의 집단촌이었다. 화려한 도시의 네온사인처럼 개성있고 멋들어진 사람들의 모습속에서 아이러니하게도 노숙자들의 삶은 함께하고 있다. 일본의 노숙자들은 주소가 등록되어 있고 한 달에 3만엔(한화 약 30만원) 정도의 생계비까지 받는다고 한다. 어학교를 다니던 시절, 학교에 자전거를 타고 고가도로 아래의 작은 터널을 지나 다녔는데, 그곳에도 어김없이 노숙자가 자리를 잡고 살고 있었다. 대부분의 터널 밑에는 노숙자들이 박스로 1평 남짓한 영역을 만들어 살고 있는데 밤, 낮을 안 가리며 자는 것은 물론이며 밥을 먹고, 신문을 보면서 글을 쓰기도 한다. 어느날은 며칠째 그 노숙자가 자리에 보이지 않아 길거리에서 변을 당했나, 죽은 건 아닌가 하고 걱정했었던 기억이 있다. 시부야로 아르바이트를 다닐 때에도 한 육교를 지났었는데 그 육교 밑에도 역시나 노숙자의 영역이 있었다. 그 매연 연기 가득한 큰 도로의 바로 옆에서 어느 수첩에 글을 빼곡히 쓰며 살아가던 노숙자를 잊을 수 없다. 도쿄의 번화가에서도 이런 노숙자들의 모습은 어렵지 않게 보게 된다.

한편으로 '도쿄의 노숙자들은 일을 하면서 집을 얻어 생활을 할 수도 있는데, 일부로 길거리에서 사는 것이 아닐까?'라는 생각을 한 적이 있다. 남에게 피해를 주지않는 한에서 자유롭게 자신들만의 생활을 만들며 사는 모습을 본 느낌이랄까. 일본은 이런 최저 생계유지비로 살아가는 노숙자들에 골머리를 앓고 있다고 하지만 정작 노숙자들의 뿌리까지 쉽게 뽑을 수 없을 것 같다. 이것은 특히 개인의 사생활을 중요시 여기는 일본에서 나에게 피해가 가지 않는 한 노숙자들은 다른 세계 사람, 다른 이야기인지도 모르겠다.

시부야역의 노숙자들

오오쿠보역 근처 다리 밑에서 5년이 넘게
같은 자리를 지키던 한 노숙자 분

아침 출근길에 신주쿠역 앞의 한 노숙자
이런 모습을 보고도 일본인들은 그냥 지나치고 있었다.

한국의 노숙자 문제도 비등하겠지만 서울은 조금 다른 모습이 있다. 하루는 영등포에 간 적이 있었는데 역 앞의 수많은 노숙자들의 모습들에 놀라움을 감출 수 없었다. 영등포역 앞에 그렇게 많은 노숙자가 있는 줄 몰랐었던 것이다. 이날은 어느 자선 업체에서 저녁식사를 제공해주는 날이었기 때문에 정말 많은 노숙자들이 모여 식사를 기다리고 있었다. 서울도 빈부격차가 심한 도시 중 하나인데 이런 모습들은 곧 사회생활을 막 시작하던 내게 적지 않은 충격이었다. 빠른 경제성장의 위대한 도시 서울에도 이런 노숙자들의 모습들은 서울의 또 하나의 단면을 보여주지만, '정(情)'이 있는 나라 한국에서 대부분의 사람들은 길거리에서 얼어 죽는 사람을 그냥 못 지나치는 것 같다. 스무 살 때 추운 겨울에 진상 술을 먹고 길거리에서 자는 어르신이 걱정이 되어 경찰에 신고하러 갔었던 적이 있다. 비단 나뿐만이 아니고 한국에서는 위급하고 안타까운 사람에게 손을 뻗는 것이 일본보다는 열려있는 것 같다. 서울의 노숙자가 도쿄의 노숙자와는 조금 다른 모습이라면 골판 박스보다는 신문지를 이용하여 잠을 해결하는데, 이는 남에게 피해를 주지않는 한에서 정착하며 생활하는 도쿄의 노숙자와 남의 눈을 의식하며 생활하는 서울의 노숙자들의 유동적인 형태의 모습이라고 생각된다.

도쿄의 노숙자들은 박스를….
서울의 노숙자들은 신문을….

서울역의 노숙자들

서울 비둘기 vs 도쿄 까마귀

도시를 걷다 보면 건물과 사람, 도로와 차들, 그리고 무엇이 있을까. 새가 있다. 서울에서 쉽게 볼 수 있지만 깊게 인식하지 못했던 것이 바로 새다.

그 새는 바로 비둘기. 1988년 서울 올림픽행사 때 비둘기를 날려보내기 위해 수입한 비둘기를 서울시청 옥상에서 사육하면서 그 수가 늘어났다고 한다. 또한 날아간 비둘기들이 도시의 풍부한 먹거리와 빠른 번식력으로 복잡한 도시 서울에서도 제법 잘 적응하며 살고 있는 것이다. 늘어난 개체수만큼 증가한 배설물은 산성이 강해 건물이나 문화재 등을 부식시키는 것으로 확인되었고, 도심 속 비둘기의 깃털과 배설물 등에 의해 비위생적인 이미지가 생겨나 문제가 되기도 한다. 하지만 서울의 공원이나 동네에서 쉽게 볼 수 있는 새가 비둘기인데 이 마저도 없다면 하늘 보는 재미, 딱딱하고 기계적인 도시 속에서 움직이는 생물체를 보는 재미가 없어지지 않을까? "새다! 새!"하는 꼬마 아이들의 즐거운 목소리가 있기 때문에 서울이 활력이 있는 것 아닐까? 사람이든 비둘기든 복잡한 이 도시에서 같이 숨을 쉬는 하나의 생명체이니까.

서울의 도심 속 비둘기   서울 지하철 당산역 안내문

도쿄는 어떨까? 한국에서는 옛날부터 기분 나쁘고 악운의 상징 중의 하나인 까마귀를 도쿄에서는 쉽게 볼 수 있다. 마치 우리가 서울에서 비둘기를 쉽게 볼 수 있듯이 말이다. 특히 쓰레기가 있는 곳이면 까마귀를 더 많이 볼 수 있는데 실제로 도쿄에서 까마귀를 보면 놀라움을 금할 수 없다. 크기만 해도 비둘기의 3배 이상 되는 새까만 까마귀가 머리 위로 날아 다니고 바로 옆으로 걸어 다닌다. 특히 새벽 아침에는 '까악 까악' 거리면서 음식물 쓰레기 주변에 있는 모습을 보면 소름이 끼칠 정도였다. 그렇다면 일본인들이 생각하는 까마귀는 어떨까? 사람도 좋아해주고 챙겨주면 옆에 더 있고 싶듯이 까마귀가 일본인들이 좋아하는 새라서 함께 도시에서 사는 것일까?

좌, 유즈루하
신사의 야타가라스
(弓弦羽神社の八咫烏)
출처 위키백과

우,
구마노하야타마타이샤
(신궁)

삼족오와 일본 축구 국가대표팀 마크 비교

　　　일본에서 까마귀는 고대부터 길조를 상징하는 새였다고 한다. 일본 신화에 등장하는 다리가 세 개인 야타가라스는 일본 축구협회의 심볼 마크이기도 한데, 이 세 발의 까마귀는 중국 고전에 있는 '삼족오(三足烏)'라 불리는 것으로 해의 신, 즉 태양을 상징화한 것으로, 태양 안에서 산다는 세 발 달린 상상 속의 길조인 까마귀로 본다. 또한 신화 속에 등장하는 '야타가라스(八咫烏)'도 초대천황인 진무천황이 야마토로 진격할 때 길을 안내했다고 전해진다. _{삼족오, 학연문화사 참고}

　　　한국에서도 1999년 김대중 대통령 정부시절에 만든 '3호 봉황국새'에 금이가서 차기 국새의 인뉴(손잡이)에 '삼족오'를 새기자는 의견이 나온 적이 있는데, 학자들은 다리가 세 개 달린 검은새로 해석하면서 '볏'이 없는 까마귀가 아닌 '태양새'로 해석을 하고 있다. 하지만 1988년 서울올림픽 때 평화의 상징이었던 비둘기가 지금은 골칫거리가 된 것과 유사하게 일본의 길조였던 까마귀가 골칫거리로 된 것 같다. 오사카에서는 까마귀에게 먹이를 주는 것까지 금지하였고, 벌금을 부과하는 제도까지 있다고 한다.

　　　한국은 까마귀를 흉조로 생각하는 반면 일본은 길조로 생각하는 것. 일본 축구 국가대표팀의 앰블렘에도 이 까마귀 삼족오가 있는 것을 보면 나라를 대표하는 새임은 분명하다. 가깝고도 먼 나라. 서울과 도쿄에서 쉽게 볼 수 있는 새조차도 바라보는 시선과 해석이 참 다르다.

좌, 도쿄의 도심 속 까마귀
우, 쓰레기를 파헤치는 까마귀

이동수단

서울과 도쿄의 이동수단

대중교통은 그 나라의 문화를 대표하는 모습일지도 모르겠다. 정신없는 낙서들이 가득한 뉴욕의 지하철과 파리의 지하철, 뉴욕의 심볼 중 하나인 옐로우캡 택시, 휴대폰 통화를 자제하는 도쿄의 지하철, 무질서 안에 질서가 있는 중국의 교통문화는 제각각 그 도시의 특성을 보여준다. 서울과 도쿄사람들의 이동수단인 지하철과 버스, 택시, 자전거를 알아보자.

서울 지하철의 청결함은 세계 어느 나라보다 훌륭하다. 껌자국 하나 찾아보기 힘들다. 오히려 깨끗하기 때문에 쉽게 쓰레기를 버리지 않는 것 같기도 하다. 도쿄 지하철도 참 깨끗하다. 쓰레기를 함부로 버리는 사람도 딱히 기억나지 않는다. 일본은 길거리가 깨끗하기 때문에 지하철이 깨끗한건 당연할지도 모르겠다. 여담이지만 일반적으로 쓰레기통이 많으면 도로가 더 깨끗할 것이라 생각할 수도 있는데, 오히려 쓰레기통이 없으면 더욱 도로가 깨끗할 수 있다는 것을 알 수 있었다.

도쿄의 길거리가 그 예인데 길거리에 쓰레기통이 없어 쓰레기를 버릴 수가 없었다. 대부분 쓰레기를 챙겨서 근처 편의점이나 집에서 버리는 경우가 많다. 서울의 길거리에 쓰레기통을 없애면 어떻게 될까?

도쿄 시내의 길 위로 다니는 지하철

도쿄의 지하철은 서울의 지하철보다 오래 전에 생긴지라 조금은 낡은 느낌의 이미지가 있다. 하지만 서울의 지하철과 다른 한가지. 도로 위의 신호등을 두고 땡땡거리며 벨 소리와 함께 지나가는 도쿄의 철길 지하철은 서울에서 볼 수 없는 도쿄만의 매력이 있다.

일본 관광 중에 도쿄의 지하철을 타본 사람들은 서울 지하철과 비슷한 부분을 많이 느꼈을 것이다. 특히 열차 안에서의 좌석수라든지 손잡이 위치, 짐 놓는 칸과 그 위에 광고들의 위치까지도 디자인상으로 비슷한 부분이 많다. 그래서 가끔 도쿄 지하철 안에서는 여기가 서울 지하철인지 도쿄 지하철인지 혼동될 정도였다. 이걸 타고 가면 왠지 한국 집에 도착할 것 같기도 했다. 그만큼 지하철 내부의 모양이나 이미지가 비슷하다.

서울 지하철

도쿄 지하철

서울 지하철의 자랑은 비교적 쉬운 노선도에 있다. 서울 지하철에는 2014년 1월 현재 전체 1호선에서 9호선까지, 그리고 인천도시철도 1호선, 분당선, 중앙선, 공항선, 경의선, 경춘선 등 총 19개 노선이 있다. 이렇게 많은 노선의 열차들을 두세번 갈아타면 서울 끝에서 끝까지 어디든 1시간 반 안팎으로 쉽게 이동할 수 있다. 서울 지하철은 3개 기업을 두고 운영이 되고 있고, 요금도 편리한 카드결제로 하고 있기 때문에 개찰 전후로 카드를 체크하면 이동거리에 따라 계산되는 식으로 더 편리해졌다. 서울의 3배 규모의 도쿄는 어떨까?

　　도쿄의 지하철도 굉장히 체계적인 시스템을 갖추고 있다. 하지만 서울 지하철에 익숙했던 한국사람들은 도쿄의 지하철을 대부분 어려워한다. 도쿄시내의 지하철은 길이만해도 총연장 4800km로 세계 1위. 민영지하철 9개 노선과 시에서 운영하는 지하철 4개 노선 총 13개 노선이 복잡하게 얽혀 있으며 도심의 전철과 연결되어 있다. 그래서 타고 있던 열차에서 다른 회사 소속의 열차를 타게 되면 그 회사의 티켓을 다시 구입해야 한다. 바로 이러한 부분이 서울의 지하철과 달라 혼란스럽고 상대적으로 불편한 것이다. 아무래도 규모상으로 서울보다 도쿄가 크고 복잡하기 때문이겠지만 일본친구들도 일본의 지하철 노선도는 복잡하다고 느낀다는 의견이 많았다. 반대로 일본친구들이나 외국 관광객들은 이동하기 쉽게 표시되어 만들어진 서울의 지하철에 큰 매력과 편리함을 느꼈다고 이야기했다.

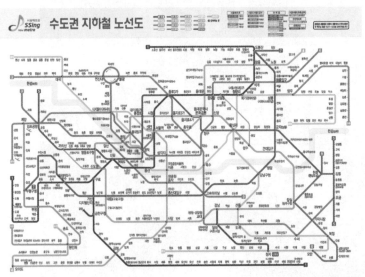

서울 메트로

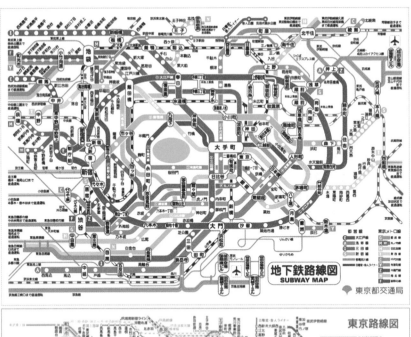

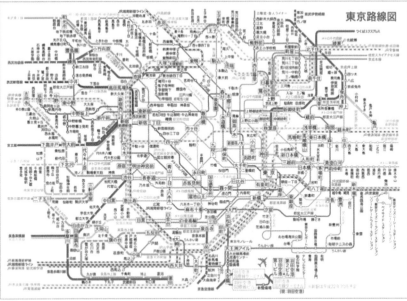

도쿄메트로와 JR 노선표

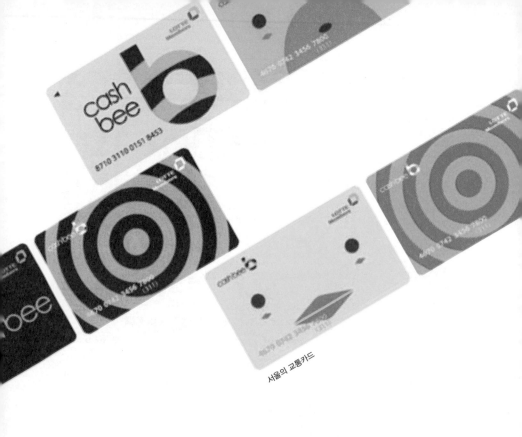
서울의 교통카드

도쿄의 교통카드

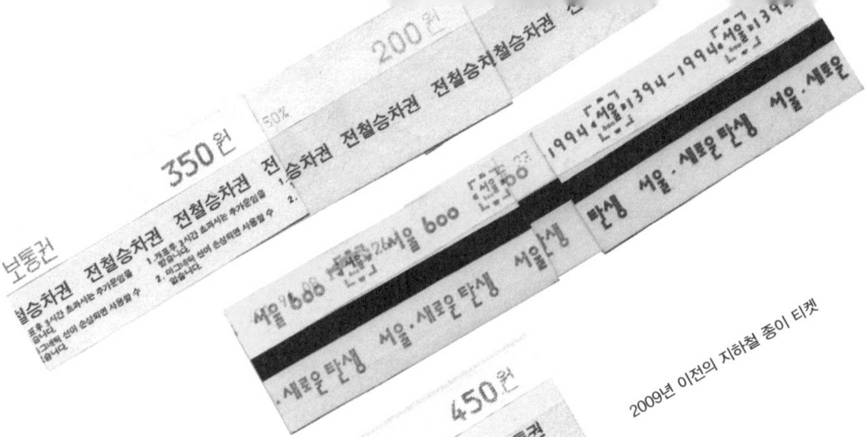

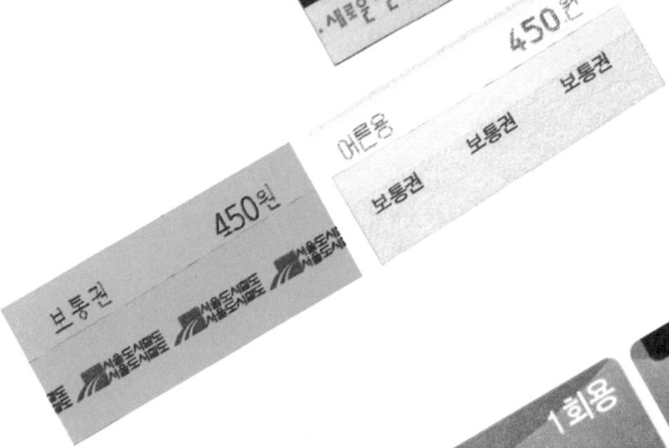

2009년 이전의 지하철 종이 티켓

서울은 2009년 5월 1일부터 종이 티켓이
재사용 가능한 카드로 바뀌었다.

도쿄의 지하철 티켓

7. 路

만화광고 vs 성형광고

　　지하철 광로를 보면 트렌드가 보인다. 지하철 안의 광고를 보자. 광고의 홍수속에 살아간다고 해도 과언이 아닐만큼 현대인들에게 대중교통은 최적의 홍보처이다. 짐칸 위의 포스터들과 열차를 기다리는 중의 대형 광고현수막 등은 무심코라도 볼 수 밖에 없는, 광고인들에게는 살아 있는 공간영역이다. 평소 도쿄에서 지하철을 타면서 서울의 지하철과 참 비슷하다는 생각을 많이 했는데 어느 날 재미있는 다른 점을 발견했다. 열차 중간에 가로 1미터 세로 30센티 정도의 잡지광고였다. 중요한 것은 이 광고물들의 내용들이었다. 비키니만 입은 미소녀들이 나오는 이런 광고물들을 보면서 '역시 일본은 성에 개방적인 나라이구나'라고 생각했다. 괜히 내가 그렇게 느낀걸까. 아니다. 아마도 그런 요염한 표정들의 미소녀들이 서울 지하철 안에 걸려있다면 어떤 반응일까? 또 하나의 다른점은 역시 애니메이션 강국답게 만화로 된 광고물들이 많다는 것이다. 이는 일본인들이 관심있어 하고 쉽게 정보를 전달할 수 있는 요소인 만화를 적극 활용한다는 점이 특별한 부분이라고 볼 수 있다.

한국에서는 속옷 광고같은 제품광고라면 모르겠지만 선정적으로 느낄 수 있는 문구와 저런 사진들은 아마도 논란의 여지가 되어 이런 광고는 허용하지 않을듯 싶다. 대중교통에서까지 이런 개방적인 광고속에서 사는 일본인들의 문화는 한국과 참 다른 모습이다.

도쿄 시부야역 내에 만화로 된 광고물. 애니메이션의 강국답게 공공장소에서 만화로 된 광고를 많이 접할 수 있다.

한국은 성형붐의 시기를 지나 정착기의 모습인 것 같다. 압구정, 신사동, 강남 주변에서 성형광고 간판을 보는건 도쿄에서 만화 광고를 보는 것 만큼이나 쉽다. 방송매체와 연예인들의 성형 고백은 이제 한국에서는 이슈거리도 안되는 일들이 되었고, 간판이나 포스터에서는 성형 전, 후의 사진이 함께 있어 비교 사진을 볼 때 마다 성형기술의 놀라움을 금치 못한다. 대한의사협회의 '의료광고 심의현황'에 따르면 2011년 602건이던 성형외과 옥외광고는 2013년에는 3248건으로 5배 이상 급증했다. 지하철 3호선 압구정역에는 성형광고만 80건이 넘어 역내 전체 광고의 48%를 차지하고 있다.

서울을 여행하던 외국인 친구들 또한 이런 성형 광고물들을 보고 너무나 신기해하는데, 특히 성형에 대해 대중적으로 익숙하지 않은 시각을 가지고 있는 일본인들에게 가까운 나라 한국의 이런 모습은 이해못할 모습 중의 하나라고 한다.

서울의 압구정, 신사, 교대역 지하철 성형 광고

서울 지하철의 호객 행위

일본인에게 신기한 서울 지하철

외국인들의 눈에는 참 신기한 풍경이다. 언젠가부터 서울 지하철이 시장이 되어버렸다. 일간지를 폐지로 수거해가는 많은 노인분들과 여러 물품을 들고 판매하시는 고모벌 삼촌벌 되는 분들….

서울로 관광을 갔다온 일본 지인들은 어떻게 많은 사람들이 이용하는 공공장소에서 저런 일들이 있을 수 있냐고 물어 본 적이 있다. 저기에 있는 모든 승객들은 돈을 지불했기 때문에 조용하고 불편하지 않게 갈 권리가 있는데 저런 일들이 어떻게 허용가능하냐며 일본에서는 있을 수 없는 일이라고 했다. 한국에서도 호객행위가 불법이지만 그럼에도 불구하고 저런 모습이 보이는 것은 또 하나의 사회적 일면이 아닐까. 아니면 서로 불편하고 불법인 것을 알면서도 이런 모습들 또한 우리들의 일상의 한 모습으로 인정하고 넘어가는 것일 수도 있다.

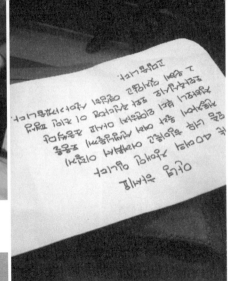
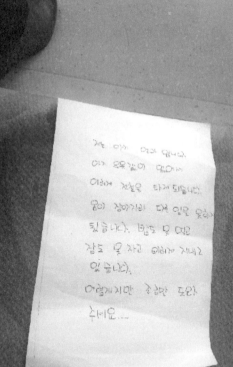
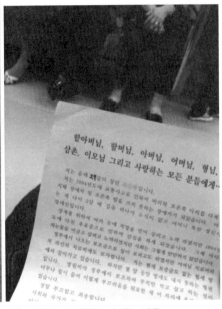

서울 지하철에서 어렵지않게 볼 수 있는 모습들

도쿄 지하철의 지하철 좌석 옆부분   서울 지하철의 지하철 좌석 옆부분

지하철 좌석 끝, 옆부분의 차이

　　도쿄 지하철의 큰 특징 중의 하나는 바로 좌석 옆면 파티션의 높이이다. 도쿄 지하철의 파티션은 앉아있는 사람과 서 있는 사람이 서로에게 피해를 주지 말자는 의도로 개인의 프라이버시를 지켜주게끔 되어 있다.
서울 지하철의 좌석 옆부분을 앉아있는 사람의 입장에서 보면 팔을 올리기에도 머리를 기대기에도 애매한 위치에 있다. 서 있는 사람도 팔걸이에 기대기에도 불편한 형태와 위치이거니와 옆에 앉아있는 사람과의 위치도 애매모호하다. 특히 여성의 입장에서는 치마라든지 가방의 위치 또한 불편하게 느낄 수 있는 것이다. 도쿄의 저런 좌석 옆판 파티션은 성추행 피해사례도 예방할 수 있고, 서 있는 사람과 앉아있는 사람 모두 편하게 이용할 수 있다는 것이 장점이다.

　　서울에서 늦게까지 일을 하고 지하철을 타고 갈 때면 저 팔걸이에 기대 잠을 취하곤 하는데 기댈 수 있는 높이와 기대기에는 차가운 스틸파이프의 재질이 참 불편했다. 반대로 도쿄에서 항상 늦은 시간까지 일을 하고 저 자리에 앉아서 갈 때는 파티션에 기대 너무나 편하게 집에 가던 기억이 많다. 우리는 살면서 누군가의 어깨에 기대고 싶을 때가 있지 않은가. 일상의 피곤함에 지하철에서 모르는 옆사람의 어깨에 기댈 수는 없지만 저런 파티션은 지친 나를 기댈 수 있게 해주는 고마운 존재였다. 서울의 지하철은 세계에서 제일 좋은 수준을 자랑하고 있는데 지하철을 조금 더 편리하고 용이하게 사용할 수 있는 세세한 디자인 계획도 고려되었으면 좋겠다.

일본 도쿄 시부야에서 아르바이트를 끝내고
전철을 타고 집으로 가는 중에 이렇게 10분 동안 자고 있던
어떤 남자. 나를 비롯한 많은 외국인이 사진을 찍었는데
사진을 찍으며 가만히 보니 사진찍던 사람들은 나처럼 모두
외국인이었다. 일본인들은 이런 재미있는 모습을 눈으로
보기만 하지, 사진을 찍지는 않더라. 남이 무엇을 하든 어떻게
자든 자기에게 피해만 주지 않으면 일본인들은 크게 개의치
않아한다는 것을 확인할 수 있었다.

좌측통행 vs 우측통행

한국과 일본의 자동차 노선은 반대이다. 일본은 입헌군주제의 모델로 영국을 선택하여 운전석이 오른쪽에 있는 좌측통행이었고, 한국은 일제강점기 시절 좌측통행을 받아들였으나 해방이후 미국과 같은 우측통행으로 바꾸게 되었다. 미국도 독립전쟁 이후 의도적으로 프랑스식 우측통행을 실시하였는데 이렇게 한국에는 미국식 우측통행과 일본의 좌측통행의 잔재가 남아 사람은 왼쪽으로 다니고 차는 오른쪽으로 다니는 독특한 규칙을 가지고 있다. 이는 곧 차량과 사람의 소통이 균열을 주었다. 한국은 OECD국가 중에서도 높은 교통사고율을 보이고 있는데 이러한 차량과 사람의 동선문제와 전쟁 후의 급속한 발전, 그리고 한국의 '빨리 빨리 문화' 등이 복합적으로 나타나 세계에서 가장 높은 사고율을 나타내기도 한다.

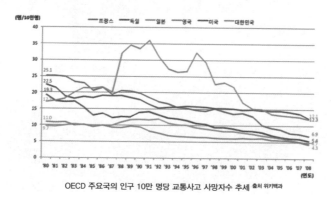

OECD 주요국의 인구 10만 명당 교통사고 사망자수 추세 출처 위키백과

위 그래프를 보면 우측통행을 하는 국가들의 사고율이 높다는 것. 이는 위급상황시 핸들을 주로 왼쪽으로 돌리는 오른손잡이들에게 우측통행인 한국, 미국, 프랑스, 독일은 중앙선을 넘어가 대형사고로 이어지게 되지만, 좌측통행인 일본과 영국은 핸들을 왼쪽으로 돌려도 접촉사고 정도가 되어 사망자 수가 적게 나타났다. 예를 들자면, 횡단보도에서 차량은 좌측에서 오기 때문에 보행자는 우측통행을 하는 것이 정지하는 차량과의 거리가 멀어 사고율이 적어지는데, 좌측에서 오는 차량에 좌측통행으로 걷는 보행자는 가까운 거리에 있기 때문에 사고율이 높아지는 것이다. 한국은 최근 에스컬레이터 사용에서도 좌측통행에서 우측통행으로의 이동 등 여러 가지 요인들을 분석하여 동선과 시민의식을 정리하고 있다. 사고율이란 여러 가지 요인이 있겠지만 한국의 이러한 여러 가지 문제들로 교통사고율은 아직도 심각한 편이다.

국민 성향에서 보여지는 교통질서와 공공질서

　　　　운전방향 때문인지, 주행도중 옆에서 끼어드는 차량 때문인지는 몰라도 일본사람들이 서울에 와서 버스를 타면 대부분 하는 말이 바로 '무섭다'이다. 버스 기사의 운전 속도감이 빠르고 불안정하게 느껴진다는 것이다. 우리들도 버스를 타다 보면 가끔 운전자들 때문에 갑자기 놀랄 때가 있지 않은가. 고속도로도 아니고 시내에서의 운전 속도는 사실 서울이나 도쿄나 비슷할텐데 말이다. 문득 2005년 중국 베이징에서의 교통이 생각났다. '중국은 무질서 속에 질서가 있는 나라'라고 가이드가 설명을 해주었었는데 관광을 하는 내내 그 말에 심히 공감했었다. 나는 '언어에서부터 성조가 센 중국인들의 이미지가 다이나믹하고 급박한 이미지가 중국 교통모습으로까지 영향이 미쳐진 것 아닐까'하고 생각했었는데, 일본사람들의 눈에도 '한국의 빨리 빨리 문화 이미지가 교통에까지 연결된 것이 아닐까'하고 생각한다.

　　　　우리나라는 집안 대대로 내려오는 장인기업이 적다. 왜일까? 빠르게 변하는 대한민국에 맞춰가기 위한 한국인의 대처자세 때문일까? 교육열이 높은 우리 부모님들이 자식만은 자신보다 나은 직업을 갖길 바라는 요인도 물론 한 몫 했다고 생각한다. 반면에 일본은 장인기업이 많다. 작은 우동집이라도 3대 4대가 이어가는 전통 있는 맛집들은 두말할 필요없는 명소가 된다. 느긋하게 현 자리를 고수하는 일본과 달리 한국은 변화를 원하는 습성이 있다. 한국인의 빨리 빨리 습성을 가장 잘 볼 수 있는 대표적인 예가 바로 교통질서와 공공질서이다.

　　　　미국의 문화인류학자 루스 베네딕트(Ruth Benedict)는 일본의 문화에서 '하지(恥)' 즉, 수치심을 생각하는 문화라고 단정지었는데 세상 사람들의 눈에 자신이 어떻게 보이는가를 중시하는 일본인들의 정신구조인 '세켄테이(世間体)'라는 사고가 일본인들의 공공질서의 의식까지 만들어주고 있다고 보고있다. 세상 사람들이 나쁘게 보지 않을까 하는 걱정, 즉 타인을 의식하는 행위와 사고가 세켄테이의 기조를 이루고 이것이 교통질서와 공공질서의 모습으로 나타나는 것이다. <small>일본 일본인 일본문화, 정형 저(다락원) 인용</small>

도쿄의 횡단보도 모습

서울의 횡단보도 모습

10년 전에 사회적으로 반향을 일으킨 MBC 프로그램 '양심냉장고 이경규가 간다'를 기억하는가. 지금의 20대 초반 이하는 기억이 잘 안 날지도 모르겠지만 형, 누나뻘 되는 선배나 부모님에게 물어본다면 누구나 기억하고 있는 큰 이슈의 방송프로그램이었다. 이 프로그램은 운전 중 신호가 바뀌기 전까지 정지선을 잘 지키는 운전자를 찾아 '양심냉장고'를 선물해주는 프로그램이다. 첫 방송 때를 잊지 못한다. 하루 종일을 신호등 근처에서 잠복해서 기다려도 정지선을 지키는 차량이 한대도 없던 것이다. 하루가 다 가고 아쉽고 속상한 마음에 촬영을 접기 바로 전, 한대의 차량이 정지선을 지켰고 그 차량의 운전자에게 선물을 주러 뛰어가보니 운전자는 일반인이 아닌 발음과 행동이 부자연스러웠던 신체 장애자였던 것이다.

　　일반인들이 지키지 않던 교통신호를 장애인이 지키는 방송을 보며 국민들은 큰 경각심을 일으켰고, 그 후에 국민들은 어디선가 나타날 양심냉장고를 위해서라도 정지선을 지키게 되었던 화제의 프로그램이었다. 왜 한국의 일반적인 운전자들은 정지선을 지키지 않았을까? 답변은 쉽고 간단명료하게 답할 수 있다. 바로 빨리 빨리해야 하는 국민적 습성 때문이다. 바쁘게 사는 한국이라는 나라에서 국민들은 슬금슬금 조금이라도 먼저 가야 직성이 풀리기 때문에 신호를 지키지 못했던 것이다. 지금은 어떤가? 정지선을 지키지 않으면 벌금 규제가 강화되었기 때문에 정지선을 지키는 차량들은 꽤 많아졌지만 한국인들의 이러한 빨리 빨리 습성은 여전히 사회전반적인 모습이라 할 수 있다.

　　개인적으로 아직도 잊지못하는 양심냉장고 일본편이 있었다. 정말 거짓말처럼 한대도 빠지지 않고 정지선을 지키던 일본의 운전자들은 한국의 운전자들과 너무 비교가 되었었다. 인상적이었던 방송장면 중에 하나는 공사용 차량이었는데 앞에 크레인이 크게 있고 운전석은 한참 뒤에 있는 길이가 20미터 가까이 되었었던 포크레인 차량이 신호가 바뀌자 앞의 큰 고리가 정지선 끝에 닿기전에 신호를 지키던 것이었다. 당시 일본의 이런 모습은 아직도 인상적으로 남아있다. 지금은 한국도 교통법규를 잘 지킨다고 생각하지만 요점은 이런 교통문화의 정지선을 지키는 단면적인 모습에서도 쉽게 한국과 일본의 국민적 성향을 확인해 볼 수 있다는 것이다. 한국은 빠르다. 밥 먹는것도 빠르고 일 처리도 빠르고 그만큼 경제 성장속도도 세계 최고였다. 그래서 운전성향도 빠르다.

MBC 프로그램 '양심냉장고 이경규가 간다'
첫번째 주인공

서울버스 vs 도쿄버스

　　　일본도 마찬가지만 최근에는 서울의 버스에도 마이크를 차고 방송을 하며 운행하는 버스들도 많이 생겼고, 친절하게 인사해주시는 기사분들이 많다. 점점 관광객들도 많아지는 서울버스의 안정적인 운행으로 모두 편안하게 웃으며 이용하는 이동수단이 되었으면 좋겠다. 앞서 말했지만 서울의 대중교통은 어느 나라와 견주어봐도 훌륭하다. 특히 서울의 교통버스 시스템 중에 눈으로 볼 수 있는 큰 특징 중 하나가 버스의 색깔이다. 번호가 3자리인 파란색 버스는 장거리 운행으로 서울 주요 시내를 거치며, 무조건 첫자리가 9번으로 시작되는 4자리 빨간색 버스는 명칭은 광역버스이고, 파란색 간선버스와 기능은 비슷하나 경기도와 서울시내를 연결해준다. 번호가 4자리인 녹색버스는 지선버스 한 개 구 지역이나 3개 지역구(강남-서초), (중구-종로구-서대문구) 이상을 다니는 버스로 간선에 비해 노선 길이가 짧고, 노란색 버스는 사람들이 몰리는 서울시 중요 거점지역 강남 중구(남산-명동) 여의도나 관광지 등을 순환하는 순환버스이다.

서울의 버스　　　　　　　　도쿄의 버스

　　　일본사람들이 서울버스를 타면 무섭다고 하는데, 반대로 한국사람이 도쿄버스를 타면 어떤 반응일까? 교통은 상황에 따라 다르므로 확정지어 말할 순 없지만, 도쿄버스의 속도감과 안정감의 차이를 보면, 손님이 자리에 앉기 전까지 버스는 출발하지 않을뿐더러 하차시에도 정차된 후에 사람들이 일어서서 내리기 시작한다는 점. 과속운전이 없고, 끼어들기에도 양보운전으로 천천히 운행한다. 아마도 한국인들의 빠른 운전성향에서 이런 대중교통의 안정감과 속도감도 차이가 나는게 아닌가 싶다. 일본의 버스 운행이 한국의 버스와 비교해서 크게 다르지는 않지만, 그들이 얘기하는 한국의 버스가 일본버스에 비해 난폭하다거나 하는 이야기들은 아무래도 일본인들이 한국에 와서 본 전체적인 교통의 느낌이 버스까지 영향을 끼쳤다고 보여진다.

서울택시 vs 도쿄택시

도쿄택시.

서울택시.

　서울과 도쿄의 택시 비교 또한 상당히 흥미롭다. 가장 다른 점이 무엇일까? 아마 도쿄에 가서 택시를 타본 경험이 있는 사람들도 모르고 지나친 경우가 많을 것이다. 바로 '자동문'에 대한 이야기이다. 정확히 얘기하면 일본은 운전석에서 조작하여 문이 자동으로 열리는 시스템이라 손님입장에서는 택시를 타고 내릴 때 문을 직접 열고 닫을 필요가 없다. 반대로 한국의 택시는 손님이 직접 문을 열고 타며, 내리고 나서도 문을 직접 닫는다. 일본의 투철한 서비스 정신이 반영된 것일까? 문을 열고 닫는게 버릇처럼 당연하다고 생각했던 한국사람에게는 재미있는 다른 점이다. 그래서 일본에서 한국사람이 탄 택시는 문이 고장나기도 한다. 알아서 닫아주는 문을 한국인 관광객들은 무의식적으로 한국처럼 세게 닫아버리기 때문이다. 혹시 일본에 가서 택시를 타시는 한국 분들은 택시 문을 열고 닫지 않아도 되니 혹시 택시문을 세게 닫아 고장 냈다는 소리 듣지 않게 조심합시다.

　서울과 도쿄 택시의 또 하나 다른점은 역시 큰 요금차이이다. 도쿄의 택시 기본요금은 2014년 4월부터 730엔(미터당 요금은 288m당 90엔)으로 되었는데, 한화로 7500원 이상으로 한국의 기본요금 3000원(142m당 100원)에 비하면 두배 이상 비싸다. 일본에서 택시를 탈 때에는 한국과 달리 요금이 비싸다는 것을 알고 이용하도록 하자.

택시에 관한 재미있는 에피소드가 있다. 서울에서 유학하던 일본친구가 갑자기 당황한 목소리로 내게 전화를 했다. 택시를 타고 집에 가는 중에 택시기사 아저씨가 다른 사람을 태웠다는 것이다. 이 일본친구는 어떻게 이런 일이 가능하냐며 자기가 외국인이라서 그런 건지 아니면 뭔가 안 좋은 상황이 일어난 건지 굉장히 놀라서 전화를 한 것이었다. 한국에서도 동반탑승은 불법이지만 무엇보다 일본인 친구의 입장에서 생각해 보니 나 또한 참 당황스러웠는데 한국에서는 같은 방향으로 가는 길에 간간히 다른 손님과 같이 타고 가는 경우가 있다고 잘 말해줬고, 택시기사 아저씨와 통화까지 하면서 일본인 친구를 안심시켜주었던 일이 있었다.

택시에 관한 일화를 한 가지 더 이야기 하자면, 2009년 겨울 서울로 관광을 온 일본친구와 인천공항으로 같이 들어와서 시간이 늦어 택시를 타고 시내로 들어온 적이 있었다. 방금 커리어를 끌고 밖으로 나온 일본인들을 택시에 태우기 위해 많은 택시 기사들이 일본어로 장소를 물어보면서 손님들을 맞이하고 있었는데, 일본친구의 외모를 보고 나까지도 일본인으로 보였는지 나와 친구에게도 일본어로 말하는 것이었다. 곧 혹시나 했던 일이 눈 앞에서 일어났다. 처음에는 나에게 일본어로 인천공항에서 압구정까지 택시비를 4만원으로 얘기했다가 내가 한국말을 하니 3만원으로 내리는 게 아닌가? 같이 있던 일본친구도 한국말을 모르지만 눈치를 챘는지 물어보길래 내가 4만원에서 3만원으로 바뀐 이유에 대해 솔직히 이야기를 해주었다. 친구도 일본인들이 한국에 와서 물건을 사거나 택시 등을 탈 때 바가지 요금을 쓰는 일이 가끔씩 일어난다고 이야기했다. 그리고 한국에는 이런 바가지 요금 이미지가 일본인들에게 있다는 것을 알 수 있었다. 우리가 해외 다른 나라에 가서도 가끔씩 모르고 요금을 더 내는 경우와 비슷하다고나 할까? 분명한건 이렇게 외국인을 상대로 한 바가지 요금은 국가적 이미지에도 좋지 않다는 것. 선진국으로 가는 데에는 이런 바가지 요금의 인식부터 근절되는 게 중요하다고 생각했다.

하지만 친절한 택시기사님들도 정말 많으니 오해마시길. 특히 일본친구들도 한국에서 택시를 타면 자상하게 안내해주고 운전해주시는 기사분들이 참 많았다며 칭찬을 많이 했었다. 최근에는 관광객들이 많아서 간단한 회화도 가능한 택시기사분들도 많다. 나도 도쿄에서 택시를 탔을 때 거의 대부분의 기사분들이 친절했다. 특히 기억에 남는 일은 회사 회식이 끝나고 현금이 없어 택시를 오래 못타게 되는 상황이 되었었는데, 택시 기사분이 사정을 듣고 미터기를 멈춘 채 집 근처까지 데려다 주셨던 일이 있었다. 그 때의 택시 기사 아저씨 혼또니 아리가또우 고자이마시타.

7. 路

생활 속에서 자전거를 타는 일본사람들

도쿄의 일상 속 자전거, 서울의 여가 속 자전거

　　　　일본에서는 자전거가 생활이다. 자전거가 생활의 일부이기 때문에 가방이나 짐을 담을 수 있는 바구니가 장착된 자전거를 많이 타고 다닌다. 이렇게 도쿄에서는 근처 슈퍼나 가까운 학교, 회사를 갈 때도 자전거를 타고 가는 사람들을 흔히 볼 수 있는데 걷는 것보다 자전거를 타고 다녔던 시간이 더 많을 정도로 자전거는 일상생활의 큰 부분을 차지했다. 이렇게 생활 속에 자리잡은 일본의 자전거 문화에는 한국과 다른 특별한 점들이 많이 있는데, 자전거를 구입하게 되면 자동차와 마찬가지로 개인등록의 번호까지 부여받는다. 돈을 내고 '자전거 주차장'을 이용하기도 하고 불법주차시 위반 딱지가 붙거나 지정된 관할지역으로 견인되어 자전거를 찾아야 할 때에는 벌금을 내기도 한다.

한강변에서 운동으로 자전거를 타는 서울 시민들 출처 doopedia

서울에서 자전거는 도쿄처럼 일상이 아닌 하나의 여가문화로 자리 잡혀 있다. 왜일까? 한국의 자전거 문화에 대해서는 앞서 말한 차량의 우측통행과 식민지 시절 일본의 좌측통행의 영향을 받았다고 보여지기도 한다. 한국은 자전거나 손수레도 '차'에 준해서 우측통행을 해야 하며, 자전거는 인도로 다닐 수 없고 '자전차 전용도로'나 '차도의 가장자리'로 다녀야 하는 반면에 사람들의 좌측통행에 대한 인식이 우측통행을 하는 자전거와 부딪히는 안전상의 부분에서도 안전상의 부분에서도 영향을 미쳤다고 볼 수 있다. 그래서 서울은 자전거가 도보생활과 밀접할 수 없는 교통과 밀접한 여가생활의 하나로 자리잡았다고 볼 수 있다.

도쿄에서는 출퇴근 때나 집앞 슈퍼를 갈때도 자전거를 탔었지만
서울에서는 한강으로 운동삼아 나가는것이 대부분이었다.
도쿄에서는 자전거가 생활이었는데 서울에는 여가운동의 하나였다.
한국도 자전거가 생활이 된다면 생활 속에서 운동이
되지 않을까?

　　나는 일본에서 웬만한 유학생들도 경험하기 힘든 교통사고를 두번이나 당한 적이 있다. 자전거를 타고 가는데 차가 와서 부딪혔던 것이다. 두번 다 나의 잘못이 아닌 차량쪽의 잘못이었는데 작은 사고였음에도 불구하고 경찰과의 현장조사 후 많은 진술서까지 한국에서 사고 한번 안나 본 내가 일본에서 큰 경험을 했던 것이다.

　　그런데 이런 상황에서도 재미있는 것은 일본에서도 교통사고가 나면 한국처럼 먼저 '드러누워!'라는 얘기를 일본인들이 해주는게 아닌가. 아르바이트를 가는 중에 사고가 나서 늦게 도착한 나는 일본인 사장님을 비롯한 친구들에게 교통사고 당한 얘기를 해주었는데 다들 하나같이 왜 그자리에서 안 누웠냐는 말와 병원에 가야한다는 등 한국에서 사고를 당했을 때 하는 같은 이야기들을 했었다. '접촉사고가 나면 일본 또한 한국과 똑같구나'라고 알게 되었다. 한 가지 더 인상깊었던 점은 사고가 난 후 일본 보험사와도 통화를 꽤 많이 했었는데 어려운 용어들도 몇번이고 쉽고 친절하게 설명해주며 모든 절차를 잘 처리해주어 외국인으로서 당황했던 나에게 큰 감동을 준 적이 있다.

　　만약 당신이 일본에 갔는데 일본어도 못하는 상황에서 교통사고 등이 일어났다면 어떻게 해야할까? 참 당황스러울텐데 이 방법을 꼭 활용하시길. 바로 영어를 쓰는 것이다. 일본인들은 한국에 비해 영어에 서툴다. 발음상 일본어와 많이 다르고 오히려 영어를 쓴다면 어설프게 일본어 또는 한국어로 대응하는 것보다 훨씬 상대방에게 좋은 대응을 받을 수 있다. 한마디로 외국인이라고 무시당하지 않는다는 것이다. 이 이야기는 실제로 내가 일본에 처음 도착해서 들었던 이야기였고 얼마되지 않아 사고가 났던 나는 일본어가 서툴던 마침 이 이야기가 생각나 잘 되지도 않는 영어로 혀를 있는대로 꼬아가며 대처한 적이 있다. 효과는 확실히 10만점에 10점. 일본에서 일본어가 안될 때 사고가 난다면 영어를 꼭 활용하시길.

도쿄에서 타던 자전거 중 하나

도쿄 자전거 전용 도로

자전거를 타고 도쿄 한바퀴
이어폰을 꽂고 달릴 땐 모든게 내 손아귀.
굳은 신념.
그리고 펼쳐나가는 각본없는 스토리.
은혜에 보답하리.

Thank you everybody.

– 'My life fly high' 가사 중에서

8/人

서울과 도쿄
사람들

어릴 적 도쿄 여행을 갔다온 친구가 도쿄는 서울의 발전된 10년 후의 모습이라고 말한 적이 있었다. 당시 도쿄를 가 본 적이 없었기 때문에 친구의 말을 듣고 도쿄의 모습에 상상의 날개를 펼친 적이 있다. 이렇게 도쿄에 한번도 가 본 적 없는 사람들이 생각하는 도쿄의 이미지는 어떨까?

일본을 가 보기 전의 일본, 그리고 도쿄란 도시는 오타쿠의 나라, 애니메이션의 나라, 아기자기함의 나라, 코스프레의 나라 등 특이한 이미지의 나라였다고나 할까. 중학교 시절 게임을 좋아하던 친구가 노래방에서 일본노래를 부를 때면 쌩뚱맞고 특이한 오타쿠같은 친구로 생각했던 기억이 있다.

지금이야 일본 하면 여러 가지 경험에 따른 많은 이미지들이 떠오르지만, 일본을 가본 적이 없는 한국사람들은 아무래도 일본에 대한 여러 이미지들이 교차할 것이다. 왠지 변태가 많을 것 같은 이미지, 짧은 길이의 교복 치마, 축구는 파란색, 만화의 강국, 온천의 나라, 지진의 나라, 역사 왜곡, 아기자기함, 캐릭터의 나라, 더치페이가 철저한 나라, 시간 약속이 정확한 나라, 장수의 나라, 최근에는 지진으로 인해 방사능에 노출된 위험한 나라 등 이러한 일본의 이미지들은 대부분의 한국사람들이 공감하지 않을까 싶다.

미녀들의 수다 vs 이것이 이상해요 일본인

2007년 한국에서 많은 인기를 얻은 '미녀들의 수다'라는 프로그램이 있었다. 한국에서 살고있는 여러 나라의 외국 미녀들이 출연하여 외국인의 시각에서 보는 한국의 일상적인 이야기와 자신들의 나라와 한국문화의 차이점 등에 대해 이야기를 나누는 프로그램이었다. 이 프로그램을 보면서 미녀만 보는 것이 아니라 우리들의 자화상을 다시 보게 되었다. 방송을 보면서 서로 다른 나라의 문화를 알게 되었고, 한국에 관한 미녀들의 충고 아닌 충고를 들으며 반성하기도 했다. 일본에서 생활하면서 일본에서 느끼고 생각했던 부분을 일본 친구들에게 말해 줄 때 자신들도 몰랐던 부분이라며 신기해하고 고민하던 적이 많았다. 예를 들면, 한국과 중국은 숟가락과 젓가락을 세로로 놓는데 왜 일본만 젓가락을 가로로 놓는지에 대해 그들도 "그러네, 왜 그러지?"라며 신기해했다. 서양식의 나이프와 포크도 마찬가지인데 말이다. 이렇게 일본에서는 한 사람의 외국인으로서 일본을 바라보았다. '미녀들의 수다'라는 프로그램도 이렇게 한국을 바라보는 외국인들의 해석과 분석이 새로우면서도 재미있었다. 긍정적인 마인드와 좋은 이야기들로 우리의 모습들을 바라보게 했던 '미녀들의 수다', 그리고 한국의 문화를 체험하며 생활을 하고 있는 외국인들에게 감사의 박수를 보내며 그들을 통해 다시 한번 한국의 모습, 우리들의 모습에 바라보고 생각하게 해주었다는 것은 고마운 일이었다고 생각한다.

일본에도 미녀들의 수다와 같은 외국인들의 시선으로 바라 본 프로그램이 있다. "ここがへんだよ日本人(여기가 이상해요 일본인)"이라는 프로그램과 "世界のみんなに聞いてみた!(세계의 모두에게 물어보았다!)"라는 프로그램은 한국의 방송 '미녀들의 수다'와 마찬가지로 여러 나라에서 온 남녀 외국인들이 일본에 살면서 느끼는 차이점들을 말하는데, 한국인으로서 외국인들이 말하는 것을 듣는 입장의 '미녀들의 수다'와는 반대로 외국인으로서 일본의 모습을 이야기하는 출연자들을 보며 동질감이 형성되어 미녀들의 수다와는 또 다른 재미를 느낀 프로그램이었다.

좌, 한국의 프로그램 '미녀들의 수다'.
우, 일본의 프로그램 'ここがへんだよ日本人
    (여기가 이상해요 일본인)'

그 중 몇 가지를 이야기하면, 엘리베이터를 일찍 타든, 나중에 타든 도어 스위치 앞에 있는 사람이 맨 마지막까지 '열림' 버튼을 누르고 사람들이 다 내린 후에 내린다는 것과 타고 내릴 때 모두 고개를 살짝 움직이며 '스미마센'을 얘기한다는 것은 모든 외국인과 일본인이 박수치며 공감하는 얘기였다. 외국인들이 생각하는 일본의 이미지 중 기억에 남는 재미있는 화젯거리가 있다.

일본인들은 왜 그렇게 일을 많이 하냐는 것이다. "아~어제 일하느라 2시간 밖에 못잤어~" 목을 꺾으며 얘기하는 사람들을 누구나 한번쯤은 본 적이 있을 것이다. 어제 야근하느라 2시간밖에 못잤다는게 자랑인 것처럼 얘기하고 "아 저사람 열심히 일하는 사람이구나"라며 주위에서도 대단하다고 생각하는 분위기가 외국인들에게 특히 유럽권 사람들 눈에는 이상하다는 것이다. 일하느라 2시간 밖에 못잤다면 다음 날 일을 못한다고 생각하기 때문에 오히려 좋지않은 인상을 준다는건데 왜 일을 많이 할수록 일을 잘하는 사람으로 보는지에 대해 외국인들은 이야기했었다. 실제로 미국이나 유럽에서는 야근을 많이 하는 사람은 자기업무를 늦게 끝내는 일을 못하는 사람으로 생각하고 있다. 이 부분에서 한국과 일본은 매우 흡사한데, 한국도 업무량이 곧 성과와 비례한다고 생각하는 사회적인 분위기와 시간은 곧 수당인 업무 시스템이 형성되어 있다. 일을 많이 하는게 대단하고 멋진 사람이라고 생각하는 사회적 분위기는 유난히 외국인들의 눈에는 이해가 안간다는 의견이었다. 다음은 일본인들의 일 중독에 관한 재미있는 넌센스 퀴즈였다.

문제 1) 당신이 회사에서 밀린 업무를 하며 야근을 하던 중에 요술램프에서 램프의 요정이 나와 한가지 소원을 지금 빌라고 한다면 당신은 무엇을 이야기 할 것인가?

미국인 : 카리브해에 가서 요트를 타고 싶어.

이태리인 : 나를 지중해에 보내줘. 거기가서 지금 쉬고 싶어.

일본인 : 직원 2명을 더 불러줘. 일을 마무리해야 할 것 같아.

문제 2) 당신이 일을 마치고 집에 왔는데 부인이 침대에서 모르는 남자와 같이 누워있다. 당신은 어떻게 할 것인가?

미국인 : 화가 머리끝까지 치밀어 총으로 남자를 쏴 버린다.

프랑스인 : 자신도 침대로 같이 들어가 셋이 함께 잠을 잔다.

일본인 : 인사를 하고 명함을 주고 받는다.

이 두 가지 넌센스 퀴즈에 외국인과 일본인 모두 박수를 치며 공감했다.

이렇게 한국과 일본, 우리 스스로가 익숙하게 생각하던 모습들이 다른 문화에서 온 외국인의 시선으로 보았을 때에는 생각치 못한 이면의 모습이 많다. 우리는 스스로의 모습을 얼마나 잘 알고 있을까?

한국인과 일본인의 성향과 정신세계

　　앞서 교통질서와 공공질서의 모습에서 일본의 문화 '하지(恥)' 즉, 수치심을 생각하는 문화와 세상 사람들의 눈에 자신이 어떻게 보이는가를 중시하는 '세켄테이(世間体)'라는 일본인들의 정신구조를 언급하였다.

　　그밖에도 일본인은 개인의 본심을 가리키는 '혼네(本音)'와 사회적인 규범에 맞춰 의견을 나타내는 대립적인 정신구조의 '타테마에(建前)'가 있다. 한국인들이 생각하는 일본인들의 이미지에서 일본인들은 앞에서는 웃고 친절한 '타테마에'의 모습이 있으나, 정작 속으로 어떤 생각을 가지고 있는지 모르겠다는 '혼네'의 모습이 바로 일본인들의 이중적 자세를 말한다고 볼 수 있다. 이는 개인보다 전체의 조화를 중시하는 미덕으로 보여질 수 있는데 그래서 '네마와시(根回し)'라는 어떠한 동의를 얻어내기 위한 일본인들의 사전 작업 내지는 행위의 모습이 나타나기도 한다. 일본 사회는 일반적으로 집단의 결정을 기본으로 움직이기 때문에 회의 등에서 대립이 표면화되는 것을 피하는데 여기서 '네마와시'는 도움이 되기도 한다. _{일본 일본인 일본문화, 정형 저(다락원) 인용}

　　한국인의 정신세계에는 '한(恨)'과 '정(情)'이 있다. 조선시대 유교문화는 '의리(義理)'와 '정한(情恨)'의 구조였다. 개화기 이전에는 '심(心)'보다 '의리'가 강조되었으나 개화기 이후에는 '의리'보다 '심(心)'을 강조하는 구조로 바뀌었다. 그리고 식민지 이후 한국인은 자신의 정체성을 '정한(情恨)'을 중심으로 인식했다.

　　'한'은 가장 한국적인 슬픔의 정서로서 역사적, 종교적, 시대적 이유들이 복합적으로 만들어진 것이라고 볼 수 있다. 끊임없는 내란과 외침으로 불안과 위축의 역사속에서 유교 중심 사상이 빚은 계층의식과 남존여비사상에서 비롯된 '여한(女恨)', 또한 가진자를 '원(怨)'의 대상으로 보았던 피학적 민중의 한과 혈연관계에서 비롯된 '원'과 '한'도 많이 생겨났다. 이렇게 한국은 마음 속에 '한'이라는 복합적인 정신세계가 있는데 지금에는 남을 의식하고 비교하며 피해의식과 경쟁의식의 면으로 두드러져 학벌중심, 이혼률, 대기업 시스템 등 사회의 여러 현상으로 이어진다고 볼 수 있다.

　　한국인의 정신세계에서 한국의 민속신앙과 전통예술의 밑바탕에는 해학을 통한 '한'과 '정'이 깔려있는데 최근 한국에서 유독 힙합음악이 인기가 있다는 것이 흑인들이 노동을 하며 부르던 흑인연가에서 발전된 흑인음악의 '한'의 정서가 한국인들의 '한'의 정서와 흡사한 이유라고도 볼 수 있다. 트롯트 또한 일제강점기 시절 일본의 영향을 받은 한국인의 '한'이 섞인 하나의 표현 요소였던 것이다.

반면에 '한(恨)'과 다른 '정(情)'이란 오랫동안 지내오면서 생기는 사랑하는 마음이나 친근한 마음을 말한다. '정답다', '정겹다', '정들다', '정떨어지다', '정떼다', '정을 주고 받다' 등의 '정'이라는 표현은 영어에서도 쉽게 표현하기 힘든 한국의 복합적인 의미를 가진 것이라 할 수 있다. 한국의 결혼식에서 축의금 문화는 서로 힘든 일을 거들어 주면서 품을 주고 갚던 품앗이와 비슷한 '정'을 나누는 것과 비슷하나 계약적인 성격이 있는 '의리(義理)'와는 다른 '정(情)'은 더 포괄적이고 많은 의미가 내포되어 있다.

한국 : 인정(人情) 〉 은혜(恩惠) 〉 의리(義理)
일본 : 의리(義理) 〉 은혜(恩惠) 〉 인정(人情)

한국의 '정(情)'은 일본의 '죠(情)'와 뉘앙스가 조금 다르다.
일본에서의 경우 '닌조(人情)'를 희생하고 '기리(義理)'를 내세우는 것이 일본인들의 전통적 정신세계의 지향점이라고 할 수 있다. 일본에서는 '온(恩)' 즉, 은혜를 입은 사람들에게 어떤 형태로든 존경심과 충성심을 표시해야 하는 사회규범 내지는 의무감의 경지에 와 있는 것으로 진실한 인간적인 유대감과 교류가 바탕이 되어 있다고는 볼 수 없는 점이 한국어의 '은혜(恩惠)'와 비교 될 수 있겠다. 이것은 앞에 말한 의리와도 이어지는데 일본의 인간관계에서의 '기리(義理)'는 '온'에 보답할 것을 말한다. 이 부분에서 한국어의 '의리(義理)'와는 다르다.
일본의 '기리'는 어떤 특별한 관계에 있는 사람들에 대해 무엇인가 해야만 하는 의무에 가까운 개념이다. 말 그대로 의롭고 이치에 맞는 한국의 '의리'의 개념에 비해 일본의 '기리'는 반드시 답례를 해야하는 계약적인 성격이 짙고, 이것이 그대로 사회규범이 되었다. 일본 일본인 일본문화. 정형 저(다락원) 인용

한국인이 보는 도쿄 사람
vs 일본인이 보는 서울 사람

한국 사람이 보는 서울의 이미지

서울은 바쁜 도시이고 변화가 빠르다.
서울은 집값이 비싸다.
서울은 부자가 살기에 좋은 나라이다.
서울은 서민이 살기에는 힘든 나라이다.
서울은 낮보다 밤이 더 밝다.

일본 사람이 보는 서울의 이미지

서울은 친절하다.
한국 남자는 근육질의 몸매와 키가 커서 멋있다.
한국 여자들은 날씬하고 키가 크며 화장이 엷다.
한국 남자들은 결혼 전에는 친절하다가 결혼 후에는 태도가 바뀐다.
한국은 이혼이 많다.
한국사람은 성형을 많이 한다.
한국은 북한 때문에 위험하다.

288

한국 사람이 보는 도쿄의 이미지

도쿄는 최근 지진 때문에 위험하고 방사능에 노출되어 있다.
서울 곳곳에 관광 온 일본인들을 통해 한류 열풍이 느껴진다.
도쿄는 서울보다 성문화가 개방적이다.
도쿄는 서울보다 복잡하다.
도쿄에는 오타쿠가 많다.
도쿄는 물가가 비싸다.
도쿄는 깨끗하다.
도쿄는 AV(Adult Video)의 천국이다.

일본 사람이 보는 도쿄의 이미지

도쿄는 사람이 많다.
도쿄는 밤에도 밝다.
도쿄는 집값이 비싸다.
도쿄사람들은 마음이 차갑다.
도쿄사람들은 걸음이 빠르다.
도쿄는 각 지역마다 색깔이 확연히 다르다.
도쿄에서는 세계의 여러 음식을 다 먹어볼 수 있다.
도쿄에는 전철이 많아 이동이 편리하지만
역이 복잡하여 길을 헤맬 때가 많다.

서울 20대 남자 vs 도쿄 20대 남자

서울 20대 남자

나는 서울 남자다. 서울에서 태어났고 서울에서 자랐다. 친구들도 서울 친구들이 대부분이다. 서울에 사는 20대 또래들은 어떤 생각을 하며 어떤 환경에서 살고 있나. 요즘 내가 생각하는 것. 내 주위에서 일어나는 일들이 그 정답이 아닐까 싶다.

취업, 인턴, 토익, 토플, 유학, 여자친구, 학점, 몸짱, 피부관리, 차,
여자 아이돌, 군대, 아르바이트

도쿄 20대 남자

도쿄와 서울의 20대 남자들의 가장 큰 차이는 군대가 아닌가 싶다. 한국은 군대 2년으로 인해 대학생활의 휴학과 일본에 비해 2년에서 4년정도 늦는 사회생활의 시작이 가장 다른 점이다.

취업, 공무원시험, 아르바이트(프리타), 게임, 연애, 미용

서울 20대 여자 vs 도쿄 20대 여자

서울 20대 여자

20대 서울 여자들은 무슨 생각을 하며 살까?

인터넷에서 보여지는 것, 나의 주위에서 일어나는 일, 내 주변의 남자 친구들, 여자 친구들의 이야기들을 나열해보자.

취업, 토익, 토플, 다이어트, 성형, 몸짱, 남자친구, 결혼, 유학, 여행,
남자 아이돌, 남자 연예인, 학점, 인터넷 쇼핑몰, 뷰티, 아르바이트

도쿄 20대 여자

20대의 여자들의 관심사란 서울과 도쿄 모두 비슷하지만 최근 가장 다른 점은 성형에 대한 가치관의 차이가 아닐까 싶다.

쇼핑, 브랜드, 화장, 네일, 음악, 여행, 유학, 결혼, 온천, 아이돌, 모델

최근 일본의 젊은 여자들은 남자를 볼 때 예전에는 '3고(高)'라고 해서 高수익, 高학력, 高신장을 원했었지만, 최근에는 '3평(平)'이라는 평균, 평범, 평온을 원하는 사람들이 많다고 한다.

군대 vs 자위대

　　한국의 남자에게는 해야 할 3가지 '의무(義務)'가 있다. 교육의 의무, 납세의 의무, 그리고 바로 국방의 의무이다. 일본의 20대 남자들은 한국 20대 남자들의 큰 고민거리이자 피할 수 없는 국방의 의무를 이해할 수 있을까. 한참 혈기 왕성하고 공부도 사랑도 일도 배우고 즐기는 나이에 2년여의 국방의 의무를 위해 군복을 입는 대한민국 20대들의 현실을 알고 있을까.(2014년 기준, 육군/전의경/해병/공익:1년 9개월, 해군:1년 11개월, 공군 :2년) 한국의 군대는 1945년 광복 후 남조선 국방경비대와 해안경비대가 미군정 당국에 의하여 창설되고, 이것이 모체가 되어 1948년 8월 15일 정부수립과 동시에 육군 및 해군으로 개칭하고, 1949년 4월 15일 해병대, 10월 1일 공군이 창설되었다. 6 · 25전쟁을 겪으면서 그 병력이 60만으로 증대되었고, 현대식 조직과 무기를 지닌 강력한 군대로 성장하였다.

　　일본의 군대는 우리나라와 다르게 '자위대(自衛隊)'로 되어있다. 자위대란 일본이 1954년 일본의 치안유지를 위해 창설한 조직이다. 일본은 미일상호방위원조협정에 근거하여 1945년 방위청을 설치하고, 방위력의 증강을 요구하는 미국의 요청과 일본 보수파의 요구에 의해, 경찰 예비대의 후신인 보안대를 개조 확충하여 설치되었다. 육상자위대, 해상자위대, 항공자위대로 나뉘고 약 24만여명으로 이루어져 내각 총리대신의 지휘 아래 방위청이 관리와 운영을 맡고, 직간접 침략에 대해 방위하는 것을 주된 임무로 하고 있다. 모두 지원제이며, 계급 구성은 크게 간부(장교), 준위, 조(하사관), 사(사병)로 구분되는데, 그 인적 구성은 하사관 이상이 전체 자위관의 약 73%를 차지하고 있다. 이는 사병의 지원자 수가 적다는 현실적인 면도 있으나, 유사시 사병의 징병에 의한 조직 편제가 가능하도록 한 것이다. 외견상 자위대는 방어적 성격을 갖고 있으나, 최신형 첨단 무기를 갖추는 등 실질적으로는 다른 국가의 군대와 차이가 없다. 태평양전쟁 이후 외국과 싸우는 것을 공식 임무로 하는 군대가 일본 자위대인 것이다.

　　일본에서 군대를 다녀온 한국 남자들의 이미지는 강하고 힘든 2년간의 훈련을 이겨낸 성실과 건강의 증표라고 보여지기도 한다. 실제로 일본에서 회사나 학교, 친구들의 모임에서 한국의 군대이야기가 나오면 일본사람들은 굉장한 관심을 보이는 편이다. 아침 6시에 기상해서 밤 10시에 취침생활을 2년동안 하는 것부터 수요일, 토요일 아침에 먹는 일명 '군대리아' 햄버거와 총을 들고 서는 근무, 정기적으로 돌아오는 야간 2시간씩의 불침번. 훈련소 행군이나 연인들의 면회 등의 군대 이야기들은 일본인에게 신기하기만한 먼 나라 이야기이다. 일본에서 가장 가까운 나라인 한국의 가장 현실적인 군대 이야기가 말이다.

물론 한국 남자들에게도 군대 이야기는 제대 후부터 늙을 때까지 대화거리이기 때문에 두말하면 잔소리일 것이다. 특히 일본에서 한국군대는 여자들보다 남자들이 관심을 더 가지는 경우가 많았다. 같은 남자로서 자신들이 쉽게 경험할 수 없는 병영생활에 대해 신기해하며 질문을 받았던 기억들이 지금 생각해도 참 재미있는 경험이었던 것 같다.

군대 때문인지 몰라도 한국남자들에게는 남자다워야만 하는 이미지가 있다. 예를 들어, 짐을 들거나 말하는 행동과 말투 등에서 부실한 모습을 보이거나 살짝이라도 여성스러움이 보이면 '군대 갔다왔냐'는 농담섞인 질책부터 받으니 말이다. 그래서 한국남자들은 더 강하고 건강해야 한다는 강박관념이 있다. 게을러서도 안되고 지각을 해도 '나사 빠졌다'는 군대 말투가 나오기도 한다. 군인들의 규칙적이고 신체 건강한 이미지는 어찌되었든 남자들에게 좋은 이미지라고 생각한다. 그래서 일본 여자들은 한국남자들이 일본 남자들에 비해 더 건강하고 남자답다고 생각하기도 한다. 결혼한 일본인 친구집에 놀러갔을 때가 있었는데, 친구가 부인과 함께 집안일을 하다가 무거운 것을 옮기거나 할 때에 부실한 모습을 보이면 친구의 부인이 괜히 나와 비교하며 일본 남자들도 군대에 가야 한다고 얘기할 때가 있었다. 물론 농담섞인 이야기이지만 확실히 일본인들에게 군대에 관한 남성다움의 이미지는 일본의 슬림하고 소극적인 남자들에게 동경을 주기도 하는 것 같다. 어쩌면 부드럽고 상냥한 한국남자의 이미지에서 윗옷을 벗으면 나타나는 탄탄한 가슴근육과 식스팩은 일본과 한국 여자들뿐만이 아닌 세계 많은 나라의 여성들에게 이상남의 조건일지도 모르겠다. 물론 대한민국의 모든 남자들이 다 군대에 가는 것은 아니다. 신체검사를 통해 선별된 사람만이 군대에 가게 되고 부적합 등급을 받은 남자들은 면제 혹은 공익근무요원 등의 군생활의 대체 활동으로 2년을 보내게 된다. 2년이란 군대에서의 생활이 남자들에게 장단점을 주고 있지만 누구에게나 군생활의 공백기는 확실히 부담스러운 시간일 것이다. 하지만 이를 피하기 위해 병역비리 등으로 군생활을 피하려다 면죄부를 받는 연예인과 운동선수들이 꽤 많다. 대통령선거에서까지도 본인뿐만이 아닌 자식들의 군복무 여부는 대한민국 국민들에게 큰 영향을 미친다. 일본인들은 이러한 한국의 군대에 관한 고충들을 얼마나 알까? 어쩌면 서로 가장 가까운 나라임에도 크게 다른 이런 국방의 의무는 국민들의 정서와 의식에 그리고 사회생활 속에서 분명한 영향을 미치고 있다. 그에 반해 한국은 일본의 군대 자위대에 대해 얼마나 알고 있을까. 세계유일의 분단국가 한국은 북한으로부터의 상황에 항상 민감해하는데, 일본 또한 수시로 북한의 동태를 뉴스 등을 통해 방송하며 민감해하는 것을 일본생활을 하면서 알 수 있었다. 한국과 일본 서로의 자국을 지키기위해 군인들에게 노고의 말씀을 전한다. 우리모두에게 부디 전쟁없는 평화가 계속되어야 할 것이다.

한국의 군대

일본의 자위대

서울 학생 vs 도쿄 학생

한국과 일본의 의무교육은 중학교까지다. 한국과 일본의 교육열은 어떻게 다르고 어떻게 사회현상에 투영될까? 일본에서도 중학교까지의 의무교육을 마친 후 일찍부터 사회생활을 하는 일본 친구들과 대학진학을 목표로 학업에 전념하는 유형이 있다. 나이가 어리든, 많은 근무에 대한 노동의 대가는 비슷하기 때문에 어려서도 충분히 일한만큼 돈을 받으며, 굳이 학업의 길을 가지 않더라도 아르바이트 등으로도 충분히 생활할 수 있다. 이것은 현재 일본사회의 가장 큰 문제점으로 대두되고 있는 '프리타(Free + Arbeiter)'의 사회현상으로까지 이어지게 되었다. 반면에 한국은 물가에 비해 낮은 임금으로 중학교 졸업만으로 일반적인 생활을 하기에 참 힘든 사회구조를 갖고 있다.

지금으로부터 20년 전인 1994년도 한국의 교육지표에 따르면 우리나라 국민의 평균 교육기간은 9.5년으로 남자가 10.6년, 여자가 8.6년이었다. 해방 직전 1944년에는 초등학교 학력(중퇴 포함) 10.9%, 중졸도 1.1%에 지나지 않아 일제시대 전반적으로 낮은 학력 수준에 머문 것으로 나타났으나, 해방 이후 근대화 과정과 1970년대 이후의 급격한 경제 발전 및 학력 수요의 증대로 고학력 졸업자가 늘어나게 되어 2010년에는 대학 졸업자(전문대 포함)가 26.6%(1,206만 2,813명)에 이르게 되었다. _{통계청 2010년 인구 자료 참고}

이렇게 한국의 고학력자들의 비율은 많아지게 되었는데 최근 학력과 행복에 관한 흥미로운 통계가 나왔다. 2014년 고등학교 이하 졸업자 중 자신이 행복하다고 생각하는 청년의 비율은 58.7%, 전문대 졸업자는 63.6%, 4년제 대학 졸업자는 65.9%로 학력이 높을수록 행복 수준이 높게 나타났다. 또한 같은 4년제 대학이라도 상위 30위권 대학 졸업자 가운데 삶속에서 행복감을 느끼는 청년의 비율이 71.9%로 전체 4년제보다 높아 학벌에서도 차이가 났다. _{한국직업능력개발원 참고}

1989년에 개봉한 «행복은 성적순이 아니잖아요»라는 영화의 제목이 문득 생각난다. 한국은 점점 더 학력위주의 사회가 되어가는 모습이다. 최근에는 해외로 연수를 가는 유학생들 또한 굉장히 많다.

'프리타'라는 사회적 현상을 보여주고 있는 일본 또한 한국과 마찬가지로 '학력위주의 사회'라고 볼 수 있다. 일본은 학교교육과 시험제도가 일찍 정착하며 학력차에 따라 사회적 차이가 생기기 시작하였는데, 메이지 26년(1893) 제국대학 법과대학의 무시험 임용의 특권 폐지 이후 고급관료의 길이 학력에 의한 경쟁시험으로 바뀌고, 20세기에 들어서면서는 대학 학위가 직업 획득에 중요한 역할을 하며 이런 대학 학위를 얻기 위한 욕구가 강해지면서

빠르게 학력사회로 변하였다. 최근에는 저출산 현상으로 자녀교육은 더 중요해졌고, 사설학원인 '주쿠(塾)'와 서열화된 '중등학교(한국의 중학교)'로 인해 '수험지옥' 현상이 생기게 되었다. 고등학교 때에는 일본도 한국의 '수능시험'처럼 '센터시험'이라는 것이 있는데 이 시험은 한국과 조금 다르다. 한국의 수능시험처럼 한번의 시험으로 대학진학이 좌지우지되는 반면에 센터시험은 자신이 지원하는 대학마다 시험이 각각 따로 있다.

도쿄의 고등학생들의 뒷모습.
너희들의 10대는 어떻니?
우리처럼 대학에 목 매달아 사니?

　　한국은 수능날이 되면 전 국민이 수험생들을 위해 경찰차들과 버스 및 대중교통까지 편의를 봐주고 지원을 해주고 있다. 한마디로 수능날은 수험생들이 주인공인 사회적으로도 특별한 날이다. 부모들은 치열한 경쟁사회에서의 남들에 비해 뒤쳐지지 않는 것이 나와 주위사람들을 행복하게 해주는 것이라고 생각하며 인생의 중요한 결정들에 부모로서 관여하는 것이 당연한 분위기이다. 일본은 10대를 벗어나 결혼 후인 30대까지도 부모의 역할은 사회적으로 큰 인식과 영향력을 미친다. 반면에 일본의 부모들은 자식들의 의견과 장래의 독립을 존중해주며 자식들 또한 부모에게 크게 의존적이지 않다는 것을 볼 수 있었다. 일본은 10대들에게도 일반인들과 동등한 임금을 받는 사회기반을 마련해주어 자립심과 사회적 책임감을 키우며 만들어준다는 모습까지 반영된다.

　　최근 한국에도 심각한 취업난으로 인해 대학을 졸업한 20대들도 생계를 전전하는 뉴스가 많이 나오고 있다. 일본의 '프리타' 현상을 보면서 최근 한국의 사회진출에 대한 여러 가지 방안과 기회들을 모색한다고 생각한다. 또한 머지않아 한국의 중, 고등학생들이 10년, 20년 후의 한국의 미래라는 것을 잊지말아야 할 것이다. 우리들의 중고등학생들은 지금 어떤 모습, 어떤 환경, 어떤 교육을 받고 어떤 미래의 모습을 그리며 10대와 20대의 길을 나아가는 것일까.

한국의
고등학생들

일본의 미래가 보인다. 프리타(Free + Arbeiter)

'프리타'란 전문적인 기술 없이 편의점, 서빙 등의 아르바이트로 생계를 유지하는 사람들을 지칭하는 것으로 이러한 프리타들이 많다는 것이 현재 일본사회의 큰 문제점 중에 하나이다. 프리타는 직장에 얽매이지 않고 자기가 편리한 시간에 아르바이트를 하고 남는 시간에 좋아하는 일을 하며 살아가는 사람들을 지칭하기도 하는데 회사만을 중시하던 과거와 달리 자유분방한 정보화 사회로 이행하는 과도기적 현상이라는 의견도 있으나, 취업난으로 인하여 어쩔 수 없이 아르바이트밖에 할 수 없는 사회적 문제도 프리타를 늘게 하는 요인이다.

일본 구인정보 서비스 'an'에서 프리타의 취업의식에 대한 조사 중에서 일본 프리타들에게 '장래에 대한 불안감을 가지고 있는가?'라는 질문에 2010년(70.3%)가 불안하다는 답변을 했다. 이는 2008년(42.2%)에 비해 굉장히 높아진 수치로서 일본 사회에서 젊은이들의 취업난과 미래의 불안감을 잘 보여주고 있다.

일본학생들의 취업의 경우, 대학 졸업 이전 3학년 말 정도부터 취업활동이 시작되는데 4학년 졸업 때까지 취업을 못하는 경우, 비자발적으로 프리타가 될 수밖에 없는 상황이다. 그렇다면 프리타의 해답은 중소기업의 정사원 채용 등의 방법이 있을텐데 프리타의 정사원 채용은 중소기업의 처우 및 인식 등에 있어서 양측의 조화가 쉽지만은 않은 상황이다. 이러한 일본의 프리타 모습은 취직난에 직면해 있는 한국의 현재의 모습에 시사하는 바가 크다. 하지만 일본에서 프리타는 시급이 높아 굳이 회사에서 정규직으로서 일을 하지 않더라도 아르바이트로 생활비를 충당하며 살 수 있다는 점이 한국과는 다른 점이다. 도쿄의 경우 보통 시간당 800~1200엔(한화로 평균 11000원)에 해당한다. 그러나 점점 30대의 프리타의 비율이 늘고 있다는 것이 문제인데 한 번 프리타가 된 후에는 정규직으로 나아가는 것이 좀처럼 힘들다는 것을 반증한다고 볼 수 있다. 이는 곧 정규직의 수익과 장기적으로 비교했을 때 적은 수익의 소비감소, 저축감소에 따른 GDP 하락 등의 경제적 손실을 야기한다고 볼 수 있다.

하지만 무엇보다 중요한 것은 사회와 개개인이 생활속에서 행복과 삶의 가치의 기준을 무엇에 두느냐에 따라 달라질 것이다. 일본의 개인의 자유, 꿈, 미래, 목표와 비전 등은 사상, 관습, 지진, 종교 등에도 영향을 받았다고 보여지며 이게 곧 하루하루의 삶에 충실한 프리타 같은 사회적 현상으로까지도 이어졌다고 할 수 있다.

신주쿠 돈키호테에서
스피치 복장으로
일하고 있던 한 프리타

패밀리 레스토랑 'Dennys'에서
아르바이트 하던 모습

위든가 아래든가 다른 세계라든가
언제부터 타인과 비교하게 된 걸까
언제부터 난 비교하게 된 걸까

– 후지TV 드라마(2010)
'프리타 집을 사다(フリーター家を買う)'
제5화 대사 중에서

서울 패션, 도쿄 패션

　　　　한국 남자들의 패션은 비교적 심플한 편이다. 과하지 않고 단정해 보이는 스타일이 인기가 많다. 이는 한국 여성들이 선호하는 남성 패션 스타일과 동일하다고 볼 수 있다. 따라서 대부분의 한국 남자들의 패션 스타일은 무난하며 비슷한 스타일이 많다. 반면에 일본 남자들은 한국남자들에 비해 몸도 외소하고 신장도 평균적으로 작은 편이다. 몸매 때문인지 일본 남성들은 레이어를 많이 하거나 악세서리 등을 많이 걸친다. 이런 레이어드와 악세서리는 남들과는 다른 자신만의 스타일을 한번 더 생각해주며 여러 다양한 시도를 하게 된다. 무엇보다 남들의 시선을 의식하여 옷을 입는 것보다 자신이 좋아하는 스타일과 입어보고 싶은 옷을 시도하는 실험정신이 강하다고 보여진다. 특히 30, 40대 남성들을 보면 차이가 많이 나는데 한국의 남성들은 나이를 먹을수록 중후해 보여야 하고 점잖아야 한다는 사회적 시선에 스타일이 튀지 않는다. 특히 일상복의 색상에서 차이가 많이 나는데 한국남성들은 주로 남색이나 회색 등의 한색계열의 옷을 많이 입는 반면에 일본의 30, 40대들은 빨강, 분홍 등의 난색계열의 옷들도 자연스럽게 코디하며 입는 것을 볼 수 있었다. 하루는 지하철 옆자리의 50대 아저씨가 빨간 스키니진 바지와 앵글부츠를 신은 모습을 보았는데 도쿄에서는 이런 모습들을 쉽게 볼 수 있었지만 한국에서는 남들의 시선이 신경쓰여서라도 이런 튀는 옷들은 입지 않을 수도 있겠다는 생각이 들었던 적이 있다. 한국의 입장에서는 일본이 과하다고 보여지기도 하는데 이는 가치관과 사회적 시선, 그리고 유행에 따라 다르기 때문에 정의 내리기는 어려우나 옷 잘 입는 남자의 비결이란 남들의 시선을 의식하지 않고 패션에 관한 도전을 발휘하며 자신이 입고 싶은대로 입는 것이 아닐까.

도쿄의 20대 스트리트 패션

시부야에서 봤던 내 앞의 한 소녀의
우산이 눈에 들어왔다. 일본에서는 쉽게
구할 수 있는 투명 비닐 우산에
건전지와 조명을 설치하여 꽃잎 그림까지
붙여 우산을 쓰던 한 소녀. 우산 하나도
패션의 아이템이라고 하지만 조명까지
설치하여 대낮에 쓰고 다니던 모습에
감탄하지 않을 수 없었다. 밤에는 더 멋진
우산이 되어 있겠지? 일본인들의
개성과 도전정신에 박수를 쳐주고 싶다.

우체국에서 번호표를 기다리던 중
윗주머니에 여러 가지 미니어쳐를 달고
다니시던 할아버지. 자신이 어릴
적부터 좋아하던 캐릭터라며 자랑하셨다.
나이와 상관없이 이렇게 자신이
좋아하는 것을 표현하는 것은 좋은
모습이라고 생각한다.

일본 잡지에서 우연히 보았던
청바지를 이용하여 만든 신발

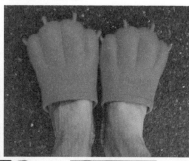

한국과 일본의 남성 패션잡지, 한국의 에스콰이어, 아레나
일본의 초키초키, 맨즈논노, 죠커

도쿄 여자들의 패션잡지와 미용 상품들
또한 굉장히 많은 종류가 있다.

한국과 일본의 패션은 시중에 발매되는 잡지의 성격과 종류에도 영향을 받는다. 한국과 일본에는 외국의 유명잡지를 공통으로 포함한 많은 잡지들이 있는데 한국의 유명 남성잡지를 열거해보자면 '아레나', 'GQ', '에스콰이어', '젠틀맨 코리아', '맥심' 등이 있다. 지금 열거한 잡지들은 우리가 쉽게 서점에 가서 접할 수 있는 잡지들이다.

일본의 남성잡지라 하면 'Men's Nonno', 'Men's Club', 'Cool', 'Fine Boys', 'Ginza for men', 'Men's Ex' 등 더 다양한 종류의 잡지가 있다는 것을 도쿄의 서점에 가면 쉽게 볼 수 있다. 그러나 최근에는 한국 남자들도 '꽃미남'과 '훈남' '몸짱'의 영향으로 미용에 대한 관심도가 높아져 잡지의 종류가 다양해지고 있다.

여성잡지에 관해서는 한국은 'VOGUE Korea', 'BAZZAR', 'Elle', 'W', 'VOGUE girl', 'ELLE girl', 'Allure', 'Instyle' 등이 있고 일본은 'VOGUE Japan', 'anan', 'non-no', 'sweet', 'ViVi', 'cancam' 등이 있다. 한국 여성과 일본여성을 비교해보면, 일본여성들은 화장이 진한 메이크업을 선호하는 반면에 한국은 청순해 보이고 깨끗해 보이는 연한 메이크업을 선호한다. 이는 네일아트에서도 비슷한 성향이다. 최근에는 한류의 열풍으로 한국 여자연예인들의 메이크업 스타일이 일본에서도 인기를 얻고 있다. 여성들의 패션은 워낙 광범위하고 개인적이라 비교하기가 힘들지만 유행에 민감한 부분은 한국여성과 일본여성 모두 비슷하다고 볼 수 있다.

한때 한국에서도 유행이었던 스모키화장은 한국여자들의 필수조건이 되어가고 있었던 쌍커플을 거부한 외꺼풀의 포인트 화장법으로 많은 남성들에게 매력을 어필했다. 스모키의 최정점은 '갸르'가 아닐까? '갸르(ギャル)'는 일본에서 젊은 여성을 의미하는 걸(girl)이 와전된 말로 활발한 젊은 여성을 지칭하는데 1972년 여성용 청바지 '갸르스(Gals)'가 판매되고 나서부터 확산되었다. 당시에는 이 말이 뉴 패션으로 치장한 여성의 총칭이었지만 버블기를 지나면서 젊고 활발한 여성을 지칭하는 말로 사용되었다. 젊은 남성을 '가이(guy)'라고 부르는 것과 유사하다. 1990년대에는 특히 이런 부류의 여고생을 '코갸르'라는 말로 부르는 경우가 많았는데 현재에는 그 세대의 여성이 그런 기호를 간직한 채 성장해버렸으므로 비 여고생을 포함하여 세대를 불문하는 호칭이 되었다. 여기에 상당하는 남성은 '갸르오(ギャル男)'나 '오니이케에(お兄系)'라고 부른다. 'egg', 'men's egg', 'Cawaii!' 등의 잡지가 크게 영향을 끼쳤다. 키워드로 여는 일본의 향(2009.3.26). 제이앤씨 인용

갸르스타일은 한때 일본 시부야, 하라주쿠 등지에서 선풍적으로 유행이었는데 지금도 갸르 스타일은 도쿄에서 관광객들이 볼 수 있는 일본만의

독특한 이미지 상품으로 보인다. 최근엔 깔끔한 갸르스타일이 유행이라며 밝고 화려한 노란색 컬러보다 검정색 컬러의 헤어스타일이 갸르고등학생들 사이에서도 인기라고 한다.

한국여성과 일본여성의 미용의 관심사에서 가장 큰 차이점은 역시 성형에 관한 것이다. 일본에서는 성형에 관해서 아직까지 보수적인 사회 분위기가 있는 반면에 한국에서는 오히려 솔직하고 당당하게 이야기하며 오픈된 분위기이다.

사회생활을 하는 직장인들의 경우에는 어두운 컬러의 헤어가 한국과 일본 모두 일반적인데 전체적으로 한국의 헤어스타일이 일본보다 어둡고 차분한 편이며, 스타일 면에서는 일본인들의 헤어스타일이 한국보다 더 다양하다고 볼 수 있다. 일본 여성들의 헤어스타일에는 강한 웨이브가 많은 편이나, 한국은 긴 생머리 스타일이 일반적이다.

일본 남성들의 헤어스타일에는 긴머리를 선호하는 경향이 많고, 한국 남성은 적당히 짧고 관리하기 편한 스타일을 선호한다. 한국 여성들 또한 남자들의 깔끔한 헤어스타일을 더 선호하는 경향이 있다.

헤어에 관해서 일본은 수준급의 솜씨를 자랑한다. 헤어디자인과 패션, 메이크업 스타일 등을 배우기 위해 외국에서 일본으로 유학을 온 친구들을 많이 볼 수 있었는데, 홍콩에서 유학을 왔던 한 친구는 일본에서 헤어자격증을 따고 가면 세계 어느 나라를 가더라도 인정을 받는다고 말을 하기도 했다. 일본이 헤어에 관련되어 이렇게 발전된 이유는 무엇일까? 그리고 무엇이 다를까?

일본은 애니메이션과 락문화에 관해서 최고를 자랑하는데 이러한 현실과 이상을 넘나드는 도전적인 문화에서 개성있는 외모의 모습들이 더욱 많이 나타나는 것 같다. 일본은 섬나라로서 일본인들만의 독립적이고 창의적인 생각들이 만화, 애니메이션, 음악 등으로 나오고 그것을 현실세계에서도 표현하는 적극성과 자유함이 일본만의 독특한 헤어스타일과 패션세계를 보여주고 있다고 할 수 있다. 이러한 모습은 크리에이티브를 요구하는 문화적인 측면에서도 밑거름이 되어 국가의 이미지에도 함께 반영된다고 볼 수 있다.

도쿄 하라주쿠만 가더라도 '빨주노초파남보' 무지개빛 컬러의 헤어스타일을 한 젊은이들이 많아 마치 만화속에서 튀어나온 것 같은데 이들은 거리에 서있는것 만으로도 하라주쿠의 훌륭한 관광 상품이다. 특히 외국인 관광객들은 그들과 사진 찍기를 원하며 일반적으로 소화하기 힘든 외모와 패션을 보여주며 보는 즐거움을 선사하고 있다.

도쿄의 헤어스타일

남녀노소 유행보다는 자신만의
헤어스타일을 주로 하는 편이다.
자유로운 헤어스타일에는
패션 또한 자유롭게 연출할 수
있기 때문에 더욱 더 독창적이고
개성있는 모습들이 보인다.

일본에서 놀러온 친구들이 하나 같이 하는 말.
‘한국 남자들은 키도 크고 몸도 좋은데
왜 다들 비슷한 헤어스타일에
검정 뿔테 안경을 쓰고 다녀?’

개성 있는 얼굴 vs 똑같은 눈, 코, 입 성형

점점 성형의 나라가 되어가고 있는 한국. 이젠 남녀불문 없이 외모에 관한 관심이 최고조에 달한 것 같다. 2005년 2월 영국 BBC 방송에 따르면 한국의 여성 중 적어도 50%가 어떤 형태로든 성형수술을 받았고, 남성의 70%가 성형을 고려하고 있다고 보도했다. 특히 한국의 학생들은 이미 방학이 되면 성형외과 예약하기가 바쁘다. 2013년 대입 수능을 끝낸 수험생들이 가장 하고 싶어하는 것이 1위가 성형, 2위가 유흥즐기기, 3위가 수험생 할인으로 쇼핑을 하는 것으로 나타났다. _{아르바이트 포털 귀족알바 설문조사 참고} 성형이 1위라는 것은 사회의 출발 선상에 있는 수험생들의 생각과 현실을 말해주는 것으로 이 기사는 참 놀라운 일이 아닐 수 없다.

한국에서는 연예인들의 성형고백은 당당해야 하며, 오히려 감추는 것이 이상한 사람이 되어버린다. 언론에서 또한 이런 당당함을 치켜 세우고 성형을 하는 것은 자신의 단점을 감춰주고 자신감과 새로운 희망을 가져다준다는 긍정적인 모습으로 비춰준다. 우리의 주변에도 이미 성형한 사람들은 열에 반 이상일지도 모르겠다. 쌍꺼풀 수술은 이제 수술이라고 쳐주지도 않으니까 말이다. 강남이나 압구정동, 신사동 가로수길을 걷다보면 비슷한 얼굴의 여성들을 보게 된다. 외국인들이 보기에 이런 한국의 성형 붐은 어떻게 보일까?

일본과 한국의 성형에 관한 견해의 차이는 굉장히 다르다. 일본은 성형에 대해서 아직까지도 비호의적인 분위기이다. 부모님이 주신 얼굴은 바꿀 수 없는 숙명적인 것이라고 생각하는 편이다. 이는 있는 그대로를 받아들이는 일본의 자연관이 성형의식에도 반영되어 심지어는 덧니를 비롯한 치아 교정도 많이 하지 않는다는 것을 볼 수 있다. 세계 최대의 생활 정보 데이터베이스 사이트인 'Nunbeo'에 의하면, 인구 천명 당 성형률은 일본이 6명인데 반해 한국은 14명이다. 일본 또한 최근 성형률이 늘고 있지만 한국과 달리 성형을 드러내는 것에 대해 보수적인 분위기이다. 하지만 아름다워지고 싶은 여자의 욕망은 국가불문 똑같을텐데 결국 여성들을 향한 외모지상주의 사회가 성형 열풍을 불러오고 있다고 볼 수 있겠다. 외모의 아름다움이 곧 사회생활에서 살아남기 위한 스펙이라는 것이다.

몸짱 한국! 일본은?

　　외모 지상주의 속에서 성형을 '얼짱'이라고 한다면, 멋진 몸매를 지닌 사람을 지칭하는 '몸짱' 또한 빠질 수 없다. 한국에서 '몸짱 아줌마'로 유명해진 정다연 씨는 인터넷 '딴지일보'에 운동칼럼을 올리다가 단 한장의 사진으로 몸짱 열풍을 몰고 온 주인공으로 한국에서의 인기를 넘어서 일본의 3대 쇼핑몰이라는 '라쿠텐', '아마존', '7&Y'에서 다이어트 운동 컨텐츠부문 DVD 판매 1위를 하였고, 2007년 7월에는 '몸짱 다이어트'가 일본 내 모든 서적 분야에서 1위를 차지했다. 일본에서 한국인 저서가 1위를 한 것은 이것이 처음이었고 한국의 '몸짱' 열풍은 한류와 함께 일본에서도 많은 관심과 사랑을 받았다. 이후 대중매체에서도 다이어트 운동에 관한 여러 프로그램들이 쏟아졌고, 남자들은 남성미를 보여주는 근육을, 여성들은 날씬하며 볼륨감 있는 몸매를 선호하게 되었다. 20대 트랜드 잡지 'COLA' 2010년 4월호에서 20대들이 다이어트에서 가장 많이 하는 운동은 '헬스'라고 나왔는데 몸짱 열풍 현상들을 보고 식스팩과 상체 근육 운동을 하는 남자들이 많은 것 같다. 한류를 좋아하는 일본의 여성들은 한국의 남성 연예인들의 친절하고 젠틀한 이미지와 남성미가 부각된 근육이 함께 있는 것을 보고 좋아하는 팬들이 많고, 일본남성들에 비해 체격이 좋다는 이야기를 하기도 한다.

　　일본 남성들은 한국에 비해 몸매를 드러내는 편이 아니다. 몸이 외소하다고 특별히 운동을 하라며 권유하지도 않고 나와 상대방의 있는 그대로를 인정하는 편이다. 오히려 남의 시선을 위해 운동하는 것이 아닌 자신을 위해 운동하는 분위기라고 할까. 몸매보다는 패션으로서 단점을 장점으로 바꾸기도 한다. 자신의 몸매를 표현하고 드러내는 부분에서는 한국인들이 더 적극적이라고 볼 수 있겠다. 한국의 여성들은 성형 열풍과 함께 가슴 성형과 다리 등을 비롯한 몸매를 관리하는데 많은 투자를 한다. 일본 여성들은 한국 여자들이 평균적으로 키가 크고 날씬하다고 생각하는데 일본 여성들 또한 몸매에 관심을 가지고 운동을 하지만 정형화 된 몸매 보다는 자신의 개성과 미용스타일에 관심을 더 가진다고 보여진다. 한국과 일본의 인기 아이돌들을 비교해 보면 일본에서는 작고 귀여운 스타일이 인기가 있는 반면에 한국은 키가 크고 날씬한 아이돌이 인기가 많은 편이다. 한국과 일본의 '몸짱'에 대한 인식과 반응은 비슷하면서도 다르다.

　　'운동(運動)'이라는 것은 말대로, 사람의 기운을 움직이는 것이 아닐까? 우리의 건강과 정신을 운동을 하여 보다 좋게 움직여보자. 남에게 보여주기 위함이 아닌 나 자신을 위하여.

코스프레 문화 유래와 인식

코스프레란 의상을 의미하는 'costume'과 '놀이'를 의미하는 'play'의 합성어인 '코스튬플레이'의 줄임말로 일본식 용어다. 코스프레는 주로 유명 게임이나 만화, 애니메이션 등에 등장하는 캐릭터를 모방해 그들과 같은 의상을 입고 분장을 하는 퍼포먼스다. 코스프레의 근원이 어디에서 시작되었는지에 대해서는 다양한 의견이 존재하고 있다. 한국에서는 코스프레가 서양의 할로윈 풍습이나, 고대 로마시대 때 죽은 사람의 얼굴을 쓰고 죽은 이를 추모하는 행사에서 유래되었다는 설이 설득력있게 들리지만, 근원은 1939년에 SF 컨벤션 행사 중에 포레스트 J. 애커만이 입은 '미래인 의상(Futurist costume)'이 시발점이 되었다는 지적이 있다. 그 뒤로 1960년대 미국 SF 컨벤션을 통해 소설 등장인물의 옷을 입는 유행이 확산되고, 이는 결국 일본으로 옮겨지게 된다. 1978년에 카나가와현 아시노코에서 개최된 제17회 일본 SF 대회의 가장 파티에서 SF 팬들로 구성된 로레리어스(로-레리아스)라는 그룹이 화성의 비밀병기라는 소설의 표지를 코스프레한 것이 일본 최초의 코스프레로 본다. 이후 이러한 붐이 일본 애니메이션으로 옮겨지면서 현재의 만화-애니메이션 중심의 코스프레가 이루어지게 된 계기가 된다. 위키백과 참고

일본에 간지 얼마 되지 않아 오모테산도 앞의 한 잡지 코너에서 있던 일이다. 만화에서만 보고 실제로 본 적이 없던 코스프레 복장의 한 소녀를 보고 굉장히 쇼킹했었다. 마치 만화 속에서 튀어나온 것 같았는데, 한국에서 쉽게 볼 수 없는 개성있고 신기한 모습이었다. 남의 시선을 신경쓰기보다 자신이 좋아하는 것을 표현하고 노출시키는 일본인들의 특별한 모습을 볼 수 있었다.

오모테산도와
하라주쿠의
코스프레 소녀들

한국은 왜,
자신의 아이덴티티보다
남들의 시선에 더 신경쓰고
의식하는 것일까?

9 / D

서울과 도쿄의
디자인

한 도시의 이미지는 기후와 환경, 시간과 사람, 그리고 장소와 공간마다. 작은 요소들이 모여 만들어지는 커다란 캔버스와 같다. 하나의 랜드마크가 심볼이 되어 포인트를 주기도 하고, 사람이 머무는 집과 건물들은 하나의 패턴이 되기도 한다. 거리의 작은 요소들은 활력을 불어넣어주기도 하고, 도시에 콘셉트를 주어 개성있는 스타일을 만들어주기도 한다.

우리는 이렇게 도시라는 큰 캔버스 위에서 함께 어우러져 살아간다. 우리가 주체가 되기도 하고 객체가 되기도 한다. 도시를 만들어 가는 것은 오랜 시간 계획하고, 공유하며 개발시킨 우리의 자화상이기도 하다.

서울과 도쿄라는 캔버스 위에 그리는 그림은 어떠한가? 우리가 알게모르게 인지하는 서울과 도쿄의 이미지에서 때로는 잊고 지내는 모습들, 당연하게만 보았던 모습들, 모르고 있었던 부분까지 바라보는 시각을 가져보는 것도 흥미롭지 않을까? 서울과 도쿄의 모습이 왜 이렇게 만들어졌는지 앞으로 어떻게 만들어져 나아갈 지에 대해 서로 나누어 보고 그려보는 것은 어떨까?

서울의 랜드마크 vs 도쿄의 랜드마크

프랑스에는 센느강이 있고, 상하이의 와이탄에는 황푸강이 있다. 내로라 하는 세계의 유명 도시에는 물이 함께 하고, 물이 있는 곳에 사람이 모이며, 물을 통해 무역과 관광을 비롯한 개발이 이루어진다. 즉, 물은 도시발전의 중요한 요인이 된다.

서울을 디자인하는 대표적 랜드마크는 역시 한강이다. 서울이 빨리 발전할 수 있었던 것 또한 한강이 있었기 때문이다. 서울 한 가운데를 가로지르는 한강은 서울 사람들에게 큰 위로와 휴식처가 되고 있다. 한강이 있다는 것은 서울에게 축복이다.

하지만 1980년대 경제개발시기에 한강주변을 차도와 아파트 단지로 둘러싼 것이 아쉽다. 시민들과 관광객들이 더 쉽게 접근할수 있도록 개발하며, 호텔, 쇼핑센터, 레스토랑, 테마파크 등으로 주변을 계획했다면 서울은 더 크게 발전하며 최고의 관광지로 발돋움할 수 있었을텐데 말이다.

한강 전경. 출처 Eagles photo

2012년 도쿄의 새로운 랜드마크 '스카이트리(Sky Tree)'가 만들어졌다. 점점 늘어나는 고층빌딩숲 속에서 방송전파의 송수신을 위해 만든 세계 최고 높이(634m)의 전파탑이다. 지진이 많은 일본에 스카이트리는 일본의 새로운 자존심이 되었고, 도쿄의 스카이라인을 새롭게 그린 대표적인 랜드마크가 되고 있다.

2010년 눈이 많이 내린 겨울 한강. 겨울이 되면 날씨가 추워 한강은 아이스링크처럼 얼어버린다. 일본친구들과 이런 한강을 보며 농담삼아 이야기하곤 했다. 김연아 선수가 여기서 스케이트 연습을 했다고….

그러면 순진한 일본친구들은 대답한다. "혼또니?", "스고이~!"

'지진이 나더라도
잘 버텨주렴'

도쿄의 새로운
랜드마크
스카이트리(Sky Tree)

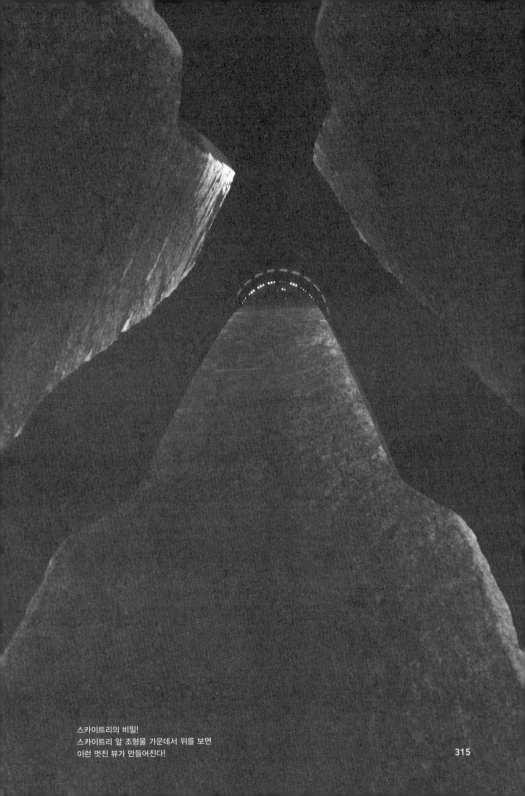

스카이트리의 비밀!
스카이트리 앞 조형물 가운데서 위를 보면
이런 멋진 뷰가 만들어진다!

서울의 N 서울타워 야경, 출처 seoul journey

서울의 야경 vs 도쿄의 야경

도쿄타워 야경

9. D

N Seoul Tower

Tokyo Tower

N Tower vs Tokyo Tower

한 도시의 랜드마크를 떠올린다면 파리는 에펠탑, 호주 시드니는 오페라하우스, 뉴욕의 자유의 여신상, 런던의 런던 브릿지 등을 말할 수 있다. 서울을 대표하는 심볼이라 하면 'N 타워'가 떠올려질까? 한 도시의 이미지와 랜드마크는 분명 그 도시의 브랜드 가치를 올려주는 큰 역할을 한다. 서울은 이미 세계적인 도시 중에 분명히 그 도시의 하나이지만 서울을 대표하는 상징물을 물어볼 때 'N 타워'는 몇 점이나 받을 수 있을까?

서울의 '남산타워'가 2005년 150억원의 비용을 들여 'N 타워'로 변신했다. 'N'은 'New · NAMSAN'을 의미한다. 약 15억원을 경관조명 설치비로 사용하며 새로운 랜드마크로 변신했는데 처음에는 이런 광대한 돈을 투자하면서 만드는 'N 타워'가 서울의 심볼로서 이미지 충족을 시켜주는가 아닌가 하는 비판과 우려의 목소리가 많았다. 일본인 친구들을 데리고 자주 'N 타워'를 오르면서 도쿄타워와 비교해 어떻게 생각하는지 물어 본 적이 있었는데 대부분의 일본친구들은 화려하게 변화하는 'N 타워'가 더 멋진 것 같다고 했다. 그렇다. 'N 타워'의 변화하는 색깔들처럼 서울은 빨리 변화하고, 발전하며 천의 얼굴을 가진 도시이니까. 어쩌면 형형색색 변하는 'N 타워'는 항상 새로움을 추구하고 갈구하는 서울의 이미지와 가장 어울릴지도 모르겠다. '남산타워' 때부터 있었던 타워 밑의 수많은 연인들의 사랑의 열쇠고리처럼 이 장소는 서울에게 소중하고 특별한 것임은 분명하다.

파리의 '에펠탑'을 모방하여 '도쿄타워'는 철골 구조형태가 비슷한 도쿄의 빼놓을 수 없는 심볼이다. 낮에는 붉은색 철골 구조물 외관에 333m 높이를 자랑하고, 밤에는 로맨틱한 조명과 야경을 볼 수 있는 전망대로 많은 관광객과 연인들에게 사랑을 받고있는 장소이다. 도쿄타워의 모습 중에서 무엇보다 인상깊었던 것은 중간에 써있던 TOKYO라는 LED 텍스트 조명이었다. 전체적인 형태는 파리의 에펠탑과 비슷하게 만들었지만 중간부분의 '폰트 스타일과 배치, 색깔 등은 등은 일본에게 그리고 도쿄타워에 참 잘 어울리는구나'라고 생각했다. 도쿄의 심볼 중 하나인 도쿄타워에 일본의 아기자기함과 개성이 느껴진다. 서울의 N 타워에 저런 글씨가 들어간다면 어땠을까? 큰 비용을 들이지 않고도 그 도시의 랜드마크 역할을 한다는 것은 경제적으로도 큰 가치가 있다. 저 작은 TOKYO 글씨는 참 경제적이고 합리적인 일본스러운 표현이라고 생각한다.

도쿄타워는 한국에게 의미심장한 심볼이기도 하다. 바로 한국과의 전쟁에서 사용되었던 탱크, 미사일 등의 무기에 쓰였던 철의 1/3을 녹여 전쟁 후에, 도쿄타워의 구조물로 사용했다는 것이다. 역사적 의미가 있는 도쿄타워의 스토리를 듣고 가슴 한 켠이 찡했다.

도쿄의 Tokyo Tower

도쿄 시나가와
쓰레기 매립장

공공디자인

　　도쿄의 모든 외국인은 시나가와에 가서 비자신청을 해야 한다. 한번
은 비자신청을 하러 버스를 타고 가던 중에 창문 밖으로 눈에 띄는 한 디자
인 건물이 보였다. 궁금증을 참지 못하여 버스기사에게 도대체 저 건물이 뭐
냐고 물었던 적이 있었는데, 쓰레기 소각장이란다.

　　쓰레기 소각장이 저렇게 멋지게 지어지다니!

　　일반적으로 쓰레기 소각장이 자기 동네에 들어선다면 집값에 영향을
주는 것은 물론이요, 동네 이미지를 비롯한 여러 님비문제에 봉착하여 들어
서기가 어렵겠지만 저런 스타일의 건물이 소각장이라면 반대할 이유가 없을
지도 모르겠다는 생각이 들었다.

　　도쿄 나카노 구립중앙도서관 앞의 공공 화장실이다. 코끼리를 형
상화 한듯한 이 건물은 분명 공공 화장실이다. 공공 디자인은 그 지역을 개
성을 살려주고 정리는 물론, 활기차게 해주며 시민들의 공공의식 수준까지
높여주는 중요한 역할을 한다. 주변 꼬마아이들이 이 코끼리 모양의 화장실
을 이용하며 좋아하던 모습이 생각난다. 호기심에 재미삼아 일부러 화장실
을 들어가게 되던 디자인이었다.

도쿄 신주쿠 니시구찌 앞의 한 물품 보관함

보행자를 위한 도쿄 내 지하철 계단 옆 손잡이 디자인

도쿄 하나코가네이 공원에 있는 덤블링 놀이터 디자인

도쿄 시내의 자전거 보관소

재미있는 도쿄의 자판기 디자인
옆에 쓰레기통도 귀엽다.

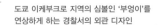

도쿄 이케부크로 지역의 심볼인 '부엉이'를
연상하게 하는 경찰서의 외관 디자인

서울 종로에 있는 가로수 덮개

요코하마의 맨홀 뚜껑

나를 보고 뭔가 말하고 있던
도쿄 카쿠라자카의 맨홀

도쿄 시내의 소화전 맨홀 뚜껑

소화전 맨홀 뚜껑

서울 남대문시장 출구 안내 디자인

도쿄 하수도 맨홀

서울 시내 소화전 맨홀

일본에는 각 지역의 개성과 특색을 살린 맨홀 뚜껑들이 많다. 그중 하나인 일본 요코하마의 맨홀 디자인은 항구도시, 그리고 관광 도시로서 한 몫을 더하고 있다. 이런 공공 디자인 또한 관광객에게 즐거움을 더해주는 문화 콘텐츠가 되고, 시민들에게 자신이 살고 있는 지역에 대한 자긍심을 심어주기도 한다.

이러한 공공장소에서의 디자인 하나 하나가 모여 지역을 특화시키고, 이런 장소들이 모여 도시가 되며 그 도시의 정체성, 즉 이미지와 가치를 반영한다.

9. D

한국의 주거형태 vs 일본의 주거형태

한 나라의 주택문화를 이해하기 위해서는 그 나라의 기후 조건을 이해해야 한다. 그 후에 그 지역의 건축을 보면 지역의 특성들을 알 수 있다. 미국과 유럽, 아프리카, 그리고 아시아의 건축이 다르듯이 환경에 따라 도시형태와 건축이 바뀌게 되고 그에 따라 사람들의 의식주 문화가 바뀌게 된다.

서울과 도쿄의 도시 속 주거형태는 어떻게 다를까?

의자 문화인 중국식 주생활에 비해 좌식문화를 공통으로 갖는 한국과 일본은 가옥구조가 더 가깝다고 볼 수 있다. 한국의 전통주거 형태의 평면구조는 안채와 바깥채로 이뤄지는 것에 반해 일본은 통집식인 한 채로 이루어진다. 한국식은 마루가 있고 방이 옆으로 붙어 나가는 '외연형(外延型)'으로 방마다 입구가 별도로 있으며 방과 방 사이의 벽이 두꺼운 것이 특징인데, 일본식은 '내열형(內裂型)'으로 하나의 방이 두 개로 나뉘고, 두 개가 세 개로 나뉘는 미닫이문 형식이 특징이다. 그래서 외벽은 두껍지만 속의 방과 방 사이의 내벽은 없거나 있어도 얇다.

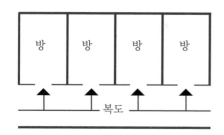

한국 외연형(外延型) 구조형태

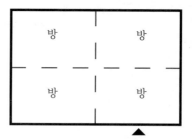

일본 내열형(內裂型) 구조형태

일본은 고온다습한 기후적 특성을 고려해서 개방형 주택구조를 기본으로 집을 짓는 특징이 있다. 창문을 많이 만들고 지붕을 높게 만들어 통풍에 유리하게 하는 설계방식이기 때문에 추운 겨울에는 부적합한 주택구조라고 할 수 있다. 비교적 온난한 기후를 보이는 일본에서는 겨울철보다 여름철의 온도와 습도를 조절하는 것에 주택의 중점을 두었던 것이다. 또한 지진이 많이 일어나는 일본은 주택을 높게 짓지 않고, 철근 콘크리트 구조물보다 목조건물을 많이 짓게 했다. 건물의 높이가 낮을수록 지진에 무너질 확률이 낮고, 콘크리트보다는 목조건물이 흔들림에 훨씬 강하기 때문이다.

그래서 현재의 고층맨션을 제외한 일반주택들도 대부분 목재를 사용하여 짓는다. 하지만 그 때문에 일본의 많은 주택은 화재에 취약하고, 공동주택의 경우 방음에 취약한 편이다. 일본의 재래식 집은 기본적으로 기둥과 대들보로 만들어져 '쇼지문(障子門)'이나 '널문' 등이 벽의 기능을 대신했다. 따라서 이를 걷어내면 안팎의 구분이 없어지고 하나로 연결되는데 이는 사람이 많이 모이는 각종 행사에 용이했다. 이러한 주택의 개방성은 바로 접객의 양식이며, 칸막이가 명확하지 않다는 것은 주거 생활이 프라이버시 지향이 아니었음을 말해준다. 후에 근대식 주택 양식으로 개인생활의 중요성이 인식되기 시작되며 공동공간으로서의 다이닝 키친과 거실 등이 도입되었다. 그래서 앞서 말한 일본의 방문화는 서양의 독립적인 형태의 방과 다르게 공용공간의 형태에서 개인실의 필요성에 의한 욕구에까지 이어졌다고 보여지는 것이다.

　　한국 집은 안채와 바깥채, 2동으로 이루어져 이것이 외면에 따라 '일자형'으로 이루어지면 '일자집' 두 채가 평행선을 이루고, 'ㄱ자집'을 이루면 안마당을 둘러싸는 평면 구조를 이룬다. 이것이 추운 지방이거나 장소가 협소하면 'ㅁ자형'이 되어 안마당을 완전히 포위한다. 그래서 한국 집의 안마당은 방의 연장인 생활공간이다. 식사를 하기도 하고, 모여 앉아 쉬기도 하며, 결혼식과 같은 중요한 의식을 거행하는 의례의 장이다. 한편 벼를 떨고 말리는 작업의 장이고, 곡식을 널어놓는 곳이기도 하다. 따라서 마당에는 나무나 풀이 있는 것이 아닌 방의 연장이 마루이고, 마루의 연장인 앞마당은 한국 집에 있어서 없어서는 안되는 생활공간인 것이다. 그래서 한국 집에는 자연을 조형한 것이 없다. 바깥마당, 마당 구석에 대나무, 철쭉 등을 자연스럽게 방치해 둔다. 말하자면 한국인은 자연을 있는 그대로 보고 즐길 뿐이다.

　　일본 집은 앞에서 설명한 '내열형 구조'로 방과 방을 나누는 미닫이문 때문에 마당을 가운데 둘러쌀 수가 없으며 집이 마당에 둘러싸이는 구조가 된다. 그래서 일본의 마당은 방에서 보는 관상용으로 되며, 경제활동이나 일상생활에는 직접적인 영향을 주지 않는다. 그래서 나무, 풀, 꽃, 연못, 돌 등 우주의 신비와 자연의 미를 축소해 놓고 이것을 '선좌(禪座)'에서 감상하는 일본의 자연관이 여기서 나온다.

한국의 마당　　　　　　　　　　　　　　　　일본의 마당

안채 사랑채 vs 도코노마(床の間)

　　전통 한옥에서의 안방에는 화려한 장롱이 있을 뿐만 아니라 중요한 '가신(家神)'이 모셔져 있고 집안의 귀중품이 보관되어 있다. 또한 가장을 제외한 식구가 이곳에서 겨울에 식사를 하고 여가를 즐기는 곳이니 마치 서양의 리빙룸과 같은 역할을 한다. 더 중요한 것은 사랑채에 있는 남자도 병이 나면 안방에 들어오고 무엇보다 집안 사람이 죽을 때는 안방에서 죽어야 하는데, 그렇지 못할 때 이를 '객사(客死)'라고 한다. 이러한 안방을 한국에서 부인이 점유하고 있다는 것은 집안에서 주부의 역할이 얼마나 중요한가를 말하여 주는 것이라 하겠다. 이에 따라 부인을 '안주인'이라 부르고 '대가(大家)'에서는 '안방마님'이라 부른다. 양반집 등 큰집에서는 안채와 바깥채 사이에 중문을 두어 중문 안에는 남자들이 출입할 수 없는 여자들의 공간을 형성한다.

　　가장인 남자가 기거하는 사랑방은 바깥채에 위치하며 크고 화려하지만 손님이 출입하는 곳이라 귀중품을 놓아 둘 수 없다. 안방이 금남(禁男)의 방인 것처럼 사랑방은 금녀(禁女)의 방이다. 가장은 이곳에 기거하며 가족에게 자주 모습을 드러내지 않으면서 사랑방 바깥채를 권위의 공간으로 사용한다.

　　이와 같이 한국 집에는 가장인 바깥주인이 거처하는 공간과 주부인 안주인이 기거하는 공간이 구별된다. 이것은 한국 가정에 두 권위체계가 있고 이것은 각기 다른 역할을 수행하며 두 권위가 상호 견제하면서 조화를 이루어 가는 한국문화의 법칙을 이곳에서도 읽을 수 있는 것이다.

　　일본 집은 방이 많아도 주부가 가장과 별도로 누리는 공간이 한국에 비하면 상대적으로 약하다고 말할 수 있겠다. 그러나 일본에는 가족의 가장인 '가독(家督)'이 갖는 권위 공간은 한국보다 독보적이다. 가장은 '도코노마(床の間 객실의 방바닥보다 한층 더 높게 만들어 벽에는 족자를 걸고 집의 가보인 칼을 놓거나 족자, 꽃꽂이 등을 놓아 장식하는 일본 특유의 가옥 구조)'에 기거하면서 권위를 상징하는 것이다. 세속 관계 또한 혈연순서에 따라 정해지는 한국과 달리 일본은 가족들이 다음의 가장을 지정하여 정해지는 것으로 가장의 절대권을 중심으로 일사불란한 체계를 갖춘 가족문화를 주거공간에서도 잘 보여 주고 있다.

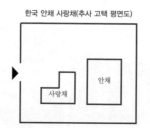

한국 안채 사랑채(추사 고택 평면도)　　　　일본 주택 안의 도코노마(床の間)

안채

사랑채

온돌 vs 다다미

한국의 전통 주거형태와 일본의 전통 주거형태의 근본적인 차이는 온돌과 다다미이다. 한국은 겨울의 한랭한 서북풍을 많이 받아 발달시킨 것이 바로 온돌이다. 온돌은 아궁이에서 불을 때면 불기운이 방 밑을 지나 방 바닥 전체의 온도를 높여 주고 마지막에 굴뚝으로 빠지게 만들어 놓은 난방 장치로서 한국의 독특한 난방법이다.^{기술사랑연구회(신원문화사) 참고} 온돌방은 밑에서 열을 발산하는 것이기 때문에 방의 높이가 높은 것보다 낮은 것이 유리하다. 그래서 방의 온도를 유지하기 위해 온돌방의 문 높이와 방의 천정고는 낮다.

일본의 경우 섬나라로 습기가 많고 비가 많아 지면에 방을 내는 것보다 지면과 방에 공간을 두어 통풍이 잘 되게 하였다. 따라서 일본 집은 방 바닥 자체가 높고 다다미를 까는 것이 가장 경제적이고 유리하다. 이런 일본의 습한다우 기후적 특징 때문에 온돌방보다 높이가 높고 문의 넓이가 넓다.

다다미(畳)는 일본의 전통적인 바닥재료를 말한다. 오늘날 대부분의 주택에도 많이 사용되어 쉽게 볼 수 있다. 다다미를 깐 방은 여름에는 시원하고 겨울에는 따뜻하다. 또한 다다미는 피질인 골풀 특유의 성질로 방의 공기를 정화해 주며, 다다미 한장이 약 500cc의 수분을 흡수하여 실내가 건조해지면 이를 방출시켜 실내의 적정 습도를 유지시켜 준다.

온돌에서 파생되는 문화적 특성보다 더 중요하고 흥미로운 것이 방의 사용이다. 한국의 전통 주거형태의 집은 앞서 본 것과 같이 안채와 바깥채가 있는데 각각 안채에는 주부가 거처하는 안방이 있으며 바깥채에는 주인 남자가 거처하는 사랑방이 있다. 유교에서 말하는 남녀유별을 한국의 경우 공간적 분리에서 잘 보여 주고 있다.

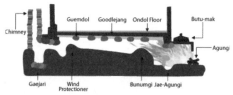

온돌의 구조 출처 위키백과

다다미의 구조

일본 다다미

한복 vs 기모노

　　온돌과 다다미의 차이는 생활방식까지 바꾸게 되는데 따뜻한 바닥의 온돌방에서는 넓게 다리를 펴고 앉는 것이 온기를 받기에 유리하고, 얇은 방석을 사용하게 된다. 반면에 지면에서 떨어진 다다미는 바닥이 차갑기 때문에 두터운 방석에서 무릎을 꿇고 앉게 되는데 이러한 앉는 자세는 의상에도 영향을 주어 무릎을 꿇는 일본식에는 타이트 한 기모노가 발달하게 되었고, 양반다리로 다리를 벌리고 앉는 한국식에는 넉넉한 한복이 발달된 것이다. 특히 한쪽 다리를 세우고 앉는 한국 여인상에는 한복의 치마 이상 편하고 우아한 것이 없다. 그래서 한복의 치마 폭은 미를 표현하는 상징이 되었으며, 일본의 기모노는 무릎을 꿇는 형태로 고개를 숙이는 자세로서 상의를 뒤로 젖혀 여성 뒷목의 라인을 살리는 형태로 옷이 발달되게 된다. 덧붙여 좌식생활을 하는 중국은 치마에 옆트임을 주어 의자생활을 하는데 편안함과 여성미를 더한 것이다.

　　이렇게 주거 형태는 식생활과 의복 생활에도 많은 영향을 미쳤다. 주거라는 것은 단지 잠을 자는 영역이 아닌 지역과 환경의 특성에 따라 맞춰가며 살아가는 것으로 그에 따라 식생활과 의복 생활에까지 영향을 미치는 굉장히 중요한 것이다. 그래서 그 지역의 특성과 문화를 알기 위해서는 도시와 환경, 그리고 건축을 살펴보는 것이 중요하다.

한국의 한복　　　　　　　일본의 기모노　　　　　　　중국의 치파오

장롱 vs 오시레

　방석과 같이 이불 또한 일본 것이 두껍고 요도 두껍다. 그러나 온돌에서는 방이 넓고 높지 못하기 때문에 이불과 요가 너무 두꺼워도 안되는데, 이불을 개서 별도로 놓을 공간이 없어 결국 장롱 위에 쌓아 올린다. 따라서 이부자리가 장롱과 같이 하나의 장식품화 된다. 장식품이 된 이불과 요는 화려한 색으로 만들어 장롱과 더불어 방의 색조를 더한다. 장롱 또한 한국의 방에서는 귀중한 장식품인데, 화려한 자개장은 그 집의 경제적 상태와 주부의 취향을 말해 주는 것이 된다.

　일본 방은 날씨에 영향을 받은 다다미 건축 형태로 넓고 높기 때문에 옷과 이불을 넣는 '오시레(押入れ)'가 있어 모든 것을 넣고 문을 닫으면 깨끗하다. 그래서 일본 방에는 장롱이 필요하지 않다.

한국 장롱 이불

일본의 장롱 오시레

　한국은 집을 시간의 연속적 개념으로 생각하고 일본은 집단적 표상으로 생각하고 있다. 그래서 한국은 혈연이 중요하였고 일본에서는 의리가 중요하였다. 더 나아가 한국은 '충(忠)'보다 '효(孝)'가 중요하고 일본은 '효'보다 '충'이 중요하다고 하는 것이다. 그래서 앞서 말했듯이 한국은 결혼식에 부모님이 가장 앞에 앉고 일본은 직장동료 및 친구들이 앞쪽에 앉고 부모님은 맨 뒤에 있다. 이러한 여러 가지 공간적 특성과 사상이 곧 미적으로도 승화되어 한국은 곡선미로, 일본은 직선미를 추구하게 되었고 한국은 자연과의 조화를 강조하고, 일본은 정돈된 상태를 중요시하며 자연을 인위적으로 꾸민 초자연적 공간에서 미를 추구하는 것이다.

한국의 아파트는 일본의 맨션

　　일본에 서양식 주택이 보급되기 시작한 것은 1920년대 무렵 '간사이(関西)'지방에서 '문화주택(文化住宅)'이라는 이름의 서양식 주택이 들어서면서 부터이다. 일본의 양옥 구조는 대개 2층의 목조건물이나 경량 철골로 지어졌는데 1955년대부터 일본 최대의 도시 도쿄로 인구가 유입되면서 주택에 대한 수요가 상승했고, 이후 집합주택의 '단지(団地)'라는 용어가 생기며, 좁은 땅을 이용한 공동주택의 보급과 이를 의미하는 영어 'Apartment'에서 아파트란 단어가 생겨났다. 현재는 중, 고층의 분양 아파트를 '맨션(マンション)'이라 하고, 건축기준법에 의거해 높이가 57m를 넘는 건축물을 '타워맨션(タワーマンション)'이라고 규정하고 있다. 그래서 일본은 일반적으로 한국에서 아파트라고 하는 10층 남짓의 건물을 '맨션'이라고 하고, 한국에서 주택이라고 부르는 5층 이하의 건물을 '아파트'라고 부른다. 일본인들과 대화를 나눌 때 아파트와 맨션에 대해서 헷갈리지 마시라. 가령, "어디 사세요?"라고 물었을 때 "아파트에 살아요."와 "맨션에 살아요."의 의미전달이 다르기 때문이다. 한국에 아파트가 처음 건축된 것은 일제강점기 서울 서대문의 풍전 아파트, 적선동 근처의 내자 아파트, 이 밖에 통의동·삼청동에 공무원 아파트 정도였다. 광복 후 1960년대에 마포 아파트가 건축되어 성공을 거둔 후, 아파트 건축은 급격히 증가하여 서울 강남 반포동의 주택공사 아파트를 위시한 전국의 대도시에 아파트 단지가 형성되기 시작하였다.

상, 도쿄의 맨션
하, 도쿄의 아파트

    2000년 한국의 건설교통부에 따르면 아파트에 사는 인구가 아파트 이외에 사는 인구를 상회하고 있는 것으로 나오는데 아파트는 서울의 고도성장기에 대규모 주거공간을 공급하기에 큰 공헌을 하였지만 이는 서울의 획일적인 도시경관과 주거생활양식 등의 모습을 드러내기도 한다. 이후 주상복합, 오피스텔, 원룸 등 다양한 주거유형들이 나타나게 되었는데 공공정책, 법규, 부동산 경기 등은 주거를 투기와 재산증식의 수단으로 여기는 사회적 현상이 생겨났다. 서울의 아파트는 경제적, 규제적 제한으로 인해 새로운 디자인 시도를 하지 못하였던 이전시기에 비해 최근에는 수요자 중심으로의 변화와 더불어 다양성과 차별화에 중점을 두는 분위기가 나타나고 있다. ^{대중매}

_{체를 통해 본 한국의 아파트 주거문화 특성. 이성미 참고}

    도쿄와 한국의 주거시장에서 다른 특징 중의 하나가 바로 월세와 전세의 차이이다. 1990년 전후의 버블 때만 해도 일본인들은 부동산 불패신화에 기대 빚을 얻어 주택을 사고 전매차익 등의 대박을 꿈꿨으나 일본도 경제가 성장하고 부동산 대폭락을 경험한 후로는 주택에 대한 인식이 달라지며 전세가 거의 사라졌다. 대부분 일본의 주택시장의 경우 인구감소 등에 따라 가격이 올라갈 것이라고 보지 않는다는 것과 또한 집을 사도 관리 등의 문제로 별 메리트가 없다는 것이 공론화되어 있다는 점이다. 현재 일본에서 집은 주거공간으로서의 기능이 중시되는 반면에 한국은 아직도 부동산을 포함한 재테크의 수단으로 보여지는 부분이 작용하고 있다.

서울의 대표 주거 형태 아파트 출처 위키백과

2007년 12월 추운 겨울. 처음 일본에 갔을 때 무엇보다 가장 먼저 몸으로 느껴졌던 것은 추운 일본의 집이었다. 한국의 콘크리트와 벽돌 벽이 아닌 목조식 구조에 난방기 하나 달려있던 아파트였다. 처음 해보는 유학생활이라 전기세라도 아껴보겠다며 난방기도 틀지않고 잠을 자던 그때를 잊을 수 없다. 처음 머물던 집에 남자 세명이서 한 달 정도 같이 살았었는데 양말 세켤레를 신고 바지는 두 개에 롱 코트 퍼커까지 입고 잠을 잤던 기억이 있다. 지금 생각해보면 전기장판 하나 가져갔으면 따뜻하게 잘 수 있었을텐데 챙겨가지 않았던 것이 후회스러웠지만, 아마도 겨울철 온돌에 익숙했던지라 일본의 차가운 방바닥과 함께 몸과 마음마저도 추웠던 유학생활의 시작이라 그랬는지도 모르겠다. 그렇게 고생했던 유학생활의 첫 시작은 여전히 인생의 소중한 의미가 되고 있다.

신주쿠 시내의 아파트

신주쿠에서 자전거로 10분거리에서 1년간 살았던 핑크색 하우스. 처음 이 핑크 하우스를 봤을 때 혹시 여기에 사는 남자들은 모두 게이들일까? 하고 농담삼아 얘기를 했지만 다행이 내부까지 핑크는 아니었다. 새집이어서 깨끗했고 복층구조로 되어있어서 여름에는 덥고 겨울에는 추웠던 기억이 남아있다. 내부는 10평 남짓에 월세는 10만 엔으로 2008년 당시 한화로 130만원 정도. 강남권에 10평정도의 오피스텔도 100만원~120만원 정도 (2013년 기준)였으니까 비슷하기도 하다.

일반적으로 일본 유학생들의 생활을 살펴보면, 일본어학교를 다니면서 하루에 6시간씩 아르바이트를 하는 한국유학생들은 한 달에 15만엔 정도를 벌게되는데 그 중에 1/3은 월세와 관리비, 1/3은 학비, 나머지 1/3은 생활비로 쓴다. 이젠 추억이 된 당시의 유학생활, 참 열심히 살았던 것 같다.

한국적인 디자인 vs 일본스러운 디자인

　　일본의 제품 디자인은 참 아기자기하고 귀여운 느낌이 많다. 일본인들이 워낙 캐릭터를 좋아하고 '히라가나'와 '카타카나' 문자 자체가 복잡한 받침이 없는 형태이기 때문에 그래픽 디자인에서도 돋보임이 우수하다.

　　일본의 그래픽 디자인의 정점은 '무인양품(無印良品)'으로 설명되지 않을까 싶다. 1980년 설립된 일본의 브랜드인 무인양품은 '이것으로 충분하다'는 기능성 가치를 실현하는 제품을 판매하는 데 주력한 간결하면서도 정리된 느낌을 잘 표현하고 있다. 과하지않고 자연스럽지만 인위적으로 정리한 느낌이 무지양품의 포스터를 보면 마치 일본의 전통가옥을 보는 것 같다. 일본의 심플하고 가벼운 느낌의 '히라가나'와 '카타카나', 그리고 무게감 있는 한자의 사용은 일본의 그래픽 디자인에 적절하게 융화되고 있다. 그에 반에 한국의 그래픽 디자인을 보면 한글과 영어로 대부분의 그래픽 문자가 사용되고 있는데, 세계적으로 우수성을 인정받은 한글을 상품성있게 만들고 가치있게 사용한다면 더욱 빛이 날 것 같다는 생각이다.

서울 강남역
'무인양품' 매장

'무인양품' 그래픽 디자인

이런 모습 또한
참 일본스러운 그래픽 디자인.
'인생의 햇불 코케시마치'라고
쓰여있다.

한국의 궁궐 단청

한국을 대표하는 그래픽이라 하면 단청을 들 수 있겠다. 단청은 불교문화의 유입과 함께 중국에서 들어와 한국을 거쳐 일본으로 전해졌다. 단청이란 목재의 내구성과 균열처리 및 병충해로부터 보호하는 기능성과 심미성을 갖춘 칠공사이다. 단청은 중국과 일본에도 있으나 한국의 단청과는 많은 차이가 있다.

중국은 청록바탕에 도드라진 문양을 금색으로 채색하는 수법이 주를 이루어 시각적으로 매우 화려함을 보여주지만, 색상대비의 효과가 감소되어 단조로운 느낌을 자아내는 궁궐단청과 패턴문양을 줄이고 각종의 산수화, 화조화 등을 그려 넣는 회화적 경향의 소식단청으로 크게 나눌 수 있다.

일본단청의 특색은 한국과 중국단청에서 중요한 장식요소인 머리초를 전혀 사용하지 않고 단순히 반복되는 비단무늬와 화초당초문에 간간히 서조(瑞鳥), 서수(瑞獸)문을 장식하는 수법이다. 색조 또한 강렬한 보색대비를 지양하고 지나치게 단순한 색상대비를 사용하여 부드러움은 강조하였으나 단조롭고 정적인 모습을 보여주고 있다.

한국은 오행사상에 따라 청, 적, 황, 흑, 백의 오방색을 기본색으로 배합하였고, 건물의 격과 쓰임에 따라 단청문양의 내용을 달리했다. 한국 단청의 종류는 격에 따라 가칠, 긋기, 모로, 금단청 순으로 뒤로 갈수록 화려한 단청인데 대표적인 모로단청은 궁궐 및 관영 건축물과 같이 수려한 건물에서 주로 사용되었고, 금단청은 가장 화려한 단청으로 사찰건물에서 주로 사용하였다. 무엇보다 한국단청의 색조는 강한 보색대비와 명도대비를 적절히 배합되어 화려하면서도 명시적 효과가 강한 특색을 자아내고 있다. 상록하단(上綠下丹)의 원칙 속에서도 강렬한 색상대비를 과감히 구사하여 가시성, 명시성, 수려성이 돋보이는 강경명정(剛勁明淨)함이 한국단청의 특색이라 할 수 있다.

이렇게 한국의 단청은 화려하지만 경박하지 않고 수려하며, 우아한 아름다움이 느껴진다. 독자적인 특징과 멋을 가지고 있는 창조적인 문양의 단청은 한국인의 삶과 문화 그리고 감정까지 녹여낸 가장 한국적인 그래픽 중에 하나라고 볼 수 있다. 문화원형백과 단청문양, 2002, 한국콘텐츠진흥원 참고

10 / 時

앞으로
바라보기

지금까지 가깝고도 먼 나라였던 한국과 일본에 대해 서로 알아보았다. 오랫동안 알고 지냈던 친구의 새로운 모습을 알게 되었던 것처럼 한국과 일본, 서울과 도쿄의비슷한 점과 다른점들을 볼 수 있었다. 단지 보고, 듣는 것이 아닌 직접 만져보고, 경험해보며 우리는 서로 알아가고 있는 것이다.

앞으로 한국과 일본의 관계는 어떻게 나아갈 것인가?

한일 합작 문화 교류

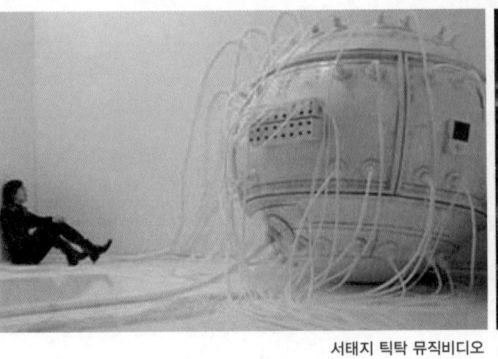

서태지 틱탁 뮤직비디오 　　　'20세기 소년'
영화 포스터

　　한국과 일본의 문화교류가 많아지면서 새로운 시도의 콜라보레이션이 많이 이루어지고 있다.

　　2008년에는 일본의 원작 만화를 영화화 한 '20세기 소년'과 한국의 '문화대통령'이라고 불리는 뮤지션 '서태지'와의 콜라보레이션이 화제를 끌었었다. 서태지의 "T'ic T'ac"(틱탁)이라는 노래의 뮤직비디오에는 영화 '20세기 소년'에 나오는 거대 로봇을 모티브로 제작된 세트와 '친구마크' 상징 아이콘 등이 사용되었는데, 이는 한·일을 대표하는 뮤지션과 작품이 서로의 다른 콘텐츠의 장점들을 결합하여 만들어낸 새로운 시도의 사례였다.

　　2011년 한국과 일본에서 개봉한 《마이웨이》라는 영화는 한국의 배우 '장동건'과 일본의 배우 '오다기리조'라는 한·일간의 대표 배우들이 주연으로 출연한 제작비 280억 원의 대작 영화이다. 한국과 일본의 가슴아픈 역사적 배경인 전쟁을 두 남자의 우정으로 감싸안은 이 영화는 앞으로의 한.일간의 관계에 대해 잘 이야기해주고 있다. 이제 나 혼자만의 길이 아닌 동반자로서의 길을 어

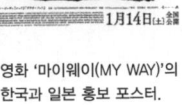

영화 '마이웨이(MY WAY)'의
한국과 일본 홍보 포스터.

떻게 나아가야 하는 메세지와 상처주고 상처받던 입장에서 결국 함께 어깨를 부축해주며 나아가는 장면들은 한국과 일본의 과거와 현재 그리고 미래의 모습을 보여주는 것 같다.

한·일 공동제작 드라마 '프렌즈'.

2002년 한·일 월드컵을 기념해 한국의 MBC와 일본의 TBS가 합작한 한·일 공동제작 드라마 《프렌즈》는 기획, 극본, 연출 모두 한국과 일본의 스텝들이 공동으로 작업하였고, 양국의 두 탑스타 '원빈'과 '후카다 쿄코'가 주연한 로맨틱 드라마이다.

영화 감독이 꿈인 원빈은 부모님의 반대에 마지막으로 홍콩에서 영화를 찍다가 중국으로 놀러온 쿄코를 만나 연인으로 시작되는데, 원빈의 아버지와 주위의 반대로 두 사람은 헤어지게 되지만, 영화감독을 포기 못하고 고 영화제에 출품한 원빈의 작품이 감독상을 타고 부모님께 인정받으며 쿄코와의 사랑에도 다시 성공한다는 러브 스토리이다. 한국과 일본의 문화를 여러면에서 서로 잘 소개하였고 한국 드라마와 일본드라마의 특징들이 잘 섞이며 일본에서도 많은 사랑을 받은 작품이다.

한·일 합작 연극 '나에게 불의 전차를'

2013년 한·일 합작 연극 《나에게 불의 전차를》은 재일교포 정의신 작가의 작품으로 일제말기의 한국을 배경으로 양국간 젊은이들의 사랑과 우정을 밀도 있게 그린 연극이다.

한국 배우로는 '차승원'과 '김응수'가 출연하며 일본에서는 국민그룹 'SMAP'의 '쿠사나기 츠요시'와 배우 '카가와 테루유키', '히로스에 료코' 등이 함께 출연하였다. 한국이름 '초난강'으로 유명한 '구사나기 츠요시'는 극중에서 조선에서 야학을 운영 중이며 한국 문화에 심취해 있는 일본인 '나오키'를 연기한다. 그리고 남사당패의 꼭두쇠인 이순우(차승원)와 만나 국경을 뛰어넘는 우정을 쌓아간다.

2013년 1월호 'The Musical' 인터뷰에서 나오는 쿠사나기 츠요시의 답변이 인상적이다.

"나오키는 남사당패의 연기자이자 꼭두쇠인 이순우와 우정을 쌓아갑니다. 역경속에 피어났던 한국인과 일본인의 우정, 무엇이 이를 가능하게 했다고 생각하시나요?"

"국경을 뛰어넘은 나오키와 이순우의 순수한 마음이 있었기 때문에 가능한 우정이었습니다."

말레이시아
쿠알라룸프에 있는
대표 랜드마크
'페트로나스타워'

한일 합작 초고층 빌딩

말레이시아 쿠알라룸프에 있는 대표 랜드마크 '페트로나스타워' 또한 한·일 공동 작품이다. 쌍둥이 빌딩 또는 트윈타워로 더 알려진 이 타워는 높이가 452m의 초고층 빌딩으로 1988년까지는 세계에서 제일 높은 빌딩이었다. 한쪽 빌딩은 한국의 '삼성물산'과 '극동건설'이 다른 한쪽은 일본의 '하자마 건설'이 시공하였다. 한국이 일본보다 늦게 시공에 착수했으나 결과적으로는 더 빨리 완성하여 가운데 브릿지 부분까지 한국에서 시공하였다고 한다. 역시 한국의 빨리빨리 습성과 일본과의 라이벌 구도 심리가 이때에도 발휘되지 않았나 싶다.

이렇게 세계에서 손꼽히는 건물 또한 한국과 일본의 공동작품이라니 친구처럼 그리고 가운데에 이어져 있는 브릿지처럼 어깨동무를 하며 함께 나아간다면 앞으로도 어느 분야든 더 좋은 결과물들이 함께 나올 것이라고 생각한다.

일본 젊은이들의 새로운 한류 바람

　　도쿄 시부야의 한 클럽에서 K-Pop을 좋아하는 일본 전국의 커버댄스 대표 그룹들이 모여 K-Pop 춤을 추고 있다. 많은 일본 친구들도 저 위에서 춤을 추고 있었는데 한국을 좋아하고 K-Pop을 사랑하는 일본 젊은 친구들이 참 많다는 것을 직접 보고 놀라지 않을 수 없었다. 오히려 한국사람인 나보다 K-Pop을 더 잘 알고, 똑같이 춤추며 따라하는 모습들이 정말 대단하다고 생각했다. 그리고 왠지 뿌듯하면서 고맙게까지 느껴졌다. 2007년 겨울 처음 일본에 갔을 당시만 하더라도 드라마 '겨울연가'의 '욘사마(배용준)'와 '지우히메(최지우)', 그리고 가수 '보아'와 '동방신기' 정도가 전부였는데, 지금은 한국의 최신음악 대부분을 알면서 춤까지 따라추는걸 보니, 6년 사이에 변화된 일본에서의 한류의 열풍이 정말 대단하다고 생각했다.

　　어릴 적 일본의 만화 '드래곤볼'과 '슬램덩크'를 보며 자랐듯이 지금의 일본 젊은 친구들은 K-Pop 음악을 들으며 성장하고 있다. 많은 일본여성들은 한국 드라마를 보고 한국 화장품을 쓰며 메이크업과 패션을 따라하기도 한다.

　　우리에게 일본의 많은 문화요소가 내재되어 있었듯이 최근 한국의 여러가지 문화적, 일상적 요소가 일본의 일상속에서도 함께 존재하고 있다. 이렇게 한국과 일본은 점점 더 가까워져 함께 읽고, 보고, 노래하며 춤추는 시대가 되었다.

2013 Sibuya 'Dream On' K-Pop Cover Dance Festival.

Epilogue

가까고도 먼
서울과 도쿄 사이

일본에서 무슨일 하세요? 처음보는 일본인이 물어볼 때 나는 디자인해요. 라고 대답한다. 무슨 디자인 하세요? 라고 물어보면 나는 언제나 "마음이요."라고 대답한다.

서울의 시청에서 도쿄 신주쿠에 위치한 도쿄도청까지의 거리는 약 1,100여 km라고 한다. 머나먼 거리지만, 오랜 친구를 알고 지냈듯이 서로의 마음과 마음을, 또 스스로를 더 잘 이해하면서 함께 나아갔으면 하는 바램이다.

가깝고도 멀었던 오랜 친구 이해하고 나아가기

2007년 12월 27일 일본에 처음가던 날 비행기 안에서 보았던 신문의 한 기사를 잊지 못한다. 미국에 가장 많은 외국인 유학생이 한국인이라는 기사였는데 1위가 한국인 13만명, 2위 중국, 3위 인도, 4위가 일본이었다. 일본은 4만명이었다. 일본으로 가던 또래의 많은 한국의 젊은 친구들이 미국에 13만 명이나 있다는 것에 놀랐었다.

"나는 일본으로 가는데 다들 미국으로 가는군~"

세계적으로 영향력있는 미국이라는 경제대국과 스펙위주의 한국사회 시스템, 그리고 영어의 중요성 등이 인구 5천만이라는 작은 나라에서 미국 유학생 1위라는 성적이 나온 것이다. 그리고 미국뿐만이 아닌 전 세계 각국에 나가 있는 한국의 젊은 유학생들은 정말 너무나 많다.

하지만 정말 중요한 것은 유학을 갔다는 것보다 '저 많은 젊은 학생들이 5년, 10년후에는 대부분 한국에 들어온다는 것인데, 그때 사회에서 얼마나 필요하고 경쟁력있는 모습들이 되어있는가'일 것이다. 지금 한국에서도 많은 학생들이 '해외 유학'이라는 것에 대해 사회생활을 위한 스펙의 필수조건으로 준비하고 있는 친구들이 많다. 서울의 중심가 강남에는 너무나 많은 유학원이 학생들에게 손짓하고 있다. "당신은 왜 유학을 가려하나요?"라고 물어본다면 당신은 혹은 당신 주변의 유학을 준비하는 이들은 어떤 대답을 할까?

마이클잭슨이 백인처럼 피부가 하얗게 변해도 흑인의 그 소울을 변하지 않는다. 오히려 마이클잭슨은 자신의 본래 모습인 흑인의 소울을 더 소중하고 깊이 생각했을 것이다. 전세계에 있는 많은 유학생들이 자신의 꿈과 목표를 위해 외국에 나가고 있는 요즘, 부디 한국에 대한 것을 잘 지키고 잊어버리지 않았으면 좋겠다. 김치맛도 모르고 치즈맛을 공부하러 가는 것이 아닌 단백하고 매콤한 우리 입맛에 맞는 김치맛을 알고 달콤한 치즈의 맛을 알았으면 좋겠다. 그럼 치즈맛의 매력을 더 느낄수도 있지 않을까.

지금 생각해보면 나는 인테리어 디자인과 건축을 공부하던 학생으로서 그 당시 일본에 유학간 것을 굉장히 잘했다고 생각하고 있다. 건축이란 환경과 문화에 많은 영향을 받는다. 나는 한국과 역사적으로 가장 관련이 깊은 중국, 일본중에서 특히 한국과 일본의 뗄래야 뗄 수 없는 관계를 공부하지 않으면 안된다는 생각에 일본을 갔었는데, 일본에 대해서 알게된 것, 배운 것도 있었지만 무엇보다 시간이 지날수록 내가 태어나고 자란 한국에 대해서 더 깊이 생각하고 공부하게 되었던 것이다. 20대의 절반씩을 가장 바쁜 도시로 꼽히는 서울과 도쿄에서 살면서 참 많은 것을 배우고 경험한 것 같다.

얼마 간의 일본생활을 계기로 나의 인생속에서 한국에 대해, 그리고 나의 본질에 대해 더 잘 지키고 성장시켜 나아갈 것이다. 타지에서 성실하게 자신의 꿈과 희망을 가지고 유학 생활하고 있는 전세계의 많은 젊은 친구들을 응원하며, 또 앞으로 외국에서의 유학을 준비중인 많은 젊은 친구들에게 나의 이런 글들이 서로에게 좋은 '교훈(敎訓)'이 되었으면 좋겠다. 또한 이 책을 읽은 분들이 오랜 친구를 알고 지냈듯이 한국과 일본 서로를, 그리고 우리 스스로를 더 잘 이해하고 함께 앞으로 나아갔으면 하는 바램이다.

서울과 도쿄 사이

"처음 뵙겠습니다.", "하지메마시떼(はじめまして)"
"저는 서울입니다.", "저는 도쿄입니다."

그리고 이렇게 물어볼 것이다.
　　"서울은 어떤 도시인가요?"
　　라고 물어봤을 때 당신은 어떻게 대답할 것인가.
　　"도쿄는 어떤 도시인가요?"
　　라고 물어봤을 때 당신은 어떻게 대답할 것인가.

서울은 _____

도쿄는 _____

그리고 서울과 도쿄는 무슨 사이인가요?

서울과 도쿄는 _____ **사이**

당신의 대답이 궁금합니다.

10년 후, 서울과 도쿄는 또 어떤 모습일까.
가장 가깝고도 먼나라였던 한국과 일본, 그리고 서울과 도쿄는
앞으로 어떤 사이로 발전할까.
이 책이 한국과 일본, 서로를 이해하고 나아가는데
좋은 가교가 되었으면 좋겠다.

한·일간의 더 많은 재미있는 일들이 생겨나길 바라며.　**또 뵙겠습니다.**
　　　　　　　　　　　　　　　　　　　　　じゃまたね。 (쟈 마따네)

참고문헌

도쿄천도, 위키백과

도쿄의 역사, http://blog.naver.com/bytheways/50085624661

야마토시대, 두산백과

우지〈氏〉제도, 일본사, 2009 미래엔

일본 일본인 일본문화, 정형 저, 다락원

일본문화의 산책, 김태영, 보고사

한국민족문화대백과, 한국학중앙연구원

한국교회의 역사, 살림

한글과 일본어, 네이버 오픈백과 nobopark님

일본 방송, http://blog.naver.com/funkydragon?Redirect=Log&logNo=120039848467

사케류, 김소영, 김혜주 저, AL Dente Books

한국의 맥주 제조회사 History, 치요님

돈가스의 탄생, 오카다데쓰 著

신주쿠, 두산백과

강남 상권 조사, 인터넷한국일보 비즈한국

청담동 조사, 강남구 향토문화전자대전

삼족오, 삼족오 학연문화사, 2007

성형 PD수첩 993회 성형공장의 비밀

한국의 군대, 두산백과

일본의 자위대, 시사상식사전

한국의 교육지표, 통계청 2010년 인구 자료

일본 패션, 키워드로 여는 일본의 향, 2009.3.26, 제이앤씨

코스프레의 유래, 위키백과

대중매체를 통해 본 한국의 아파트 주거문화 특성, 이성미

Thanks to.

책이 나오기까지 성심성의껏 함께하신 출판사 분들과
도움주신 편집자 도연경, 장순규 디자이너께 감사드립니다.

한국과 일본에서 함께 해주시고 응원해주신
소중한 인연들 모두에게 고마움을 전하며
이 책이 은혜를 갚는 선물이 되었으면 좋겠습니다.

앞으로 저의 갈 길을 주관하시며 지켜주실
하나님께 감사와 영광을 올려드립니다.

감사합니다. 그리고 ありがとうございます。

도서출판 이비컴의 실용서 브랜드 이비락은 더불어 사는 삶의 긍정적인
변화를 가져다 줄 유익한 책을 만들기 위해 끊임 없이 노력합니다.
원고 및 기획안 문의: bookbee@naver.com